中村 愿

三國志逍遙

安野光雅 画

山川出版社

キャンバスが絵になるとき ――序にかえて――

安野光雅

「芳紀まさに四十歳」などというときの「芳紀」といっているのは、女性の歳をいうとき前に飾ってことなきを得ようとする言葉かと思っていた。

ある日、大修館の『大漢和辞典』をめくっていたとき、ふとこの字を横目で見て、わたしの不勉強が身にしみた。「芳紀」というのは薫り高い年頃を指していう場合の用語らしいから認識の個人差はあるにしても、四十歳は適応外だという結論になる。辞典的にいうと、十五歳から二十五歳までが適応内だろうと考えられる。

で、漢語にくわしい中村さんにこの浅学なる発見について話した。彼は一言、「わたしだからいいけど、女性の前でその見解を述べることは慎んだほうがいい」と言った。わたしはいまでも「芳紀」に年齢制限を持たせてはいないのに、彼の言い方の中には、わたしを「たしなめる」意味があったように思う。

よく知られているように、『正史三国志』は陳寿《ちんじゅ》（一七〇〇年近く前の中国に、こういう学者がいた）の著作を、のちに裴松之《はいしょうし》が念入りに注解を加え、さらにそれを日本語に訳した人たちがいて、わたしはそれを読んで、三国志時代を勉強し、また空想した。

人の手を最小三段階は経ているが、なにぶん一七〇〇～一八〇〇年以上も前の歴史だから、今日に至るまで何人の手や口を経たかはかりしれない。

正史だけでなく、明の時代の小説『三国志演義』が流布しているし、小説の方に人気があるからなおしまつが悪い。

『三国志演義』が近ごろとみに人気があることの理由に、そこで行なわれる権謀術数が「企業戦略に役立つから」だという説がある。一見してそう見えなくもないが、これが人気の源だとしたらよくないなと、わたしは気になっていた。

知ったかぶりを書くが、最近、井出孫六さんの『新・千曲川のスケッチ』（郷土出版社）をおもしろく読んだ。

その中に『甲陽軍鑑』という書物の事が出てくる。時は永禄四年（一五六一年）八月十四日。上杉謙信は一万、武田信玄の軍は二万の勢力を持って、世にいう川中島に対峙したころの話である。

風林火山は信玄ばかりではなく、謙信もまた権謀に負けてはいない、「鞭声《べんせい》粛々《しゅくしゅく》夜川《よるかわ》を渡《わた》る」というのはこのときのことだとある。その作戦の進行はとてもおもしろいから、是非この本を読んでいただきたいが、ここで言いたいのは昭和の陸軍参謀本部が、史上有名な戦役を分析して一冊にした本があり、昔の戦陣の構築なども近代戦の作戦計画の参考になると考えたらしい。

つまり、転じて「三国志」が企業の戦略の参考になるかどうかという話なのだが、『甲陽軍鑑』は『正史三国志』というより『三国志演義』である。つまり、小説は実際の戦略にとって害こそあれ、役には立つまいという話である。

いわばそのようにして、「いろんな尾ひれがつくより前の〝三国志〟を確保しておきたい。権力を覗いながら書いた恣意的な解釈、立場の違いによる解釈などをできるだけとりはらうためには、陳寿の記述を原典とみて、そこへ直接結びつくことが最善だし、この頃のように三国志（演義の流布による小説的改訂を排除して）が読まれるようになると、その努力も必要ではないかと思う（文責は安野）」というような意味のことを、青年のように語る彼の言葉を半信半疑で聞いたことがある。

それはもっともだけれど、いわば裴松之がやった事をやることになるのか、いやそうではない、陳寿のやったことを直接日本語で試みるわけである。

この時、「できるだけ私見を入れないで翻訳するのか」

労多くして功少ない仕事である。

はじめてオーストリアに行き、友だちの家で朝ご飯になったとき、テーブルの上に籠があって、その中に大根、セロリ、ピーマン、キュウリ、レモン、ハムが入っていた。原型のままで市場から買って来たばかりの新鮮なものである。

どうするのかとおもっていたら、それ等の中から自分のすきなものを、すきなだけ自分の皿にとる。たとえばピーマンの原型をひとつとると皿の中で切り、塩をふって食べるのである。わたしはピーマンをそのようにして食べたのははじめてで、その新鮮さに驚いた。

このごろのテレビで、料理番組のない日はない。そのどれも、手段の限りを尽くして、元の味はどんなだったか、わけのわからないものにする。つまり原型を留めなくすることが料理だと考えている。そうでないと、料理をした気がしないというかんじである。

大切なのは、元の味をこわさないことだし、いかなる料理も「新鮮」にはかなわない。米から酒をつくり、大豆から味噌を造ったのなら理解できるが、それは料理とはいわないだろう。

序にかえて

わたしは「三国志」の絵を描いていたとき感じた。

「たとえば孔明がどんなに偉くても東風を起こすことはできない」と直感的に思うと、そういう場面は絵に描けなくなる。実在しない貂蝉《ちょうせん》でも、話に説得力があれば描ける。

写生に例をとると、対象になるものを描いて、絵ができあがったというのは、写実のような意味で対象に似てきたからでなく、（対象とは似てもつかぬものであってもいいから）はじめはキャンバスに過ぎなかったものが「絵になった」と自分が思えたときにできあがる、と言っていい。つまり絵は私見の固まりである。

この言い方をわたしは正しいと思っているが、一般的には説得力が足りないかもしれない。

石膏デッサンなら、自分の見解はさておき、ギリシャ彫刻などのように完成度の高い作品（翻訳の対象・同時通訳などの場合は、そんなことを言ってはおられない）に従うことを大前提に、その対象にそっくりに描けたときにできあがったとする事になっている。

これは翻訳に似ていないだろうか。もし完成度の高い石膏デッサンが作者十人によって十点できたらどうだろう。それらはほとんど同じにみえるはずだが、それでも描く人の個性があるから、互いに似て非なるものになる。まず光が移るから相手の表情も変る。無意識のうちに描くのを省いたり、また描き加えることもあるとしなければならない。だからそっくりにはならない。（翻訳を生業にする人は、横のものを縦にするんだから楽ではないなどという。）石膏デッサンは立体を平面にしている。このときの制作態度は科学的であろうとしているはずだが、じつは無理である。もし立体を平面にするためには、写真にするほうがまだいい。

わたしは『ＡＢＣの本』というものを描いたことがある。言葉を絵にするとき、文化の違いに直面して、言葉では同じものでも絵としては違うものになったケースが山ほどあった。たとえば「魔法使い」「ギャング」「エンジェル」など、文化の違いは、言葉で通じていると信じていたのに、映像としては違うという経験をした。

わたしは翻訳を仕事としていないからいいようなものの、森鷗外は「必要と思えることを省略したり付け加えたりしていると言われても、痛痒を感じない」という意味の事を言っているから感じるのだが、たぶんいろんなことを言われたのだろう。

そうした意見または批評は、（いわば石膏デッサンなのだから）「そっくりでなくてはならぬ。その翻訳を自分の個性の結果の作品だと言いはるとしても、少なくとも、ここの部分は省いてあるのだから間違いではないか」というような、意見が少なくないという。それは比較文学とか、翻訳の学術研究の場合などのことで、匿名性はない。これはこれで頭の下がる努力がつみあげられ、原文のミスプリントまで見つけて、論考されているのだからわたしは敬服する。

また、「医学書」とか「数学オリンピック」の出題などは、十人十色の解釈をしないですむような前提があるだろうが、文学書はちがう。

なぜこんなことを言うかというと、わたしの友人が、ある文学作品を訳し、「省いた方がいい」と考えた所を省略したところ、その省いた箇所を、投書者自身が訳した文章を添えて注文をつけてきた人があった。しかもそれは、複数配られた形跡があり、匿名だから対応の仕方がなかった。鷗外ではないが、「痛痒を感じない」といっても相手に届かないのだから、この場合の批判者は卑怯である。聞いていてもつらい話だ。

「翻訳するということは、原文を自分の言葉にすることだ」と、中村さんが言ったことがある。彼はこれまでも何冊もの翻訳を経験しているからであろう。

この言葉はとても深い意味を感じ、わたしは心から賛成した。

なぜ、心からそう思っているかというと、実は鷗外の生誕一五〇年が近づくので、わたしの信仰しているところの『即興詩人』の口語訳という畏れ多いことを進行しているからである。かさねて断るが、鷗外が郷土の人であるということは全くわたしの信仰と関係はない。鷗外は郷土を越えた存在である。

口語訳にすれば布教の効果があるかもしれない、と思っている。先に挙げた大修館の『大漢和辞典』を読んだり、「芳紀」という言葉に筆禍事件をおこしそうになったのもそのためである。

『即興詩人』は、アンデルセン作・森鷗外訳の雅文体で、この場合はドイツ語からの重訳だが、一方に大畑末吉のデンマーク語から直接の訳があり、これは平易だから布教の役に立つと思ったが、最近これを読んで、わたしが『即興詩人』を信仰しているのは、鷗外の雅文体に心酔していたからだ、ということがはっきりした。鷗外の文語体でさえあれば、そこにまちがいがあろうとなかろうと、物語がどれほどご都合主義に（これは原作のせい）できていようと、信仰はゆるがないのである。

翻訳といっても、逐語訳では無理なのだと感じたのはこの経験からで、完成度の高い鷗外のものでさえ、内容に忠実に、文体だけをやさしくしようとしても無理だった。（大畑さんのものと読み比べて、鷗外はドイツ語訳からそんなにひどい改変をしてはいないと感じた。）

絵描きのくせに、わたしの最近の仕事の宣伝をしているように聞こえると困るなと思っている。中村さんの本に追随して書くうちに、今は、筆が走っているのである。

この『即興詩人』は一人称の記述であるために、「我は海の子」と言う具合に「我は」という言葉が頻繁に出てくる。以前読んだ時には、頻繁とは思わなかった。でも、この「我は」とあるだけで意味が限定されて気分がいい。外国語は「人称」がはっきりしているのかな、と推察する。

「我は」というところを「わたしは」となおすと煩雑になるが、いちおう口語体にはなる。ところが、この場合の「わたし」はわたし自身のわたしと重なってくる。これは未熟のせいで、わたしだったらそんなことは恥ずかしくて言えない、というような個所があって、無意識のうちに掣肘を受ける。

また口語では言えないことを、文語なら言えるということもある。歌に乗せて私見を代弁しているようなものである。

文語体は厚化粧で舞台にあがっている感じがする。口語体になおすと、楽屋に入って化粧を落とし始めた感じである。

「自分の言葉になったとき、翻訳ができたような気になれる」と言った中村さんの言葉が心にふれてくるのは、こんなときである。

さて、この前、中村さんの目下進行している陳寿の翻訳の数ページ分を送ってもらって、感嘆した。青年の情熱だけではなかった。その翻訳の、特にフリガナは画期的で、浅学にして、これまで例を知らない。青年というより、「芳紀」まさに六十を過ぎた人間のやることだと深く感じた。

驚いたことに、当人のふだんの通信文よりも、冴えわたっているのである。

目次　三國志逍遙

六章　『蜀書』――諸葛亮、是か非か

七章　『呉書』――〝赤壁の戦い〟の行方

三國志逍遙

画・装丁　安野光雅

一章　中国史書の魅力

献帝陵の赤いばら

まっすぐに南下する黄河の流れは、潼関《とうかん》で渭水《いすい》を抱きこむと直角に東に向かい、更新世《こうしんせい》の記憶の上に積もったはてしない黄土台地をはるか渤海《ぼっかい》めざしてゆったりと蛇行する。春秋戦国のころ、潼関から鄭州・開封あたりまでの中流域を中原《ちゅうげん》、中国《ちゅうごく》（中つ国《なかつくに》）と呼んだ。幾世代にもわたってさまざまな王朝の首都がおかれ、政治・文化の揺籃の地として知られてきた。

元《げん》以降、舞台はしだいに北京に移っていくけれども、河筋を変えてしまうほどの氾濫の危機をはらむ〝王気〟ともいうべき地理的活力は、いまも理想の政治をこころざす純真な青年たちの狂（進取の気迫）を惹きつけてやまない。

ここは、中国のまほろばなのである。

黄河はこころもち北上して渤海に吸いこまれてゆく。その大海原のかなたに、三国時代の中国人は倭人たちの住むまぼろしの島々を思いうかべた。

当時の黄河中流域は司州《し》と呼ばれた魏王朝の行政区域とほぼかさなっている。前漢の武帝が設けた「司隷校尉部《しれいこういぶ》」（警視総監が直轄する王朝の中枢地区）ということばに端を発し、後漢から魏に王権がうつると呼称だけかえて旧体制がそっくり受けつがれたのである。河を境にして南側に弘農郡《こうのう》と、洛陽を擁する河南郡。北側に河内郡《かだい》、河東郡、平陽郡。この五郡をあわせて魏王朝の司州とした。

今日、河東と平陽は山西省、他は河南省に属している。

二〇〇四年秋のある晴れた日、わたしは黄河北岸からほど遠くない黄土台地に立っていた。麦刈りはとっくに終わり、冬の到来を待つばかりの荒涼とひろがる田野には夕霧がおりはじめていた。

前方に、こんもりした墳墓が横たわっている。黄色い楊樹《ポプラ》並木の参道が、左右に粛然と居ならぶ重臣たちを思わせた。河南省修武《しゅうぶ》県方庄鎮古漢庄《ほうしょうちんこかんしょう》。後漢末から魏にかけて河内郡山陽国がおかれた土地である。

小さな牌楼《はいろう》（鳥居）をくぐって墓域に足を踏みこむ。正面に宗廟《みたまや》がたち、その後方が古柏の植わる高さ六、七メートルの盛り土になっている。かたわらに見上げるほどの石碑が建ち、大きな篆《てん》書が刻されている。

「漢献帝禅陵《かんけんていぜんりょう》」――ここに、漢王朝最期の皇帝だった献帝（劉協《りゅうきょう》）が眠っているのである。『後漢書《ごかんじょ》』「孝献帝紀《けんていでん》」（范曄《はんよう》編著）に付された注によれば、「漢が魏に禅《ぜんじょう》したので、焉《ぜんりょう》と名づけた」と古書に記されているという。

曹操《そうそう》が没した年（二二〇年）、長男の魏王曹丕《ひ》に漢の帝位を禅譲してのち、献帝は山陽公として天子に近い待遇のまま、魏の青龍二年（二三四年）に五十四歳で他界するまで、ここで余生を過したのである。

夕霧のふかまる秋のかはたれ時。ようやく献帝に会えた……そんな思いにひたっていると、中国語がきこえてきた。陵園内にいるのはわたしたち数人だけだと思っていたのに、人影が近づいてきて静かに去っていった。女性ひとりの三人づれ、恰幅がよく落ちついた口調や物腰からあきらかに華北の人たちで、省か県の共産党幹部だと思われた。

わたしは少し驚いた。ここは通りすがりに寄るような場所ではない。しかも、とうの昔に世間からも歴史からも見捨てられたとはいえ、かつては古代中国を支配した大漢帝国皇帝の陵墓である。

いまの中国人にも脈々と息づいている政治へのあくなき執着、挑戦――。

墳墓のまえに立つ「禅陵」の石碑（清乾隆五十五年、一七九〇年建立）が、実は文化大革命のさなか（一九六六年）に打ち砕かれた残碑を、九五年に修復したものだということも思いあわされた。

ひとたび中国の史書の世界に足を踏みこんだ者はもう後戻りはできない、という強い魅力と不安に襲われることがある。

『春秋』『戦国策』『史記』『漢書《かんじょ》』『後漢書』……そこは静謐な記録文学の世界でありながら、島国の地理空間、歴史感覚ではとうてい捉えきれないほどの多彩激烈な人間模様が繰りひろげられ、沸騰しているのだ。

晋《しん》の陳寿《ちんじゅ》が編纂した『魏書《ぎしょ》』『蜀書《しょくしょ》』『呉書《ごしょ》』に親しみ、ときにそんな感慨を味わっていた二十世紀の末つ方、ふっと後漢の献帝の存在がわたしのこころを捉えた。以来、その人について読み、考えてきた。

かれは中国四千年の政治史上、理想的な〝禅譲〟（皇帝の位を有徳者に譲ること）をなしとげた、ほとんど最初にして最後の人物であった。

墳墓をぐるりと囲むように、ささやかな花壇がしつらえてある。裏手にまわると、手入れもなく立ち枯れた秋草のふかい影に、ぼんやりといくつかの赤い色がうかんでいた。香りの消えた、しっとりとひそやかに咲く玫瑰《ばら》の花。

赤は漢の色である。

禅陵には曹操の次女で、献帝の第二皇后となった曹節《せつ》も合葬されている。

『三国志』に「三国志」なし

献帝についての記録は、それほど多くない。『後漢書』『三国志』と、それらに付された注釈にほぼ尽くされているように思う。

西暦紀元前後から五世紀のころにかけて、中国史は漢から魏、晋、六朝宋《りくちょうそう》と王朝がつづくけれども、范曄《はんよう》の『後漢書』は陳寿のいわゆる『三国志』(二八五年頃に完成)より約一五〇年おそく、四三七年頃に編纂された。裴松之《はいしょうし》が六朝宋の文帝の命によって「三国志注」を補し終わったのが四二九年だから、范曄は先行する他の史料とともに『三国志』「三国志注」をも参照して、後漢の終焉(「孝献帝紀」)を書いたことになる。

献帝に関する記録は『三国志』「三国志注」『後漢書』の順で、わたしたちに残された。

このことは記憶しておかねばならない。

献帝にかぎらず、歴史上の人物の伝記的事実や逸話を、数ある史料のなかから選ぼうとするとなかなか骨がおれる。

まず、記録する者の信念や思惑というものがある。当事者がいて、傍観者がいて、目撃談あり、臆説あり、告発者あり、賛美者あり、取材を記事にする文筆家がいて、最後にそれらすべてを取捨して〝定本〟を書きあげる、官の、民間の、歴史家なる者がいる。

次いで記録を読んで批評する側の、千差万別の歴史観、思い入れ、曲解……などがかかわってくる。

重要な事件については、記録する者も、それを批評する者も、やがて白か黒か、肯定か否定かのどちらかに収斂されてゆき、おのずと立場がはっきりしてくる。そしてその意図するところは、引用文もふくめて、必ず書かれたものの文体にあらわれる。したがって原文を正確に読み解くことが、歴史の実体に肉迫する第一歩である。

こんなわかり切ったことに敢えてこだわるのは、たとえば献帝に関する重要なことがらについての記述が、『三国志』「三国志注」『後漢書』で異なっているからだ。

その具体的な例にふれるまえに、陳寿のいわゆる『三国志』について、ここで考えておきたい。

わたしが「陳寿のいわゆる『三国志』」というのには、理由がある。

陳寿が著わしたのは『魏書』『蜀書』『呉書』の全六十五巻であって『三国志』ではなかった。「書」とは「もって事を識《しる》す」（『尚書』）、つまりその時のできごとを記載するというのが原義で、古来、作者の心の声（言語）が心の絵（書）となって竹簡や木簡に書きつらねられたものだった（六朝梁の劉勰《りゅうきょう》『文心雕龍《ぶんしんちょうりゅう》』）。

そのことを最初に確認しておく必要がある。

晋王朝（二六五〜四二〇年）初期の歴史文書係にあたる官僚だった陳寿は、三世紀の終わりころ、『史記』の司馬遷《しばせん》、『漢書』の班固《はんこ》につづく歴史家として個人の編纂による『魏書』『蜀書』『呉書』（以下、一括する場合は「三書」と呼ぶ）を完成させる。五十一、三歳になっていた。

同時代の名文家として知られる夏侯湛《かこうたん》も魏の歴史を編述していたが、陳寿の『魏書』を読んで自分の作品を破棄したと言われている。またそのころ『博物誌』（当時の地理・奇聞・伝説の記録）を書きあげた張華のように、「三書」を評価し賞賛した知識人もいた。

陳寿の没後まもなく、陳家に保存されていた「三書」は、尚書郎范頵《しょうしょろうはんきん》らの申し出を認めた皇帝の命令でとくに筆写され、王宮の文書庫に保管された。いわばこのときから「三書」は、国家が認める官撰の史書として取り扱われるようになったといえよう。

ところで、唐の房玄齢《ぼうげんれい》らの編になる『晋書《しんじょ》』（六四四年頃に成立）の「陳寿伝」およびその注を見ると、范頵の上表文中には「陳寿、三国志を作る」とあったようで、伝の本文にも「魏、呉、蜀、三国の志、およそ六十五篇を撰す」と記しているが、その注には「隋志の正史類に『陳寿三国志六十五巻、叙録一巻』という。案《おも》うに三国志の原書の次第《ありかた》に従い、魏蜀呉と作《す》べし」との記述もある。

唐の時代の、史書に関心のある人びとのあいだでは「三書」が『三国志』と呼ばれつつあったことがうかがわれる。（晋～唐の間には王濤《おうとう》『三国志序評』、徐衆『三国志評』、劉《りゅう》知幾《ちき》『通史』なども「三国志」と表記するが、ここでは煩雑になるので触れない。）

しかし陳寿は『蜀書』の「楊戯伝《ようぎ》」で『季漢輔臣賛《きかんほしんさん》』（楊戯著。蜀の人物を賛《ほ》めた記録）を掲載したさい、「其《ようぎ》の頌述《ほめ》た所《じんぶつ》は、今《いま》、多《そのおおく》を蜀書《しょくしょ》に載《の》せてある。」と、自著をはっきり『蜀書』と記している。

泉下の陳寿にしてみれば、自分の書いた『魏書』『蜀書』『呉書』が「三国志」と呼ばれるようになるとは、思いもよらなかったのではないだろうか。

陳寿は「三書」において「三国志《みっつのくにのれきし》」を描いたわけではない。

それは「三書」の本文（原文）中に、ひとつの例外（『呉書』「孫晧伝《そんこう》」の丁忠《ていちゅう》の発言中に「且《かつ》、三国《さんごく》の鼎立已来《ていりついらい》」とある。）をのぞいて、一度も「三国」「三国志」の語が使われていないことにもはっきり示されている。

のみならず約一五〇年後に付された裴松之による膨大な補注（引用書目は二二九種に及ぶ）のなかにも、「三国」「三国志」は出てこない。

いや正確にいうなら五度、出てくる。一度目は『魏書』の最後の注で、西域の「呼徳《ことく》国《こく》」「堅昆国《けんこんこく》」「丁令国《ていれいこく》」をさして「三国」と記している。これは魏・蜀・呉と関連しない。

残りは裴松之が補注を完成したときの、六朝宋の文帝にたてまつった「表《ひょう》」（文書のこと。したがって「三書」の注ではない）に見られる。

三国《さんごく》の異同《しりょう》を采《あつめ》て、陳寿《ちんじゅ》の国志《こくし》に注《ほちゅう》するようおおせつけられ……
按《おも》いますに、三国《さんごく》は、歴年《ねんげつ》は遠《なが》くございませんが……

ここでの「三国」は魏・蜀・呉を、「国志」は「三書」（いわゆる『三国志』）をさしている。そして五つ目は、文書の表題「三国志注を上《たてまつ》る表《ひょう》」である。しかし裴松之が実際に、表題に「三国志」の語を使用したかどうかは疑わしい。後世の編者による命名ではないかと、わたしは思う。

というのも、すでに見てきたように、少なくとも補注が完成した四二九年の頃までは、魏・蜀・呉を「三国」（三つの国）とする歴史的認識はほとんどなかったようなのである。あとで詳しくみるように、その当時、中国大陸の中心部に国家の体裁をそなえた王朝として存在しつづけたのは漢であり、その禅譲をうけた魏であり、さらにその禅譲をうけた晋だった。

この確固とした禅譲による王朝交替の歴史は、前漢の中頃からひとつの潮流となってあらわれた「天下《よのなかのひとびと》を公《しゅじん》と為《な》す」と考える儒教的士大夫《したいふ》（官僚・知識層）たちの社会通念であり、それは「天下《よのなか》は一人《こうていひとり》の天下《よのなか》に非《あらざ》るなり、天下《よのなかのひとびと》の天下《よのなか》なり」（『呂氏《りょし》春秋』）という、古来からの儒教的思想の流れのひとつを強力に受け継いでいた。劉氏（漢）に人望・能力がなくなれば、世襲を否定し、曹氏（魏）でも、司馬《しば》氏（晋）でも、皇帝になり得たのだ。（前漢の末、皇族につらなる王莽《おうもう》は、そのような潮流を利用して中国史上、はじめて記録された禅譲により、新《しん》王朝を建てた。それについては四章でふれる。）

陳寿は『魏書』「高堂隆《こうどうりゅう》伝」に、光禄勲《こうろくくん》（皇帝顧問）の高堂隆が、宮殿造営にうつつをぬかす魏の二代皇帝明《めい》帝（曹叡《えい》）にさしだした最後の奏上文を引いている。そこには「天下《よのなかのひとびと》の天下《よのなか》は、独《ひと》り陛下《へいか》の天下《よのなか》に非《あらざ》るなり」とあった。

　漢から禅譲をうけた魏が、それにつづく晋が、天下の認める国なのであり、蜀も呉も陳寿にとっては一時的な軍事的支配下におかれた地理的空間の呼称に過ぎず、正式の国家とはいえなかった。後述するように、陳寿が著わしたのは後漢末の「魏」「蜀」「呉」の地理的空間に生きた人びとの記録文学としての伝記であり、国の歴史ではなかった。

　唐代にいたり、歴史家たちのあいだで『魏書』『蜀書』『呉書』の「三書」が『三国志』と呼ばれるようになったことはすでに触れたが、その呼称が後世にまでも決定的な影響を及ぼしたのは、近世の南宋王朝（一二二七〜一二七九年）が国家的事業として「三書」を合わせて『三国志』と銘うち、木版印刷に付してからであろう。

　こうして清以降、今日にいたるまで「三書」は司馬遷の『史記』、班固の『漢書』、范曄の『後漢書』とならんで中国正史（『史記』から『明《みん》史』までの二十四史）の「前四史《さいしょのよっつのししょ》」

のひとつにあげられるものの、それは「いわゆる『三国志』」としてであって、記録文学として読みつがれたきたのではなかった。

『補注・三国志』は裴松之の作品

陳寿の「いわゆる『三国志』」には、もうひとつ確認しておくべき大事なことがある。改まっていうのもおかしいが、陳寿が『魏書』『蜀書』『呉書』を書いたとき、補注はなかった。范顗《はんきん》が『文《ぶん》の艶《はなやか》さは司馬相如《しばしょうじょ》（前漢の文人）に若《およ》ばないが、質《せいじつ》な直《おもい》は之《しょうじょ》の過《うえ》である」（「上表」）といい、六朝梁《りょう》の文学者劉勰《りゅうきょう》が「ただ陳寿《ちんじゅ》の三志《みっつのれきししょ》のみ、文《ないよう》と質《ぶんたい》が辨洽《ぴったりあって》いる」（『文心雕龍《ぶんしんちょうりゅう》』）と評した、陳寿の原文があったばかりだ。

約一五〇年ののち、裴松之がそれに注釈を加えた。皇帝への上書に「寿《ちんじゅ》の書《ししょ》の銓叙《ぶんしょう》は観《よみ》やすく、事《ことがら》の多《おお》くは審正《せいかく》であります。」と述べたあと、次のようにつづける。

然《しか》し失《けってん》は略《かんけつなきじゅつ》に在《あ》り、時《とき》に脱漏《ぬけおち》た所《ところ》も有《ござい》ます。（中略）寿《ちんじゅ》の載《きさい》せぬ所《ところ》で、事《ことがら》の存録《ぞんろく》すべきものは畢《ことごと》く取《とりい》れ、その欠《けってん》を補《おぎな》わないところはございません。

あらゆる手だてを尽くして関連史料を蒐集し、古老の話を聞き、入りくんだ材料を整理して補注を完成した。全体の文字量にすると「三書」原文の三倍になる。皇帝の期待にこたえ得たという、裴松之の気負いが感じられる。

だが――裴松之が注を補った対象は、陳寿がおのれをかけて作文した『魏書』『蜀書』『呉書』である。後漢末に生きた人間の記録文学である。それを裴松之は、簡潔な文章が欠点であり、自分が記録すべきと思う事柄も注釈で補っておいたという。

ことは逆であろう。

あとで詳しく見るとおり、陳寿は可能なかぎりの同時代史料をあさり厳しく取捨したあげく、文章を削りにけずって文体をととのえ「三書」を書きあげた。裴松之が注で補った史料は、すなわち陳寿が採用しなかった史料（取るに足らぬ内容のものが多い）がほとんどと言っていいのである。

もしも裴松之が陳寿の文体（文学的表現）にこころを寄せていたならば、補注の内容はかなり違ったものになっていたのではないか。

皇帝の不評を買うことになったかも知れないが……。

六朝梁の劉勰は書いている。

蓋《おもう》に、文《きろく》が疑《うたがわ》しければ欠《けず》る、それは信《しんらい》できる史《れきし》を貴《とうと》ぶからだ。然《しか》し、俗《せぞく》は皆奇《みなかわったできごと》を愛《あい》し、実現《じじつ》を顧《みよう》としない。伝聞《ききづたえ》なのに、その事《こと》を偉《おおげさ》に書《か》こうとし、遠《おおむかしのこと》を録《きろく》するのに、その跡《じせき》を詳《くわし》く書《か》きたがる。こうして同《つうせつ》を棄《す》て異《いせつ》に即《とびつ》き、傍説《とるにたらぬせつ》を穿鑿《ほじく》って、旧史《これまでのししょ》に無《な》い所《ところ》を我《じぶん》の書《ほん》に伝《のせ》る。これこそ訛《いつわり》や濫《でたらめ》の本源《おおもと》であり、述遠《れきししょ》の巨蠹《たいてき》である。（『文心雕龍』）

「三書」をひもとく者は、簡潔な文体に陳寿がいかなる思いをこめ、なにを訴えたかったかをこそ、まず読み解くべきではないのだろうか。

裴松之補注のより恐るべき点は、膨大な注が陳寿の本文の中に組み込まれていることである。おそらく南宋版（木版）に彫った組みの形式が、そのまま今日まで持ち越されていると思われるが、『魏書』「武帝紀」の冒頭の体裁を訳文で見てみよう。裴松之の注釈部分は、括弧に入れて二字下げで示した。

武帝紀《そうそうでん》

太祖武皇帝《けんこくしゃぶこうてい》は沛国譙《はいのくにしょうけん》の人《ひと》である。姓《せい》は曹《そう》、諱《な》は操《そう》、字《つうしょう》は孟徳《もうとく》、漢《ぜんかん》の相国参《しゅしょうそうさん》の後《しそん》である。

（以下、裴松之の注。「太祖《そうそう》、一名を《またのなを》吉利《きつり》、小《おさないころ》の字《つうしょう》は阿瞞《あまん》。」につづき、王《おう》沈《しん》『魏書』から曹家の先祖についての引用、約5行を挿入。）

桓帝《ごかんのかんてい》の世《みよ》、曹騰《そふのそうとう》は中常侍《かんがんちょう》・大長秋《こうごうじじゅうちょう》となり、費亭侯《きぞく》に封《れっ》せられた。

（司馬彪《しばひょう》の『続漢書』から曹操の曾祖父・祖父の逸話、約22行挿入。）

養子《ようし》の嵩《すう》、嗣《そうけをつ》ぎ、官《かんい》は大尉《だいじん》に至《のぼ》ったが、その生出《しゅっせい》について本末《くわしいこと》は能《よ》く審《わか》らない。

（『続漢書』『曹瞞伝《そうまん》』『世語』などから、父曹嵩《そうすう》について約5行挿入。）

嵩《そうすう》は太祖《そうそう》を生《うませ》た。太祖《そうそう》は少《おさなく》して機警《えいびん》、権数《はかりごと》に有《た》け、而《しか》も任俠《おことぎ》があって放蕩《あそびにふけ》り、行業《これというしごと》に治《つかなか》った。故《ゆえ》に世人《せけんのひと》は、之《かれ》が奇《すぐれたじんぶつ》だとは未《おもわなか》った。

（『曹瞞伝』から、曹操が病気のまねをして叔父をだました話など約10行を挿入。）

ただ梁国《りょうのくに》の橋玄《きょうげん》と南陽《なんようぐん》の何顒《かぎょう》は異《みこみあり》となし、玄《げん》は太祖《そうそう》に謂《こ》う曰《い》った。「天下《てんか》は将《まさ》に乱《みだ》れつつある。世《よ》に命《ひいで》た才《さいのう》で非《なけ》れば済《すく》う不能《ことはできない》也。能《よ》く之《らんせい》を安《おさめ》る者《ちから》は、其《きっ》と君《きみ》に在《あ》る乎《にちがいない》。」

（王沈『魏書』、『続漢書』、張璠《ちょうはん》『漢紀』などから、他の曹操評などを約20行挿入。）

年二十《としはたち》にして孝廉《もはんせいねん》に挙《すいせん》され郎《やくにんみならい》となり、洛陽《しゅとらくよう》の北部尉《けいさつしょちょう》に除《にん》ぜられた。

さらに頓丘《とんきゅう》の令《ちじ》に遷《しょうしん》し、

（『曹瞞伝』から、曹操が禁令を犯した者を棒でなぐり殺した話、約6行挿入。）

徴《ちょうていにめ》されて議郎《しんぎかん》を拝《おおせつか》る。

（王沈『魏書』から約15行挿入。）

以上が「武帝紀」冒頭の一段である。いま煩を厭って裴松之注を説明で済ませたが、原文の漢字数で比較するなら、陳寿の本文一四二字に対して補注は合わせて一三〇七字、約十倍である。それらの注が本文の随所に、所かまわず挿入されている。

ご覧のとおり、陳寿の文章はずたずたに引き裂かれている。

文体もなにもあったものではなく、ひどい例をあげれば、補注の訳文が一挙に四〇頁もつづくのである（筑摩文庫『正史三国志』「魏書・文帝紀」参照）。作者の言いたいことを理解したければ注をとばして読むほかないが、散漫になり文意がまとまらない。

しかも補注に付された史料は、曹操に批判的な伝記の『曹瞞伝』や卑俗な記事の多い『魏晋世語』など、陳寿が採りあげなかった信のおけない内容のものが多く、短い本文と大量の注を繰り返し読んでいくうちに、陳寿が描こうとしたものとは裏腹の、歴史的事実からはほど遠い俗説にみちた歴史像がすり込まれてゆく。『三国志』の全篇が、このような調子である。（この効果をむしろ積極的にうまく自説に取りいれたのが范曄の『後漢書』であり、さらにそれを土台にして民間の講談をたくみに織りこみ、小説化したのが元末明初の羅貫中《らかんちゅう》『三国演義』である。）

こうして見てくると『補注・三国志』は、もはや裴松之の作品というほうが当たっていよう。言い換えるなら、陳寿の「三書」そのものは裴松之が注記を加えたとき以降、まともに読まれなくなった。中国近世の南宋王朝で『補注・三国志』の木版本が刊行され、しだいに一般社会にもひろまっていったが、すべていま見たような読まれかたをしてきたと考えられる。

日本には平安時代に伝わっていたけれども、江戸時代になって出版された和刻本『正史三国志』は南宋本に訓点を施して訓み下《よくだ》したもので、内容の理解の仕方が中国人と同様であるのは言うまでもない。

では陳寿は、いったいいかなる記録文学を『魏書』『蜀書』『呉書』で書いたのだろうか。それを知るには、あまりに平凡な答えだが、裴松之の注のない本来の「三書」に虚心に向かうほかはあるまい。

ところが困ったことに、裴松之注のない陳寿「三書」の原文は中国でも日本でも手にはいらない。宋版以前はともかく、今日まで、どうも存在していないようなのだ。

いまわたしの手元にあるのは、定本とされている中華書局版『三国志』(全五巻)をコピーし、切り貼りして製本した手製の『魏書』『蜀書』『呉書』の原本である。むろん裴松之の注釈は一切ない、本来の「三書」である。

中華書局版『三国志』にも触れておこう。

同書は一九五九年に刊行された最初の標点本(原文に句読点を施したもの)である。説明はないが、現代の読者の便宜をはかってほかにも編集上の手を加えているようで、そのひとつに本文中の裴松之注の移動がある。

宋版の注釈があまりに頻繁に出てきて煩わしいと考えたのであろう、陳寿の原文をもう少しまとまりよくするためにいくつかの補注を文末にまとめる、という作業を行なっている。さきほど例にあげた「武帝紀《そうそうでん》」冒頭の「太祖武皇帝《けんこくしゃぶこうてい》は〜本末《くわしいこと》は能《よ》く審《わか》らない。」に付された三つの補注を、その文末に集中するという具合である。

しかし、これではまったく中途半端で、陳寿の原文が破壊されていることに何ら変わりない。裴松之注を一書の巻末に集成するか、せめて一人の伝のあとに一括したのであれば、もっとまともに陳寿の原文を味わえたのにと思う。

この中華書局版を全訳し、さらに訳注を加えたのが現在、日本で通行している筑摩書房版『正史三国志』(文庫本・全八巻)である。

ちなみに、本書であつかう古代中国語原文の日本語翻訳について、ここで少し説明しておきたい。

具体例で示そう。前出の「武帝紀」の一節である。

[原文]

嵩生太祖。太祖少機警、有権数、而任俠放蕩、不治行業、故世人未之奇也。

[訓み下し]

嵩《すう》、太祖《たいそ》を生《うまし》む。太祖《たいそ》、少《しょう》にして機警《きけい》、権数《けんすうあ》有り、而《しか》も任俠《にんきょう》・放蕩《ほうとう》して行業《こうぎょう》を治《おさ》めず、故《ゆえ》に世人《せじん》、未《いま》だ之《これ》を奇《き》とせざる也《なり》。

〔私訳①〕

嵩《そうすう》は太祖《そうそう》を生《うませ》た。太祖《そうそう》は少《おさなく》して機警《えいびん》、権数《はかりごと》に有《た》け、而《しか》も任俠《おとこぎ》があって放蕩《あそびにふけ》り、行業《これというしごと》に治《つかなか》った。故《ゆえ》に世人《せけんのひと》は、之《かれ》が奇《すぐれたじんぶつ》だとは未《おもわなか》った。

〔私訳②〕

曹嵩は曹操を生ませた。曹操は幼くして鋭敏、謀りごとにたけ、しかも男気があって遊びにふけり、これという仕事につかなかった。ゆえに世間の人は、彼を優れた人物だとは思わなかった。

わたしは陳寿の『魏書』『蜀書』『呉書』はもちろんだが、他の古典（『後漢書』『文選《もんぜん》』など）を引用するときも、すべて〔私訳①〕の訳し方を基準とした。原文の漢字を可能なかぎり残して、その読み方と意味をふり仮名で示そうとした。その理由は――。

中国語（漢語）が表意文字として成り立ってきた言語であるのはいうまでもない。その場合、一つの文字（漢字）について字形と字音と字義の三つが同時に存在する、という認識が大切である（吉川幸次郎「中国文章論」）。「嵩生太祖。」（嵩《すう》、太祖《たいそ》を生《うまし》む。）の「生」は「艸木《そうもく》の生じて土上に出《い》づるに象《かたど》る」（『説文《せつもん》』）からきた字形で、金文《きんぶん》（古代青銅器に刻鋳された文字）は種《たね》の発芽の形を示し、原義は命《いのち》である（白川静『字統』）。中国語は一字一音で「生」はshēngと発音し、すなわち「生」を目読したときは同時に音と意味が浮かび、音を聴けばその字形と字義が瞬時に重なる。

その立体的な言語的緊張（それは作者が作文した文章の気の原点である。曹丕は『典論』で「文は気を以《も》って主と為《な》す。」と言っている。）を、訳文に取りこむことはできないか。「生」は日本語だと「せい」「うむ」「いきる」のように一音から三音になるのが普通で、一字でもそうだから、中国語の文章を日本語に翻訳すると字義の解釈も含めて説明的に長くならざるを得ない。原文の張りがゆるみ、速度が落ち、意味が拡散してゆく。

少しでもそれを食い止め、陳寿の思いに一歩でも近づくために原文（字形）をできるだけ多く残しつつ、ふり仮名を付して読みと意味（字義）を伝えたい——それが「私訳①」である。はじめふり仮名で通して読み、大意をつかんだのち、それぞれの字形をより深く味わうということもできよう。小学生でも通読できる、という利点もある。

［私訳②］は①のふり仮名部分を現代日本語に文字化したもので、①を朗読で聴けばこういう文字面《づら》になるだろう。原文にくらべて、具の少ないうすい味噌汁をのむような感じになる。それで、わたしはこの訳し方を採らなかった。「優れた人物」が「奇」の一字で示されている（奇傑《きけつ》、奇偉《きい》、奇才《きさい》の奇）ことを、同時に感じてもらいたいのである。

私訳は既訳とかなり違う訳文になっているところもある。

たとえば「生」を、わたしは使役《しえき》（～させる）にとって「生《うませ》た」と訳した。陳寿の原文は、『史記』「晋世家《しんせいか》」の、夢のなかで天が武王に言ったことば「余命女生子。（余《よ》、女《なんじ》［武王］に命《めい》じて子《こ》を生《うまし》めん。）」と同じ文型である「嵩使女生太祖。（嵩《すう》、女《つま》をして太祖《たいそ》を生《うまし》む。）」の「使女」を省略したものだと解したほうが、理にかなっていると思うからだ。「嵩は太祖を生んだ。」では、「家康は秀康を生んだ。」と同様、日本文としてなじまない。

さて、原文の翻訳の方法もふくめて、ようやく陳寿「三書」の原点に立ちかえった。話を献帝の世界にもどそう。

［魏］

1　黄河看戦　こうがかんせん

画家は絵の具の詩人だと思う。千変万化する母なる大河の表情を、安野さんは銀のひと刷《は》きで表わした。黄土《こうど》を抱え込んだ水面《みなも》は陽光を浴びて金になり、銀になり、そして数千年に一度、澄むという。そのとき、河畔で繰り広げられた人の世の戦いの歴史は、映し出されるのだろうか。

詩は王之渙《おうしかん》（唐）の「鸛鵲楼《かんじゃくろう》に登る」。復元された「蔡倫紙《さいりんし》」を使用。蔡倫は後漢の宦官《かんがん》だった。

2　黄土遼遠　こうどりょうえん

中央アジアの砂漠で風化した岩石の微粒子が、数十万年にわたって季節風で運ばれ黄土台地が生まれた。雨期の豪雨はもろい土質を抉《えぐ》り、地表に無数の深い皺を生んだ。古来、この大地をこつこつと耕し、五穀《ごこく》（米・麦・粟《あわ》・黍《きび》・豆）を産みつづけてきたのが天下《よのなかのひとびと》である。後漢王朝の末期、政治は天下を見捨てていた。画は甘粛省《かんしゅく》の街亭《がいてい》。

3　鉅鹿山塊　きょろくさんかい

河北省と山西省の境を南北に走る太行《たいこう》山脈は中国古代史とともにある、といってよい。褶曲《しゅうきょく》した山容は後漢王朝の醜状を思わせる。この山中に、乱世を告げる黄巾軍《こうきんぐん》（鉅鹿で蜂起）の司令本部があった。

にじは龍であり、雄を「虹」、雌を「蜺」と書いたが、そこにはまた「訌《みだす》」「潰《つぶす》」という意味もあったことを、この画は告げている。画家の心のうちに懸かったにじである。

4 太行結集　　たいこうけっしゅう

太行山脈を冒《おお》う落日の雲影。黄色い旗を押したてて山間《やまあい》を行くのは、困窮に追い詰められた農民の蜂起軍。たちまち燎原の火のように中国全土にひろまり、それは群雄が割拠し鎬《しのぎ》を削る戦乱の時代への導火線となった。

5　露天市場　　ろてんいちば

いっぽう都城の中では、市《いち》の立つ日は近郊から露天商たちが集まってきて賑《にぎわ》った。旅の画家安野さんは、河北省邯鄲《かんたん》市の自由市場をたちまち後漢の風物に描きだす。

「さあさ、そこの旅のお方、見て行《け》、食って行《け》、買って行《き》な……」

6 何進暗殺　かしんあんさつ

霊帝が病没するや、宮廷は権力争奪の修羅場と化した。大将軍何進《かしん》は朝政に口出しする宦《かん》官《がん》集団の皆殺しを画策、西方の軍閥、董卓《とうたく》を呼び寄せる。画は危機に瀕した宦官（黒服）らが、長楽宮で一瞬の隙をつき何進を刺殺する場面。皇帝側近として権力を恣《ほしいまま》にした、性器を切除された男たちを宦官という。

7 宦官誅滅《かんがんちゅうめつ》

何進殺さる、の報に、警視総監の袁紹《えんしょう》は兵士を宮中に突入させ、罪のない宦官（この画では白服）まで手当たりしだいに殺した。そのとき幼い少帝とその弟（のちの献帝）は、宦官によって洛陽郊外の黄河ほとりまで連行されていた。そこに〝血に飢えた山犬〟の渾《あだ》名《な》をもつ董卓の荒くれ軍団が到着する。

8 皇帝更迭　こうていこうてつ

洛陽の軍事権を掌握した董卓はたちまち本性を露わにし、皇帝をすげかえて朝政を牛耳った。追われゆく太后・少帝と、帝位に即《つ》かせられる九歳の献帝。かくして、後漢最後の皇帝の波乱の前半生が始まる。

中国・日本を通じて、少年献帝を描いたのは、この画が最初ではないだろうか。

9　曹操出廬　そうそうしゅつろ

献帝が即位したころ、董卓から逃れて故郷に潜み、英気を養いつつ天下の動向を静観している青年がいた。やがて反董卓同盟軍の先頭に立ち、戦乱の中原《ちゅうげん》を疾駆しつつ群雄の信頼を勝ち取ってゆき、ついに献帝と出会って後漢王朝再興に身を挺することになる曹操《そうそう》である。

曹一族の故郷、安徽《あんき》省亳州《はくしゅう》市を訪れた。記念館や曹家の墳墓を巡ったあと、曹操も釣り糸を垂れたであろう河畔に、安野さんは腰をおろした。

10 天変地異　　てんぺんちい

世の中が息苦しくなると天地が変異を生じ、人間に忠告するという。青い虹が架かり、牝《めん》鶏《どり》が突如、牡鶏《おんどり》に変わった……。後漢末の記録は枚挙に暇ない。それは天子を補佐する朝廷の政治が悪いからだ、と天下《よのなかのひとびと》は考え、天下《てんか》に不満の火の手が次つぎとあがった。

鄭州《ていしゅう》市外の邙山《ぼうざん》台地から黄河を眺望した。

11 劉伶墓参　りゅうれいぼさん

何が起こるかわからない、それが旅の魅力であり、小さな不安でもある。晋《しん》の大酒飲み劉伶の墓（後方の紅旗が立った盛土）を訪ねた時、車が田の溝にはまり込んだ。村人たちが集まってきて、共に引き上げてくれた。画家はそれを、三国時代のこととする。私たちが墳墓に供えた焼酎瓶まで描かれている。

12 董卓参上　とうたくさんじょう

董卓の洛陽入城によって後漢王朝は翻弄される。群雄が反董卓同盟軍を結成すると、董卓はただちに長安に遷都し洛陽を焼きはらった。

画は洛陽と長安の中間にある函谷関《かんこくかん》。往くも還るも、この難所を通らねばならない。黄土層の狭谷の底を歩くと、川のように切り取られた蒼い空に、午下《ひるさが》りの白い月がかかっていた。

13 潼関風渡　とうかんふうと

南流してきた黄河は、西からの渭河《いが》と出合って東に向かう。その合流地点が戦略上の要地、潼関(陝西省)である。橋の向こう側は山西省の風陵《ふうりょう》度《と》。

漢詩は曹操の息子、曹植《そうしょく》が父に従軍した際のことをうたったもの。天下はしだいに治まりつつある……と。

14 街亭涼風　がいていりょうふう

黄土台地の初夏は少年のように柔らかい麦の緑におおわれ、その上を涼しい風が吹きわたる。たとえその台地が幾万の兵士の血を吸ってきたとしても、数知れぬ少年の芽を営々と育ててきた。

街亭（甘粛《かんしゅく》省）は約一八〇〇年前、魏に侵入した蜀軍の先鋒馬謖《ばしょく》が敗れた古戦場。馬謖は敗戦の罪を問われて、諸葛亮《しょかつりょう》に処刑された。

15 長安夢幻　ちょうあんむげん

長安は秦《しん》の始皇帝時代に栄えた古都だが、漢代は洛陽に都が置かれた。画家はいつも秦・前漢に思いを馳せつつ、後漢・三国の遺址を巡った。時代に、途切れるということはないのである。

秦末に焼失した阿房宮《あぼうきゅう》が、西安の観光名所として復元されている。

16 英傑逝世　えいけつせいせい

後漢の遺臣曹操《そうそう》（魏王）は洛陽で病没した。かつて傘下に組み入れた山東の黄巾《こうきん》反乱軍の精鋭〝青州兵《せいしゅうへい》〟は、曹操の死とともに兵役を免除され、遠い故郷をめざす。喪章を背中に飾り、楽器を吹き鳴らしつつ勇んで洛陽城門を出てゆく兵士の一団。画家の想像力に、自らの軍隊経験が重なっているように思われる。

二章　人の世の巡り合わせ

地の利は人の和に如《およ》ばず

曹操《そうそう》の根拠地だった潁川《えいせん》郡許《きょ》県（現在の河南省許昌市）をたずねたのは、もう二十余年まえのことになる。夏の終わりころだった。

そのころは北京で一泊し、列車で河南省の省都鄭州《ていしゅう》にいたり、国営旅行社の乗用車かマイクロバスで現地に向かうのが一般的で、東京からは二日がかり。いまから思えば、文化大革命の激動期が過ぎ去って十数年、鄧小平《とうしょうへい》の改革・開放政策が徐々に経済的効果をあげつつあった。

大陸にはまだ妙な静けさ、安堵、清潔感がただよっていたように思う。戦後の日本がいつの間にか、どこかに置き忘れてしまった〝惻隠の情《ひとをおもいやるこころ》〟のようなものが、出会った少なからぬ中国人から伝わってきた。

許昌市人民政府の門のまえで出迎えてくれた外事弁公室《がいじべんこうしつ》（対外事務所）の姚根義《ようこんぎ》主任は、六十がらみの、笑顔がいかにも鷹揚な、年季の入った地方都市の役人という印象である。

当時はまだ外国人が中国国内を自由に見聞きしてまわることはできず、とくに内陸地では必ず、外事弁公室という対外国窓口に届け出なければならなかった。

多少、煩わしくはあった。けれども、さいわいに弁公室の担当者が親身であれば、かえって「走馬看花《ばじょうにはなをみる》」（ざっと見る）式の浅い見聞でなく、馬を降りたうえ、旅行案内書などではとうてい識り得ない奥深い場所や、地元ならではの伝説を耳にする機会もあった。

曹操が根拠地とした許県の城跡と、長男曹丕《そうひ》が献帝から禅譲《ぜんじょう》をうけた舞台〝受禅台〟に、わたしは立ってみたかった。

姚主任はことのほか熱心に案内してくれたが、聞けば、ご自身〝三国迷《さんごくしおたく》〟だという。『三国演義』の物語りと正史を混同した演義調の説明ではあったが、さすが許昌市の歴史となると熱がはいった。わたしたちはまず、市郊外の許県城址（張潘郷《ちょうはんきょう》古城村）に向かった。


眼の前は四方八方、はるか地平線まで田畑がひろがっている。紺青の天と黄金の大地、日焼けした農民たちの小さな集団が、まだあちらこちらで麦刈りに精をだしている。

その光景のほぼ中央に、ぽつんと高台が見えてきた。かつて、あたりには献帝が居住し曹操が執務した皇城がそびえたち、高台は献帝が年ごとに五穀豊穣を天帝に祈念した場所、毓秀台《いくしゅうだい》の跡である。

しかしこの城址は、壮年の曹操が乱世に翻弄されていた少年皇帝を迎えいれ、覇者を夢みる英雄豪傑たちの求心力をいっきに手にし、しだいに勢力をかためてゆくのと平行して、居城を充実・拡大したのちのものである。

領土も、権勢も、おのれに数倍する袁紹《えんしょう》と対峙していたころの曹操が拠った許県城は、いまだ地方権力者の住む内城と農民たちが住む外郭《がいかく》からなる小さな古代城郭にすぎなかった。外敵の侵入を阻む高い城壁に囲まれてはいたが、天下《よのなか》をささえる農民たちは朝はやく城門をでて農耕にしたがい、日が暮れると城門を入って郭内の住居に帰ってくるという生活を送っていた。

陳寿は『魏書』「武帝紀《そうそうでん》」に明記していないが、曹操が許県城を根城《ねじろ》にしはじめたのは、潁川《えいせん》や青州《せいしゅう》の黄巾《こうきん》反乱軍を撃破して傘下におさめつつあった、献帝の初平二年（一九一年）ごろからのことと思われる。

その年、許県出身の荀彧《じゅんいく》が袁紹の人物を見かぎり、曹操のもとにやってきて参謀になっている。

「後漢のころ、この地方は潁川郡に属し、許県と呼ばれておったが、肥沃な土地からとれる農産物だけでなく、兵器や農具をつくる製鉄業も盛んだったんですよ。」

この姚主任の説明は、わたしの腑にすとんと落ちた。

——ああ、それもあったのか……。

周辺にいっさいの要害なく、だだっ広いばかりの大平原のどまん中の城郭を曹操はなぜあえて根拠地に選んだのか、とわたしは考えていたのである。

「天の時は地の利に如《し》かず。」（『孟子』）と言うではないか。

古代の戦争においては時節や昼夜、天候などの条件をうまく利用することよりも、地勢が険しく攻撃されにくい位置に身を置くほうが大事だった。眼のまえに広がる平原では、二方、三方から大軍が一挙におし寄せてくればひとたまりもないだろう。

だが曹操は、戦国期に活躍した孫子の兵法書に実践的注釈を付したほどの、後漢末随一の戦略家である。許県城を拠りどころにしたのには、なんらかの理由がなくてはなるまい。
一、許県城は、後漢の首都洛陽と曹操の本拠地である東方の譙《しょう》県をむすぶほぼ直線上のまん中に位置し（双方に約一五〇キロメートル）、進むにも退くにも好都合だった。
一、大平原は五穀（食糧）を生む土地を開墾するのに適していた。城市の発展と戦争にそなえて、曹操がいち早く屯田《とんでん》制（平常時は農業に従事し、戦争時は兵士となる制度）に力をいれ、大業をなすための食糧基盤を確保したことはよく知られている。この一帯には、当時の屯田責任者の名を冠した「韓浩《かんこう》屯田処」「棗祗《そうぎ》屯田処」などの遺址が今も残っている。
一、曹操は積極的に農民、流民、捕虜、敗残兵など天下の人びとを集めて定住させ、さらに参謀としての人材（知識人や武将）を求めつづけたが、平原は彼らの離合集散をうながしただろう。

そんなことを思いめぐらせていたときに、姚主任の製鉄業の説明があった。

農具や武器の製造は製鉄処があればできる。許城から北西五〇キロメートルに新鄭《しんてい》県城があり、そこは中国史上鉄器製造がもっとも発達した戦国の時代から、韓国（戦国七雄のひとつ）の製鉄処があった。曹操は、それを目算したのに違いない。今日、新鄭の鄭韓《ていかん》故城址にゆけば、冶鉄作坊《やてつさぎょうしょ》や鋳銅作坊《ちゅうどうさぎょうしょ》のあとを目にすることができる。

それにしても、である。

漢王朝復興という大望を抱く者の根拠地としては、この大平原のなかの城郭は、誰がみてもあまりに危険が大きく、不安定ではないだろうか。

にもかかわらず曹操は、この地を選択した。わたしには、彼は物理的には破壊不可能な根拠地をつくろうとして許県城に根をおろしたのではないか、としか思えないのである。『孟子』の戦略を曹操は深く読みこんでいたであろう。「地の利」を説いたあと、孟子は「地の利は人の和に如《およ》ばず。」とつづける。

いかに城壁が高く、池《ほり》は深く、鋭利な武器を所持し、食糧が豊かであっても、もし共に戦うべき武将らと意思が統一できず兵士らが逃亡したら、お手上げである。戦闘の〝基《もとい》〟は〝人の和〟にある。その〝人の和〟は〝仁義の道〟を得た人物のもとでこそ成りたつ。「天の時」に合い「地の利」を得ても、最後の勝利は「人の和」によって決まる、と孟子は言う。

許県城を根拠地にする前後、曹操のもとに参集していた参謀・武将といえば――夏侯《かこう》惇《とん》、夏侯淵《かこうえん》、荀彧《じゅんいく》、荀攸《じゅんゆう》、董昭《とうしょう》、賈詡《かく》、崔琰《さいえん》、毛玠《もうかい》、鍾繇《しょうよう》……忠誠の心をうちに秘めた錚々《そうそう》たる人材が、おのれの出番がくるのを満を持してひかえていた。

だが、「人情《ひとのこころ》は保《ほしょう》し難《がた》い。」（和洽《わこう》のことば。五章参照。）

いつでも、どうにでも、豹変しうるのである。

話は少しそれるが、曹操にはみずからを窮地に追いこんで困難な情況を打破する、という僻《へき》があった。僻と言っておかしければ、戦術でもいい。

自軍が苦況におちいると、その状態をぎりぎりまで引きのばし、恐怖と緊張にもはや耐えきれなくなる直前に解き放つ。兵士らの激越な反撃力が強い一体感とともに炸裂する。

『魏書』「武帝紀《そうそうでん》」の記述から、例を引いてみよう。

建安五年（二〇〇年）二月、袁紹の大軍との白馬《はくば》（黄河南岸）における戦い——少数精鋭の曹操軍にとっては、伸《の》るか反《そ》るかの戦闘場面である。当時、曹操の配下だった関羽《かんう》が袁紹軍の名将顔良《がんりょう》を斬って白馬の包囲をとくと、曹操は民衆を移住させ黄河にそって西に向かった。


　紹《えんしょう》は是《そこ》で河《こうが》を渡《わた》って公軍《そうそうぐん》を追《ついせき》し、延津《えんしん》の南《みなみぎし》に至《いた》る。公《そうそう》は兵《ぐん》を勒《ととの》え、南阪《みなみのおか》の下《ふもと》に営《じんえい》を駐《し》き、壘《とりで》に登《のぼ》って之《てきじょう》を望《ていさつ》させた。

「敵兵《てきへい》は五《ご》、六百騎《ろっぴゃくき》でありましょう。」

　頃《しばら》くして、また白《ほうこく》があった。

「騎《きばへい》が稍《ますます》多《ふえ》ております。歩兵《ほへい》は数《かぞ》え勝《き》れないほどであります。」

　公《そうそう》が曰《い》う、

「復《もう》、白《ほうこく》は勿《いら》ぬ。」

乃《そし》て騎《きばへい》に令《めいじ》て鞍《くら》を解《と》き、馬《うま》を放《はな》たせた。


それは実は敵兵を釣るための餌《おとり》だったのだが、敵騎は増えるばかり。曹操軍の内部で武将らが動揺しはじめる。


紹《えんしょう》の騎将《きしょう》文醜《ぶんしゅう》が、劉備《りゅうび》とともに五《ご》、六千騎《ろくせんき》を将《ひき》いて前後《ぞくぞく》と至《けっしゅうして》きた。

諸将《しょうぐんら》が復《ふたた》び曰《たずね》た。

「もう、上馬《じょうば》したほうが可《よろしい》のでは……。」

曹操《そうそう》、

「未也《はやい》。」

頃《しばら》くたち、騎《てきのきばへい》の至《とうちゃくする》もの稍多《いよいよおお》く、あるいは分《ぶたいをわけ》て輜《ぶき》重《しょくりょう》を趣《ねらおう》とする。

と、公《そうそう》が曰《さけ》んだ、

「可矣《ゆけ》。」

乃《めにもとまらぬはやさ》で皆《へいしら》が馬《うま》に上《とびの》る。時《とき》に曹操《そうそう》の騎《きばへい》は六百《ろっぴゃく》に満《みた》なかったが、遂《たえにたえ》た兵《へいし》を縦《ときはな》って撃《とつげき》させ、大《はげ》しく之《えんしょうぐん》を破《うちやぶ》り、醜《ぶんしゅう》を斬《きりすて》た。

もう一例を示そう。

八か月後、白馬につづく官渡《かんと》の戦いでも、次のような場面があった。袁紹は、この雌雄を決する戦闘で敗北した。

公《そうそう》が之《じゅんうけい》を急撃《きゅうしゅう》すると、淳于瓊《じゅんうけい》は退《しりぞ》いて営《じんえい》を保《まも》った。曹操軍《そうそうぐん》は遂《さら》に之《そこ》を攻《せめ》つづけ、紹《えんしょう》は騎《きばへい》を遣《はけん》して瓊《じゅんうけい》を救《すく》おうとする。

左右《そっきん》に、言《しんげん》する者《もの》があった、

「賊騎《えんしょうのきへい》が稍近《ますますちか》づいてきます。請《どう》か、兵《へい》を分《わけ》て之《てき》を拒《ふせが》れますよう。」

公《そうそう》が怒《はげ》しく曰《どなりつけ》た、

「賊《てき》が背後《はいご》に在《せま》ったら、曰《い》え。」

士卒《へいそつ》は皆《だれも》が殊死《しにものぐるい》で戦《たたか》い、大《おおい》に瓊《じゅんうけい》らを破《くだ》し、皆《ひとりのこらず》之《かれら》を斬《き》った。

陳寿の原文は簡潔で無駄がない。冷静である。

でありながら、曹操とその将兵らの戦場における緊迫した心理描写は臨場感にあふれている。従軍作家陳寿が、まるで現場にいたかのようだ。

むろんこれらは陳寿の創作だが、歴史上の記録にのっとった戦闘での、曹操という人物の心理と行動を真に迫って表出することが記録文学であろう。劉勰《りゅうきょう》はそれを「文《ないよう》と質《ぶんたい》が辨洽《ぴったりあって》いる」と評したのだと思う。

実戦場での曹操の僻をわたしが思いうかべたのは、ほかでもない、まる裸の許県城を根拠地に選んだ曹操の思惑に、それを強く感じたからである。

日常的に軍閥や反逆者の襲撃の危険にさらされるということは、許県城を守る曹操軍団と、そこに居住する民衆は、必然的に〝心を一つ〟にして自分たちの城郭を守護せねばならぬという不安と緊張のなかに身を置く。お互いの真情を確かめあうことで信頼や連帯が育《はぐく》まれる一方、「保《ほしょう》し難《がた》い」「人情《ひとのこころ》」が試されつづける。

城主の曹操とて例外ではない。参謀をはじめとする〝天下《よのなかのひとびと》〟に、つねにその人間性が問われつづけ、もしも〝漢王朝の復興〟（それは民衆と共にある政治を意味する）という曹操の理想が変質するならば、一朝にして〝人の和〟が崩壊し、臣下や民衆は足もとから離れてゆくだろう。そうでない限り、いかなる武力で攻撃してこようとも許県城が潰《つい》え去ることはあるまい。

その後いく度か、曹操出征中のすきを狙って軍閥や賊が許県城を襲ったが、荀彧らのゆるぎない防衛によって動揺することはなかった。

自然や地理的条件を超えた武力では破壊できぬ城壁を、曹操は築いたといえないだろうか。

流浪の天子が見たもの

後漢王朝の一臣下である曹操が、苛酷な運命にもてあそばれる天子を許県城に迎えたのは、建安元年（一九六年）八月のことだった。献帝十六歳、曹操四十二歳。

かくして、陳寿が『魏書』で（ということは『蜀書』『呉書』を加えた「三書」で、ということになるが）もっとも描きたかったふたりの、史上まれにみる実録物語りが始まる。

ことの進行自体は地味に見える。しかし人の世の巡り合わせが生んだ、起こるべくして起こった希有の物語りと言っていいかも知れない。陳寿はふたりの出会いから曹操の死、献帝の曹丕への禅譲までを、おもに「武帝紀《そうそうでん》」「文帝紀《そうひでん》」「董卓伝《とうたくでん》」に託して淡々と記録している。

それらの記録をもとに、許県城に落ちつくまでの献帝の波乱の幼少期を追ってみよう。

霊帝が崩御（一八九年）すると、十七歳だった長男の劉弁《りゅうべん》が帝位（少《しょう》帝）につけられ、母の何太后《かたいこう》が政治を取りしきった。太后の異母兄で大将軍の何進《かしん》と中軍校尉の袁紹は、宮中に跋扈《ばっこ》する宦官《かんがん》（皇帝の側近くに仕える性器を切除された男性）の集団を排除しようとする。同意しない何太后に圧力をかけようとして、何進は西方の軍閥董卓を洛陽に呼びよせるが、危機感をいだいた宦官らに何進は逆に殺された。

時あたかも洛陽に到着した董卓は、首都の軍事権を掌握するや少帝を廃して何太后ともども死に追いやり、少帝の異母弟劉協《りゅうきょう》を帝位にすえた。九歳の献帝（初平元年、一九〇年）である。

そもそも献帝は、のちに自身が曹操を魏公に命じる制詔《みことのり》で回想（三章参照）するように、不運の時代に生まれ落ちた。霊帝の第二子であるがゆえに実母（王美人。美人は側室の呼称。）は第一子（少帝）の母（何皇后）に毒殺され、母親の慈《いつく》しみなどは望むべくもなく、満足な帝王学の教育を受ける機会にもめぐまれず、次つぎに襲ってくる歴史の歯車に否応なく組みこまれていった。

そのあげく「性《せいしつ》、残忍《ざんにん》にして仁《じんとく》なく、遂《つい》には厳刑《しけい》をもって衆《ひとびと》を脅《きょうはく》し、睚眦《さ さい》な隙《うらみ》でも必《かなら》ず報《ほうふく》した」董卓によって、いわば傀儡《かいらい》として皇帝にたてられた。陳寿は董卓の「凶逆《きょうぎゃく》」ぶりをかなり詳しく取りあげている。それは取りもなおさず、幼い献帝の置かれた逆境のすさまじさを物語っていよう。

董卓配下の荒くれ兵士らは、洛陽住民の男たちの首をはね、頭を車にぶら下げながら、女や財産を略奪しつつ城内をねり歩く。董卓は意に従わぬ大臣らを片っ端から斬殺し、反董卓軍が蜂起すると（この急先鋒が曹操である）、長安に遷都して献帝を移らせ、洛陽の宮殿に火をはなち、陵墓を暴《あば》いて宝物をぬすんだ。

西京《ちょうあん》に着くと、みずから太師《たいし》（天子の教育係。最高官職より上の名誉職）となり、西方の郿《び》に砦を築いて三十年分の食糧をたくわえ、そして酒宴の席に反乱兵を引きずり出しては、舌を断ち、手足を斬り、眼をえぐり、鑊《おおなべ》で煮《にころ》し……。

その董卓は、初平三年（一九二年）四月、献帝の快気祝いに出席する途上、司徒《しと》（最高官のひとつ）の王允《おういん》、部下の呂布《りょふ》らに殺害され、三族（父母、妻子、兄弟姉妹）まで皆殺しにされた。

しかし、その喜びもつかの間、献帝は安定した天子の生活を手に入れるどころか、朝政を支配するようになった司隷校尉《しれいこうい》李傕《りかく》と、董卓の部将だった郭汜《かくし》の内紛に巻きこまれ、それからの四、五年間というもの、いっそう危険に満ちた運命に翻弄されることになる。『献帝紀』『献帝起居注《ききょちゅう》』（いずれも裴松之《はいしょうし》の注に引用）などの記述をも参照しながら、その間の献帝と曹操、双方の動向を年表ふうにみておこう。

初平三年（一九二年）　献帝12歳、曹操38歳。

4月、董卓が王允らに殺される。李傕・郭汜ら王允を殺し、朝廷を牛耳る。内乱で長安の民衆、一万人余りが死ぬ。

9月、曹操、三十余万の青州（山東）黄巾軍を下し、配下に入れる。参謀の毛玠《もうかい》、天子を奉戴して農業に力をいれ軍資を蓄えるよう、曹操に進言。いっぽう袁紹のもとを去った董昭《とうしょう》（のち魏の参謀となる）は、長安（献帝）と刺《し》を通じたがっていた曹操の意をくみ、河内《かだい》の太守張楊《ちょうよう》を通じて〝天下の英雄〟曹操を献帝に推挙させた。（『陳思王植伝《ちんしおうそうしょく》』の注『魏略』によれば、曹操に天子への接近を助言したのは、献帝の近くにあった丁冲《ていちゅう》だったと記す。）献帝はこのときはじめて、曹操の存在を知ったと思われるが、『後漢書』には初平元年（一九〇年）、琅邪王《ろうや》劉容《りゅうよう》の弟劉邈《りゅうばく》が曹操の忠誠心をしきりに献帝に称賛したという記事もある。曹操が「薤露《かいろ》」（八二頁参照）を作詩した年である。

初平四年（一九三年）　献帝13歳、曹操39歳。
軍閥たちの長安襲撃がたえず、また李傕の兵士らの略奪によって都とその周辺の民衆は飢餓に苦しみ、お互いに食らいあった。献帝は生活に困窮する宮女や公卿、貧民に衣類や金銭を下賜しようとしたが、すべて李傕に横領された。この年、下邳《かひ》（江蘇）の闕宣《けつせん》が天子を自称、仲間の陶謙《とうけん》に殺される。

興平元年（一九四年）　献帝14歳、曹操40歳。
春、曹操の父が陶謙に殺され、夏、曹操は陶謙を攻略。盟友の張邈《ちょうばく》・陳宮《ちんきゅう》が呂布を引きいれ、曹操に叛く。献帝、元服。秋にかけて大旱魃が襲い、長安周辺の民衆は共に食らいあい、白骨が積み重なった。曹操、袁紹の連合案の誘いを拒む。

興平二年（一九五年）　献帝15歳、曹操41歳。

2月、李傕と郭汜が長安城中で交戦、李傕は献帝を陣営に拉致し宮室を焼きはらった。死者おびただしく、道に屍臭ただよい、献帝は備蓄米を飢民にわけ与えるよう命じた。献帝、貴人《きじん》（側室）の伏《ふく》氏を皇后に立てる。

6月、李傕と郭汜が一時的に和解。献帝は将軍の楊奉《ようほう》・董承《とうしょう》らとともに長安を脱出、洛陽をめざして東に向かう。10月、献帝、曹操を兗《えん》州の牧（長官）に任命。

12月、李傕ら献帝を奪いもどすべく追撃、弘農郡の黄河畔で戦闘となり、楊奉ら敗北。少なからぬ公卿が殺され宮女を略奪されたが、献帝らは黄河を北にわたって徒歩で大《だい》陽《よう》（今日の山西省平陸市）に逃れた。


建安元年（一九六年）　献帝16歳、曹操42歳。

正月に建安と改元。献帝、安邑《あんゆう》（山西省河東郡運城市）に移る。つき従う者は十余人。夏、蝗害・旱魃にあい食べ物に苦しみ、洛陽に向かう。曹操、従弟《いとこ》の曹洪《そうこう》を派遣して献帝を出迎えようとしたが、献帝の舅《しゅうと》の董承らに邪魔される。6月、献帝は曹操を鎮東将軍に任じ、費亭《ひてい》侯に封じた。7月、献帝、洛陽に帰り着く。曹操、楽府《がふ》の「善《ぜん》哉行《さいこう》」を作る。
8月、曹操、許から洛陽に至り献帝に見《まみ》える。献帝は曹操に節鉞《せつえつ》(軍事権を示す割符《わりふ》と斧《おの》)を与え、司隷校尉(警視総監)の地位につけた。洛陽は破壊しつくされており、董昭らの勧めによって許に都を移し、献帝、許城に至る。曹操を大将軍に任命。これより後漢の朝廷はふたたび宗廟、社稷《しゃしょく》をまつり、制度を建てなおしていった。

こうして献帝は曹操のもとに身をよせ、それ以降は一転して許都での安定した生活を送るようになるのだが、右の年表にもう少し補足しておくことがある。

初平三年(一九二年)のころから曹操が献帝に急接近するについては、董昭の働きを忘れてはなるまい。

河内《かだい》太守の張楊を通じて曹操の存在を献帝に知らしめ(献帝がそれ以前に、曹操の名を知っていた可能性もあるが)、その四年後には董昭は、流浪のはてに安邑に孤立する献帝のもとに到り詔勅によって議郎にとりたてられた。董昭は皇帝の身辺にあって変転めまぐるしい朝廷の実態を観察しつつ、献帝と曹操を対面させる時機をねらっていた。

献帝の一行が命からがらたどり着いた洛陽の城内は、廃墟そのものだった。

天子《てんし》が洛陽《らくようじょう》に入《はいら》れた。宮室《きゅうしつ》は焼尽《やきつく》され、街陌《がいろ》は荒蕪《あれるにまかせ》、百官《やくにんたち》は荊棘《いばら》を披《きりひら》いて丘《はいきょ》の牆《かきね》の間《あいだ》に依《みをよせ》あった。州《しゅう》や郡《ぐん》の各兵《へいしら》は擁《じっとした》まま自衛《うごか》ず、至《たすけにく》る者《もの》は有《い》なかった。飢窮《うえ》は稍甚《いよいよはげ》しく、尚書郎以下《しょうしょろういかのやくにん》は自《じぶんか》ら樵《たきぎ》を采《とり》に出《で》かけ、或《あるもの》は牆壁《どべい》の間《すきま》で飢死《がし》した。

（『魏書』董卓伝）

献帝の洛陽入城は建安元年の夏七月、翌月には待ちかねたかのように曹操が入洛し、献帝に拝謁した。奔走する董昭の慫慂《しょうよう》によるもので、陳寿は二人の策動を次のように描き出す。

太祖《そうそう》は、洛陽《らくよう》で天子《てんし》に朝《まみえ》ようとしたとき、昭《とうしょう》を引《ひきよせ》て並《とも》に坐《すわ》り、問曰《たずね》た。

「今《ただいま》、孤《わたし》は此《らくよう》に来《まいり》ましたが、当《いったい》、何計施《どのようにすれ》ばよろしいでしょうか。」

昭《とうしょう》が曰《い》う。

「将軍《しょうぐん》は義兵《ぎへい》を興《おこ》して暴乱《とうたく》を誅《ちゅうさつ》し、入《ここにこら》れて天子《てんし》に朝《おあい》になられ、王室《おうしつ》を輔翼《たすけ》られる。此《これ》は〝五伯《ごはく》（春秋時代、周室を補佐した五人の覇者）の功《こうせき》〟と同じであります。

此下諸将《ここにいるしょうぐんたち》は、人殊《それぞれ》の意《おもわく》が異《ことな》り、未《いま》だ必《みな》が服従《ふくじゅう》しているとはいえません。今《このまま》留《とどま》って匡弼《てんしをおたすけ》するには、事《こと》の勢《いきお》いからして不便《きけん》であります。惟《ただち》に許《きょ》に移《みやこをうつ》され、一《ひとま》ず駕幸《てんしさまをおつれ》すべきです。然《ただ》、朝廷《てんしさまたち》は播越《さまよわれ》て旧京《らくよう》に新還《かえられた》ばかり、遠近《だれもが》跂望《こころか》ら、朝《ちょうてい》が獲安《おちつ》くことを冀《ねが》っております。今復《いままた》、駕《みくるま》を徙《おうつし》するには、衆《ひとびと》の心《いやがるこころ》に厭《かかずらわ》ってはなりませぬ。非常之事《つねならぬほうほう》を行《と》れば、非常之功《つねならぬてがら》が有《え》られます。願《どう》か、将軍《しょうぐん》には、甚多者《よりよいほうほう》を算《えら》ばれますよう……。」

太祖《そうそう》、

「此《きょにおつれする》ことは、孤《わたし》の本志《ほんらいのきもち》であります。が、楊奉《ようほうどの》（もと李傕の部将）が近《ちか》くの梁《りょう》に在《ちゅうりゅう》しておられ、その兵《へいし》は精《えりぬき》だとか……。孤《わたし》の累《じゃま》をするおそれは得無為《ありますまいか》。」

昭《とうしょう》、

「奉《ようほう》には党援《なかま》が少《すくな》く、将《しか》も独《かれひとり》が将軍《しょうぐん》に質《み》を委《まかせ》ようとしております。将軍《しょうぐん》を鎮東《ちんとうしょうぐん》と費亭《ひていこう》に事《すいせん》したのは、皆《いずれ》も奉《ようほう》が定《きめ》た所《こと》です。また命束《めいれいのやくそくにしたがう》と書《ようほうのてがみにか》いている聞《そう》ですが、以《それ》は見信《しんじられ》る足《で》しょう。宜時《じきをみて》、使《ししゃ》を遣《や》り、厚《あつ》く遺《おくりもの》をして謝《かんしゃのきもち》を答《つた》え、其《ようほう》の意《ふあん》を安《とりのぞ》かれ、そして『京都《らくよう》には糧《しょくりょう》が無いゆえ、車駕《みくるま》を暫《しばら》く魯陽《ろよう》（許県の西）に幸《おうつし》したい。魯陽《ろよう》は許《きょ》に近《ちか》く、転運《てんそう》に稍易《べんり》で、縣乏之憂《とおくてたべものにこまる》ことは無《な》いであろう。』と説《い》うのです。奉《ようほう》の人《ひと》と為《な》りは勇《いさま》しいものの、慮《かんがえ》が寡《あさ》い。必《きっ》と、疑《うたが》いは見《し》ません。比《なんど》も往来《かれとゆきき》するうちに、計《けいかく》は定《うまくゆ》きます。奉《ようほうごとき》に、何《どう》して累《じゃま》など能《でき》ましょう。」

太祖《そうそう》、

「善《わかりました》。」

（『魏書』「董昭伝」）

董昭は四十五、六歳、曹操より三、四歳年長である。

後漢末乱世のもっとも混沌とした情況のなかで、曹操はこのようにして献帝を許県城に迎え、錦の御旗を擁立した。漢王朝の安定を求める少なからぬ群雄たちの心が、いっせいに曹操になびく。そのいっぽう、宿敵袁紹との対立はいっそう尖鋭化していった。

董昭はこれ以降も、曹操の人柄と政治的手腕を信頼しつづけ、つねに盟主として押し立て、献策し、やがて曹操の腹心中の腹心ともいうべき参謀として重きをなしてゆく。

陳寿は「後《のち》に、太祖《そうそう》は遂《つい》に魏公《ぎこう》・魏王《ぎおう》の号《しょうごう》を受《う》けたが、皆《いずれ》も昭《とうしょう》が所創《いいだしたこと》である。」（「董昭伝」）と述べている。

さて、献帝と曹操の初対面である。

が、ふたりの出会いについて述べるまえに、わたしたちはやはり曹操という人物を見定めておく必要があるだろう。それには、彼みずからが表現した詩文について見るのがもっとも正確だとわたしは思う。

次節では、もっぱら曹操の詩を取りあげたい。

詩に託した衷心のおもい

幼いころ曹操がどのような教育をうけたのか、詳しいことはわかっていない。「武帝紀」には「少《おさな》くして機警《えいびん》、権数《はかりごと》に有《た》け、而《しか》も任俠《おとこぎ》があって放蕩《あそびにふけ》り、行業《これといったしごと》に治《つかなか》った。」と記すだけである。

しかし十七、八歳のころ、人物批評家が「能《よ》く之《らんせい》を安《おさめ》る者《ちから》は、其《きっ》と君《きみ》に在《あ》る……」と言ったところを見ると、凡庸でなかったことは確かだろう。曹家は漢の高祖劉邦《りゅうほう》の片腕だった曹参《さん》から四〇〇年ちかくつづく名門であり、しかも祖父の曹騰《とう》は後漢の四人の皇帝

（順帝・沖帝・質帝・桓帝）につかえた大物宦官《かんがん》だった。

皇帝側近の大官僚の家庭における教育が、いい加減なものとは思えない。それは曹操の故郷、譙《しょう》県（安徽省亳《はく》州市）にある曹一族の墳墓群から発掘された文物などからも推測される。儒学は言うまでもなく、当時の諸学問はひと通り教えられたと考えられ、それが作詩・作文の土台になっている。

黄巾《こうきん》の乱が起こった中平元年（一八四年）、すでに三十歳になっていた曹操は洛陽の騎兵隊長に取りたてられ、済南国の知事に就任、名に恥じぬ政治を行なおうという気迫に満ちていた。そのころ「酒を対《のみ》つつ」「関山《せきしょやま》を度《のりこ》え」などの、「楽府《がふ》」と呼ばれる曲調の詩を詠《よ》んでいる。

楽府とは、新しい詩ができると管絃楽器の伴奏をつけて歌ったもので、それまでの四言《しごん》形式のほかに五言《ごごん》や七言《しちごん》の詩、雑詩もつくられるようになった。すなわち楽府は束縛の少ない庶民的な詩形式で、自由な精神感情を託すことができたのである（伊藤正文『建安詩人とその伝統』）。

「関山《せきしょやま》を度《のりこ》え」は、次のような句ではじまる。

天地《うちゅう》の間《なか》で、人《にんげん》は貴《もっともとうと》い。
君《くんしゅ》を立《た》て、民《みんしゅう》を牧《おさ》め、
之《ひとのよ》のために、則《きそく》を軌《ととのえ》る。
車轍《わだち》や馬《ばてい》の跡《あと》をのこし、
経緯《めぐりゆ》く、四極《りょうどのすみずみ》。
黜《やめさ》せ、そして陟《とりたて》る、幽《あくにん》と明《のうり》、
黎庶《みんしゅう》は繁《こころゆたか》に息《いきつづけ》る。……

詩はさらにつづき、国家の統一、賢明な君主、公正な裁判、争いのない民衆、庶民の安楽、豊かな作物など、曹操の理想とする儒教的な社会像が盛りこまれていく。

今日、この詩は奴隷制度の「井田《せいでん》制」や「肉刑」の復活を目論み、皇位簒奪《さんだつ》の野心もうかがわれるなどと、うがちすぎた解釈をする中国の研究者（劉知漸『建安文学編年史』一九八五年）もいる。しかし、率直に政治家としての理想に燃えていた青年官僚の〝意気〟を感じるのが、まともな読み方ではないだろうか。

霊帝が崩じたあと、董卓が朝廷に乗りこんで皇帝をすげ変え、長安に遷都した初平元年

（一九〇年）、曹操は「薤露《かいろ》」をうたっている。やはり楽府の曲調名で、送葬の挽歌。薤《にら》の葉先に消えてゆく露に、古代人ははかなく短い人生をたとえた。

薤《かい》露《ろ》

惟《ああ》、漢《かん》の二十二世《れいていのみよ》、
任《しゅうにん》した所《だいじん》（何進《かしん》）は誠《まこと》に良《よか》らず、
沐猴《さる》が冠《かんむり》を帯《かぶ》り、*
知《ちえ》小《な》くして強《かんがんみなごろし》を謀《はか》る。
猶予《こころさだまらぬ》まま、あえて断《じっこう》せず、
因《かく》て君主《くんしゅ》（少帝）は狩執《つれさら》れた。
白虹《とうたく》、日《こうてい》を貫《どくさつ》し、
己《おのれ》（何進）もまた先《さきんじ》て殃《かんがん》に受《ころさ》る。
賊臣《とうたく》、国権《ぐんのけんりょく》を持《ぬすみと》り、
主《しょうてい》を殺《ころ》して宇京《らくよう》を灰《はい》にす。
帝《かんおうちょう》の基業《いだいなもとい》は蕩覆《くつがえ》され、

宗廟《そせんのやしろ》は燔喪《やきはらわ》れた。
西《にし》に播越《さすらい》、遷《ちょうあん》に移《うつ》り、
号泣《なき》ながら 行《いばらのみちをゆ》く。
彼《か》の洛《らくよう》の城郭《しろ》を瞻《かえりみ》れば、
微子《びし》**の哀傷《かなしみ》、為《こみあげ》る。

*出典は『史記』「項羽本紀」の「沐猴《もくこう》に而《し》て冠《かん》す」。項羽をけなしたことば。
**微子　周に滅ぼされた商《しょう》の紂《ちゅう》王の兄。殷《いん》（商の首都）の廃墟にたたずみ、悲嘆のあまり「麦秀《ばくしゅう》の歌」をつくった。

明《みん》の学者鐘惺《しょうせい》は「漢末の実録にして真《まこと》の詩史なり」と評し、清の学者張玉穀《ちょうぎょくこく》は、詩の第八句は史実としては第四句の次に来るべきだが、曹操は倒叙法を用いているという。

曹操は詩や文（言語《ことば》）におのれを託した男だった、と言っていいであろう。「詩は志《こころざし》の所之也《ゆきつくところなり》。」（『詩経』）、あるいは「蓋《おもうに》、文章《さくぶん》は経国之大業《くにをおさめるほどのだいじぎょう》であり、不朽之盛事《くちることのないりっぱなしごと》である。」（曹丕『典論』）といった意味において、曹操は詩文に人生を賭け、それを実践した。
中国文学史においては、後漢末から魏晋の時代にかけて革新的変化が生じ、その主流に曹操と二人の息子（曹丕・曹植）、および「建安七子《しちし》」（献帝が皇帝だった建安時代の七人の詩人）がいたことは通説である。とくに曹操は、それまで城市や農村でうたわれてきた歌謡曲（楽府）を新しい詩型として取りいれ、みずから作詩した。「高《たかみ》に登《のぼ》れば必《かなら》ず賦《しをつく》り、新詩《あたらしいし》が造《で》き及《あが》って、之《それ》を管絃《おんがく》に被《のせ》ると、皆《すべて》楽章《ふし》に成《あ》った。」（王沈『魏書』）ほどの詩人だった。
いったん放たれた言語は二度と消せない。詩人は、つねに自分の発した言語に律せられる。それだけに詩の詞《ことば》を選ぶ作業は真剣であり、それが〝志〟の表出でもある以上、あえて自分を縛《しば》る言語を発するということもあり得る。

天地《うちゅう》の間《なか》で、人《にんげん》は貴《もっともとうと》い。

原文は「天地間《てんちのかん》人為貴《ひとをとうとしとなす》」。この「関山《せきしょやま》を度《のりこえ》て」の第一句の宣言は、前漢の半ばころから士大夫《したいふ》（官僚・知識層）の社会通念となりつつあった「天下《よのなかのひとびと》を公《しゅじん》と為《な》す」

と同じ儒教的思想の潮流から生じたものと考えられる。前漢の学者董仲舒《とうちゅうじょ》の説をうけて、後漢の再興者光武帝は、奴隷の殺害を禁じた詔令で「天地之性《てんちのいきもののうち》、人為貴《ひとをとうとしとなす》」（『孝経』からの引用）と言っているが、曹操は当然それらを踏まえており、この句につづくすべての詩句は曹操の宇宙観、人間観からつむぎ出されたものである。

「薤露《かいろ》」では董卓の所業を批判し、「微子《びし》の哀傷《かなしみ》」（献帝の心中が仮託されているのは、言うまでもない）をわが心として詩《うた》った。それは皇帝に対してと同時に、群臣・諸将・貴族・民衆——すなわち〝天下《よのなかのひとびと》〟への〝志（決意）〟表明にほかならなかった。曹操の詩句は急速に、心ある人士の口の端にのぼっていったに違いない。

しかも詩人は、ことの渦中にあってわが心魂の在処《ありか》を顧《かえりみ》ることを忘れない。献帝に拝謁する直前（六、七月ころ）に、曹操は「善哉行《ぜんさいこう》」（古い楽府《がふ》の題）三首を作詩している。

第一首「その一」は、『春秋』『史記』などの歴史書に記されている商・周王朝以来の王とその後継者たち（あるいは臣下）への国譲りの物語りをあげてゆき、そこに曹操自身が漢室を尊奉したうえで、この乱世を治めてゆこうとする姿勢を託す。

ここでは、つづく「その二」「その三」を訳載しよう。人間（文学者）曹操を理解するには避けて通れぬ作品である。

善《ぜん》哉《さい》行《こう》

（その二）

自惜《ああ》、身《わがみ》の薄祜《さちうすかった》ことよ。
夙《いつ》も賤罹《さげすまれ》、孤《こどく》に苦《くる》しんだ。*
既《ははおや》の三徙教《あたたかいおしえ》なく、**
庭《きびし》い語《ちちうえのことば》を聞《きいた》こともなかった。

窮《むねのうちのくつう》は抽《ちょう》を裂《ひきさ》く如《ばか》り、
自《いつ》も思《おもいいた》るは怙《ちち》の所《くやしさ》。
一介《せいじか》への志《こころざし》を懐《いだい》たが、
是《あ》の時《とき》、それが能与《かなうはず》はなかった。
窮者貧賤《こりつむえん》に守《みをまか》せ、
惋《きずつ》き、嘆《なげ》き、泪《なみだ》は雨《あめ》の如《ごと》し。

泣涕《なきつづけて》、於《ああ》、悲夫《かなしみつきれば》、
乞《もとめ》た活《でぐち》が安《どこか》に睹《みつかっ》たとでも能《い》うのか。

我《わたし》は天窮《うちゅう》に願《うった》えた、
琅邪《ちちがころされたろうや》を傾側左《うちくずせ》、と。***
忠誠《くににちゅうせい》を竭《つく》そうと欲《し》た、まさに雖《その》とき、
欣《めでたし》や、公《てんしさま》が楚《ちょうあん》から帰《かえって》こられるとは。

人《だれも》が快《よろこ》んだものの、由《それで》も嘆《なげき》は為《きえさ》らず、
情《わたしのきもち》は抱《むねにした》まま、叙《おつたえ》でき不得《なか》った。****
顕行《うちたてるべき》は、天《てんしさま》とともに人《ばんみん》を教《おしえみちびく》こと。
だが誰《だれ》が知《し》っていようか、莫不緒《そのじつげんのむつかしさ》を。

我《わたし》の願《りそう》は何時《いつ》、遂《かなう》だろうか。
此《こ》の嘆《うっくつ》も亦《また》、処《け》し難《がた》い。

今《いま》、我《わたし》は将《いったい》、何《どのよう》な光曜《いのちのかがやき》をもって照《いきようとして》いるか、
銜《うれい》は釈《とけ》ぬ、雨《あめ》には不如《やむときがある》というのに。

*宦官の孫だと軽蔑された。
**子の教育のために家（環境）を三度移ったという、孟軻《もうか》の母の故事。
***父は琅邪で、陶謙に殺された。
****献帝を出迎えようと曹洪を派遣したが、董承らに阻まれた。

（その三）

朝日《あさひはのぼり》、楽《ひるのうたげ》を相《とも》に楽《たのし》む、
酣《ゆかい》に飲《のめ》ば、酔《ようこと》も不知《あるまい》。
悲《おごそか》な弦《つまおと》にのる、新声《しんきょく》の激《ちからづよ》いしらべ、
長笛《よこぶえ》の吹《ねいろ》は、清気《きよらかにすみ》わたる。
弦《ことのね》と歌《うたごえ》は人腸《ちょう》に感《しみわた》り、

四座《まんざ》の皆《きゃくじん》は歓《よろこび》を悦《つく》す。
寥々《ひろびろ》とした高堂《たかどの》に上《のぼ》れば、
涼《すず》しい風が、我室《わたしのへや》に入《はいってく》る。

満《くらい》は持《のぼっ》たものの、如《なぜ》か不盈《こころみたされぬ》。
有徳者《とくがあれば》、能卒《なやむこともないだろう》に。
君子《せいじをつかさどるもの》の苦心《くろう》は多《おお》く、
所愁《たみをおもいやるきもち》は但一《ひととおり》ではない。

慊々《うやうや》しく白屋《せいひんのし》を下《むかえい》れ、
吐《たべものをはき》だし、握《あらいがみをつかんで》でも、不可失《あってみなければならぬ》。*
衆賓《きゃくじんたち》は飽満《みちたり》て帰《かえ》ってゆくが、
主人《わたし》の苦《じんぶつをもとめるなやみ》は悉《つ》きない。
比翼《にひきのとり》が雲漢《おおぞら》を翔《はばたい》てゆく。

羅 者《あれをつかまえるには》、安《どこ》に所 羈《あみをはれば》いいのか。
冲 静《ゆったりとしずか》に自然《しぜん》と 得《あそぶもの》には、
栄華《えいが》など何 足 為《まったくとるにたりない》のだ。

＊周の武王の弟周公は、武王を継いだ幼い成王を補佐し、士人が訪れると、食事中は口中の食べ物を吐き出し、洗髪中は水をしぼって髪をつかんだまま出迎え、天下の賢人を見逃さないよう努力した（『史記』）。曹操は一貫して、周公の政治的立場を理想とした。

「善哉行」は内容からして、また作られた状況からみても、あきらかに献帝に奉げられた詩だとわたしは思う。多感な少年皇帝に壮年の詩人曹操は、おのれの衷心と信念をまっすぐに披瀝したのである。

わたしは、楽の調べとともにこの詩を聴いた献帝が、驚きにも似た感動にふるえる瞳で曹操を見つめる場面を想像する。毒殺された母、幸薄かった幼少時代、董卓に祭りあげられて以後の恐怖と、孤独と、飢えと、苦難の逃避行の日々が、走馬灯のように脳裡をめぐったであろう。

それにもまして、このような言葉と政治的信念を持った人物が、いま眼のまえにいるという喜び――。

十六歳にしてすでに辛酸をなめ尽くした感のある献帝ではあるが、さきの年表にもうかがわれるように、彼はもともと心優しい思いやりと芯の強さを合わせもった少年だったように思われる。

「董卓伝」注の『献帝起居注《けんていききょちゅう》』には、陳留王協《きょう》（献帝）は聖人の徳にひいで、人の道にかなった態度をとり、豊かなあごと狭い額をもち、その肖像は堯《ぎょう》（舜《しゅん》に禅譲した古代伝説上の帝王）を思わせ、話す言葉は出すぎず、幼いながら賢明な資質は周の成王のように立派である、と記されている。これは董卓が少帝を廃して協を帝位につけるときの策文《さくぶん》（天子の命令書）なので、大いに潤色されている可能性はあるが、献帝の風貌の縁《よすが》がまったくないわけでもないだろう。

また『後漢書』の「何皇后紀《か》」には献帝が（編著者の范曄《はんよう》は、記述を面白くし、あるいは恣意的な人物像を作るために他の杜撰《ずさん》な記録を安易に取りこんでいるので、これまた注意しなければならないが）、董卓から死に追いやられた兄少帝の側室、唐姫《とうき》を悲惨な生活から救いだし、また兄を改葬して「懐王《かいおう》」の諡《おくりな》をあたえ、母王美人の兄王斌《おうひん》を捜しだして邸宅と田地を下賜して高官に任じた、ことなどが見えている。

そのような献帝が初めての接見を機に、曹操というそれまでに出会ったことのない人格に心動かされ深い信頼をよせはじめたとしても、そこに何の不思議もあるまい。

献帝（およびその側近たち）は曹操に節鉞《せつえつ》をあたえ、司隷校尉に任命し、その月（八月）のうちに許に遷都すると大将軍に昇進させた。

ふたりの邂逅《かいこう》は皇帝・臣下としてのつながり以前に、劉協と曹操という人と人の運命的な巡り合わせだったと考えていい、とわたしは思う。そのことは十八年を経たのちになって、今度は献帝から曹操への思いが披瀝されることにより、いっそう鮮明になろう。

そしてそれはまた、陳寿が「三書」においてもっとも表現しておきたかった文学的記録でもあった。

［戦（Ⅰ）］

17 黄巾蜂起　　こうきんほうき

後漢から魏・蜀・呉の時代はまさに乱世、戦《いくさ》のない日はなかったと言っていいだろう。朝廷は政治を顧《かえり》みず、軍閥は野望を秘めて横行する。民衆は兵役と飢餓に追いつめられ、農民はやむなく蜂起せざるを得なかった。黄巾軍に参加してゆく村の青年の、家族との別離……。

18 反董同盟　はんとうどうめい

皇帝をすげ替えるという横暴に、袁紹・曹操ら十数人の群雄が反董卓同盟軍を結成すると、董卓は恐怖にとらわれて西安に遷都し、洛陽を焼きはらった。その惨状は陳寿の『魏書』「董卓軍」に詳述されている。西安での董卓は皇帝を気取り、冤罪で殺された者は万の数にのぼった。百姓《みんしゅう》は批判の声をあげることもできず、互いに目くばせしあうという重苦しい空気が都を覆《おお》った。

19 郿塢秋色　びおしゅうしょく

西安（長安）の西一〇〇キロに、董卓が引き籠ろうとした砦《とりで》の跡がある。訪ねたのは秋、地元の農民たちが辺り一面に玉蜀黍《とうもろこし》を干していた。董卓は腹心の呂布に裏切られ、未央殿《みおうでん》の前で殺された。その悪虐ぶりを知ってか、知らずでか、農民たちは董卓のことをあまり話したがらなかった。

20 界橋逆襲　かいきょうぎゃくしゅう

東北の遼東《りょうとう》地方に袁紹のライバル、公孫瓚《こうそんさん》がいた。配下の精鋭騎馬隊は「白馬義従《はくばぎじゅう》」と呼ばれ、異民族に怖れられていたが、界橋（河北）での戦いにおいて袁紹軍に逆襲され、敗れた。

画は、白馬にまたがる騎馬隊の勇姿。

21 呂布脱落　りょふだつらく

董卓を刺殺した呂布は寝返り常なき武将だったが、ついに曹操に捕えられてくびり殺され、覇権争いから脱落した。

画は、綿にくるんだ幼いわが娘を手土産にして、援軍を得ようと城を出た呂布が、曹操軍に阻まれるところ。『魏書』「呂布伝」の裴松之注『英雄記』の記述から。

22 白馬先勝　はくばせんしょう

最大の勢力を誇る袁紹と、劣勢ながら献帝を擁する曹操の雌雄を決する戦いは、もはや避けられぬ情況となった。黄河南の白馬で曹軍が袁軍に包囲された。当時、曹操の部将だった関羽《かんう》が急行し、一気に敵将顔良《がんりょう》を打ち倒して前哨戦に勝利する。

23 義人関羽《ぎじんかんう》

関羽はもともと劉備の部将である。曹操に捕えられ手厚い待遇を受けた関羽は、白馬の戦いで活躍してその恩義に報いると、旧主劉備のもとに逃げ帰った。

画家はときに小説（『三国演義』）の場面を描いて、史実に彩《いろど》りをそえる。関羽、劉備のもとに帰る図——見送る曹操の挙げた手が、馬上の関羽に向けられているとは限らない。車窓の女性は劉備の甘夫人である。

24 兵站急襲　へいたんきゅうしゅう

袁紹の大軍は黄河の砂丘にそってじわじわと攻め下る。官渡《かんと》に布陣していた曹操軍は、局地戦で敗れ、糧食も底をつきつつあった。一旦、引きあげたい——気弱《きよわ》になった曹操を、腹心の荀彧《じゅんいく》が叱咤激励して難局を持ちこたえ、敵の兵站車を急襲して焼き払い、戦況を逆転する。

將進酒　李白
君不見黄河之水天上来
奔流到海不復回
君不見高堂明鏡悲白髪
朝如青絲暮成雪

25 三国揺籃　さんごくようらん

砂塵を巻きあげながら繰り返す戦闘を余所に、黄河は滔々と流れ去《ゆ》く。「君見ずや、黄河の水、天上より来たり、奔流して海に到って、また回《かえ》らざるを」（李白）。あたかも、後漢から三国へと過ぎゆく歴史を暗示するかのようだ。

安野さんは、その黄河の土を絵の具にしてこの画を描いた。

26 烏巣夜襲

うそうやしゅう

黄河を狭んだ二年に及ぶ官渡の戦いは、峠を越しつつあった。曹操が余力を引き絞って烏巣の敵陣に夜襲をかけ大将を打ち取ると、袁紹配下の将軍に投降する者が現われ、もはや大勢は決まった。

この画の落款「安野三国志」は逆さまに押されている。画家は、落款もまた絵筆の動きと同じく一《いち》期《ご》一《いち》会《え》だといわれた。

27 袁紹壊滅《えんしょうかいめつ》

敗走する袁紹軍の兵士・騎馬が、黄河に浮かぶ船に飛び乗る。彼方の火の手は烏巣であろう。

後に曹操は、この頃を回想して「戦《いくさ》は鎧《よろい》甲《かぶと》に虱《しらみ》がわくほどうち続き／死んだ兵士の数知れず／白骨は田野にさらされて……／生き残った民衆はわずか百人に一人……」と、詩にうたった。

宿敵袁紹を破ると、曹操は献帝を擁して後漢王朝の政治を安定に導いていく。戦いが止み、天下《よのなかのひとびと》が平和な生活を送れる世が来ることこそ、曹操の理想だった。

28 博望阻止　はくぼうそし

曹操の暗殺に失敗したあと、袁紹側に立って後方を撹乱していた劉備は南に逃げ、荊《けい》州の劉表のもとに身を寄せる。追撃する曹操軍は荊州の北、博望において、劉備軍の奇計にはまり進軍を阻まれた。

画は、敗走すると見せかけるため陣営に火をかける劉備の兵士たち。

29 張飛当千　ちょうひとうせん

官渡の戦いから七年、曹操はよりいっそう安定した治政を求めて荊州南征の大軍を発した。劉表は病死し、荊州は矛を交えることなく降った。劉備らはまたも逃走し、長阪《ちょうはん》で曹操軍に追いつかれる。

長阪橋上で曹操軍を一喝し、見得《みえ》を切る一騎《いっき》当千《とうせん》（一人で千人を相手するほど強い）の張飛。

30 趙雲奮闘　ちょううんふんとう

いわば流浪する劉備の一党には、関羽・張飛という屈強な武将がひかえていたが、二人に優るとも劣らぬ活躍を見せたのが趙雲。

劉備は長阪で妻子を棄てて逃走した。そのとき趙雲は、馬上で繦褓《むつき》の子(劉禅)を抱えて迫りくる曹操軍と奮戦し、母と子を救出した。

31 趙雲暮景　ちょううんぼけい

安野さんは趙雲が好きだ。故郷の華北省正定《せいてい》市を訪れた。清潔な街なかに、趙雲廟が鎮座していた。秋の夕陽が落ち、廟はシルエットになろうとしていた。画家の眼の前を、凱旋する趙雲一隊の幻影が通りすぎていった。

32 百姓随従　　ひゃくせいずいじゅう

百姓《ひゃくせい》（たくさんの姓、すなわち民衆）は戦《いくさ》を嫌う。曹操軍南征・劉備撤退の報に、幾万もの百姓が家財をまとめ、家畜を引きつれて劉備に従ったという。しかし劉備らの逃走後、彼らはふたたびもとの生活にもどっていった。

日本に伝来した「百姓」の文字は、いつの頃からか、一般に農民だけをさすことばになった。

三章　禅譲のふるさと

秋風吹きわたる受禅台の風景

許都の古城址を巡り、昼食をとってひと休みしたあと、わたしたちは献帝が曹丕《そうひ》に皇位を譲った受禅台に向かった。車で西南に約三十分、許昌市に隣接する繁城鎮《はんじょうちん》という古い町の、潁水《えいすい》と呼ぶ川のほとりにそれはあった。繁城は後漢のころは曲蠡《きょくれい》といい、その繁陽亭という地に受禅台がつくられてのちは繁昌と言っていた。

わたしは車中、毓秀台《いくしゅうだい》でひろった灰色の分厚い瓦当《がとう》片をポケットから取りだした。型押しで浮かぶ隷書体の「長」字の一部が残っている。

姚《よう》主任がそれを見て、

「ははは、許昌が栄えていたころの記念品ですな。ここの農民たちはもっと完全な出土品を持ってますよ。〝千秋万歳〟とか〝長生無窮〟とかの文字のある……。」

瓦当とは、宮殿や楼閣の屋根をおおった軒丸瓦《のきまるがわら》の先端をいう。後漢から魏王朝にいたる一閃の光芒を象徴するかのような龍・鳳凰の紋や吉祥文字の型押しが一般的だが、少なからぬ書家たちは漢魏時代の文字をもつ瓦当の実物を欲しがる。円型の瓦当の裏側を加工し、硯に見たてて玩《あそ》ぶのである。

繁城（曲蠡）はたんに許都南方の軍事的拠点というばかりでなく、潁水の流れを引きこみ、一帯にはりめぐらされた運河で屯田の収穫物を集積する経済的な要地でもあった。姚主任によると、清《しん》末のころまで近在の商舟《あきないぶね》が運河の一部を利用していたらしい。

今に残る受禅台のあとは高さ約二十メートル、一辺三十メートルあまりの、ほぼ正方形の台地である。かつては同じような高台が三つあり、合わせて霊壇と呼ばれていた、と『水経注《すいきょうちゅう》』（北魏の酈道元《れいどうげん》撰）は言う。

ここを訪れる人はまれなのであろう、雑草におおわれた登り道は途中で崩れ、なんとか頂上に出てみると、これ以上は入ってくるなと言わんばかりにびっしりと荊棘《いばら》が生い繁っていた。

農民が土でも取ったのか、わたしは二、三坪ほどの窪みを見つけ、そこにたたずんだ。眼下の落葉した桐林のかなたに許昌市の田野がかすんでいる。

下方から秋の気配を含んだ風が吹きあげてきては、窪みの土埃《つちぼこ》りをさらっていった。

建安二十五年（二二〇年）正月、曹操が洛陽で病没した。献帝は同じ年の十月、魏王を継いだ曹丕に漢の帝位を禅譲《ぜんじょう》し、曹丕は魏王朝の皇帝となった。

陳寿はこのことについて「文帝紀《そうひでん》」に記しているけれども、ことの重大さもにかかわらずわずか二五〇字ばかりで済ませている。しかも、そのうちの七割は献帝の冊《さつ》（禅譲の命令書）の引用文であり、地の文は次の部分だけである。

漢帝《かんてい》（献帝）は、衆望《しんかたちののぞみ》が魏《ぎおうちょうのせいりつ》に在《あ》る以《ところ》から、乃《すみやか》に群公卿士《きぞくだいじん》らを召《よびあつ》め、祠《そのむね》を高廟《かんのこうそのみたまや》に告《ほうこく》した。兼御史大夫《しほうちょうかん》の張音《ちょうおん》に節《ししゃのしるし》を持《も》たせ、璽《ぎょくじ》と綬《くみひも》を奉《ささ》げさせて、魏王《ぎおう》（曹丕）に位《てんしのくらい》を禅《ゆず》った。冊《めいれいしょ》に曰《い》う。

（中略。原文で一七三字の命令文あり）

乃《ただち》に壇《さいだん》を繁陽《はんよう》に為《つく》り、十月庚午《じゅうにがつにじゅうはちにち》、王《そうひ》は壇《さいだん》に升《のぼ》って阼《ていい》に即《つ》き、百官《しんかたち》は位《くらいのじゅん》に陪《ちゃくせき》した。事《ぎしき》が訖《おわ》ると壇《さいだん》を降《お》り、燎《しばをたか》せて礼《ぎれい》を成《すま》せ、反《きゅうでんにかえ》った。延康《えんこう》の年号《ねんごう》を改《あらた》めて黄初《こうしょ》とし、大赦《ざいにんのつみをゆる》した。

文中の「壇《さいだん》」が、すなわち受禅台をさす。

漢から魏への禅譲は、皇帝の権力を平和裡に移譲するという中国政治史上の大問題でありながら、陳寿の記述はどうしてこれほど短いのだろうか。この部分だけを読むと〝禅譲〟の名のもとに曹丕（魏）が献帝（漢）から皇帝の座を〝簒奪《さんだつ》〟（奪い取ること）したのだという、後世の喧《かまびす》しい論者たちの説を補強するかのようである。

陳寿が漢から魏への禅譲の記述を二五〇字ばかりで済ませた理由を、以下に見てゆこう。ことは一旦、献帝と曹操の出会いの頃までさかのぼる。

建安元年（一九六年）八月、十六歳になった皇帝は十年におよぶ波乱の流浪生活を終え、いまや後漢王朝の中枢権力を掌握しつつあった大将軍曹操の庇護のもとで、遷都したばかりの許城を舞台に、新生皇帝としての日々をおくることになった。

残念なことだが、それ以降の献帝の日常生活についてはまったくと言っていいほど記録が見当たらず、裴松之《はいしょうし》の注に引用されている献帝の伝記類（『献帝紀』『献帝起居注』『献帝春秋』『山陽公載記』など）の断片からも献帝の肉声は聞こえてこない。もっともまとまっているはずの『後漢書』本紀「孝献帝紀」でも、「八年冬十月己巳《けんあんはちねんふゆじゅうがつきし》、公卿は初《はじ》めて冬《ふゆ》を北郊《きたのこうがいにまつっ》て迎《むか》え、総章に始復《おんがくふたたび》、八佾舞《はちいつのまい》（天子にのみ許される八人、八列の群舞）が備《そなわ》った。」という記述に、ほんのすこし宮中の風景がうかがわれる程度である。

范曄《はんよう》はむしろ『魏書』「武帝紀《そうそうでん》」から、曹操の事蹟を巧妙に潤色しつつ（具体例は後出）羅列してお茶をにごした趣きさえある。そこから皇帝の日常的動向はうかがえない。陳寿は「是《きょのみやこ》に至《おちつ》くと、宗廟《かんおうちょうのみたまや》・社稷《とちのかみがみ》・制度《せいじきこう》が始《はじめ》て立《ととの》った。」（「武帝紀」）と記している。献帝はそのようなもろもろの行事をこなしながら、前漢以来、歴史的に培われてきた皇帝の権威と格式を、しだいに獲得していったのであろう。

そのころの献帝の側近には曹操とその配下の董昭《とうしょう》、荀彧《じゅんいく》らのほかに、献帝の祖母（董《とう》太后《たいこう》）の甥で義理の叔父にあたり、献帝の側室だった董貴人の兄董承《とうしょう》（のち車騎将軍）や王服（偏将軍）らがひかえていた。董承は董卓の乱にさいして長安、安邑《あんゆう》、洛陽へと流浪する献帝につき従ったが、洛陽に帰還する献帝を出迎えようとする曹操の軍を、袁術《えんじゅつ》の部将と組んで阻止したことがあった。

ところで、皇帝を擁立し人臣の最高位である司空《しくう》（三つの最高官ひとつ）に任ぜられた曹操だったが、崩壊の淵に立っていた後漢王朝が直面する種々の政治的難問は、容赦なく彼を襲った。

焦眉の急は三つあった。

一、中国全土を覆っている飢餓を克服して、民衆も国家もまず生きのびること。
二、その中核となる政治的・知的な集団を確立するために、才能ある人士を積極的に抜擢すること。
三、虎視眈々《こしたんたん》と皇帝の座をねらう軍事的敵対者を、つぶしてゆくこと。

頂点に立つ政治家としての責任をまっとうしようと、日夜苦悩する曹操の心境の一端を、わたしたちはすでに楽府《がふ》（善哉行《ぜんさいこう》）（八六頁）で見た。

着手すべきは、豹変常ならぬ軍事的敵対者を撃破し、曹操軍団を充実させ、天子を守護しつつ漢王朝の土台を再建する、という順序だったであろう。

事実、献帝と出会った建安元年（一九六年）以来十四、五年間の曹操の軌跡を追ってみると、帝号を僭称した袁術を破り（一九七年）、徐州で呂布《りょふ》・陳宮《ちんきゅう》を殺し（一九八年）、袁紹との一大決戦（官渡の戦い）に勝利して華北統一の展望を開き（二〇〇年）、劉備《りゅうび》を荊州に敗走させ（二〇一年）、袁紹の残存勢力（高干《こうかん》、袁譚《えんたん》、袁尚《えんしょう》）を次つぎに平定（二〇五年）すると、自ら出陣して北方の異民族烏丸《うがん》を征討（二〇七年）している。

そして建安十三年（二〇八年）、後漢は大尉《たいい》・司徒《しと》・司空《しくう》の三公を廃して丞相《じょうしょう》・御史《ぎょし》大夫《たいふ》を置き、曹操は丞相（最高行政長官）についた。この年の夏、劉備がくすぶっていた荊州に攻撃をかけ追跡したが、長江畔の赤壁において孫権軍に阻まれ敗退。曹操は軍を引きあげ、これを機に十数年におよぶ軍事行動は一段落する。

北上して太行山《たいこうざん》にさしかかる、
聳えたつ嶺のなんと険しいことか。
羊腸坂《ようちょうざか》（地名）はうねうねと
軍旅《ぐんりょ》の車輪を打ち砕く。
満山の樹木はざわざわと怒濤のように、
北風《ほくふう》は荒《すさ》んで悲鳴をあげる。
熊羆《ゆうひ》はいまにも飛びかかろうと身をかがめ、
虎豹《こひょう》は路をはさんで嘯《うそぶ》く。
谷あいに人も住みつかず、
雪だけが天空に舞い飛び、降りしきる。
彼方をながめやれば深いため息、

はるばる遠く来たものよ！
襲いくる深い憂いを衝《つ》いて、
たちまち湧きおこる鄴《ぎょう》*への帰心。
だが河の水は深く、橋は流され、
路なかばにして行きまどう。
いつの間にか、もと来た道も見失い、
日は落ち、宿営の場所すら見当らぬ。
ただ歩きに歩き、どれほど経ったか、
人馬ともにたえられぬほどの飢え。
懸命に薪《たきぎ》をかき集め、
氷をかき割って糜《かゆ》を煮る。
かの〝東山《とうざん》〟の詩を想い**おこせば、
切々と迫りくるわが悲哀！

*もと袁氏が拠っていた華北の都城。曹操は許城に次ぐ根拠地とした。

＊＊周公は兄の子（成王）を擁して三年にわたる反乱軍の東征を終えると、軍士を慰労してこの詩を作った。国を奪われるのではないかと疑っていた成王は、周公への信頼を回復した。

建安十一年（二〇六年）の正月、袁紹の一族だった高干を討つため曹操は鄴を発って西に太行山脈を越え、黄河ぞいの壺関《こかん》（山西省長治市の東南）まで進軍した。そのとき作詩した「苦寒行《くかんこう》」の一節である。

ここではあえて現代語訳したけれども、原文を訓み下せば「北上《ほくじょう》す、太行山《たいこうざん》／難《けわし》い哉《かな》、何《なん》と巍々《ぎぎ》たる。／羊腸坂《ようちょうはん》は詰屈《きっくつ》し、車輪《しゃりん》、之《これ》が為《ため》に摧《くだ》かる」という調子の五言《ごごん》の楽《が》府《ふ》。「辞《ことば》は悲哀の情緒をおび」（六朝梁の劉勰《りゅうきょう》）、「征人《たたかいにゆくひと》の苦《くる》しみを写《かっしゃ》し、淋漓《りんり》として情《じょう》を尽《つく》」した（明の陳祚明《ちんそめい》）ものである。

この詩にもみられるとおり、遠征の途上にあっても曹操は、つねに献帝への（すなわち後漢王朝への、さらに言えばその主体である天下《よのなかのひとびと》への）忠誠の気持を忘れなかった。

すでに触れたことだが、曹操は自分の政治理念を実践するうえにおいては周の武王の弟周公を鑑《かがみ》とした。司馬遷《しばせん》『史記』の「魯周公世家《ろしゅうこうせいか》」によれば、周公は即位した兄を補佐した有徳の政治家である。

商《しょう》を滅して二年、天下がまだ安定しないうちに武王が病にかかり、周公はひそかに自分をお供えの犠牲にささげて王の病の吉凶を占わせた。「吉」とでた祭文を、周公は金の箱に封じこめ、番人に他言せぬよう言いつけた。

その後、武王が没し、子の成王は生まれたばかりだったので、周公が摂政として国事が乱れるのをふせいだ。「周公は、成王の不利になるようなことを企んでいる」と、言いふらす者があった。周公が側近に言った。

「誤解されるのを意に介さずに、わたしが摂政の地位にあるのは、そうしなければ世の中が周にそむき、創業者たちに顔むけできなくなるからだ。ようやく王業が安定しかかったときに武王が死に、成王はまだ幼い。いまは周王室の土台を築く大事なときである。だからわたしは、あえて摂政に任じているのだ。」

成王が成長して自分で政治をとりしきれるようになると、周公は政権をかえし、自分は臣下の位置に身を置いた。周公が死に、金の箱を開いた成王は、父の身替わりになって占った祭文を発見して涙した。

曹操が献帝を成王に擬し、自身を周公の立場におくべく戦場をかけめぐったのは疑いないであろう。

「短歌行《たんかこう》」という楽府では次のようにうたっている。ここでは第一節と第四節のみをご紹介しよう。赤壁の戦いが終わった、曹操五十六歳（二一〇年）のときの、代表作とされる詩である。

（第一節）

酒宴の席だ、短歌行でもうたおうか。
ああ、人生などというものは、
朝露のようにはかなく消えてゆき、
残された日々は、すでに僅か。
何かしれず憤《いきどお》り、声高らかにうたっても、
心中の憂い、晴れはせぬ。
無理にも憂いを忘れるには、
酒のむほかに何があろう――。

（第四節）

明るい月光に星影もまばら、
南に飛びゆく烏鵲《かささぎ》は、
大樹のまわりを飛びまわったあげく、
いずれの枝に宿るのか。
山が土を受けいれてどこまでも高くなり、
海が水を拒まずにどこまでも深くなるように、
周公は才人を受けいれて人の心を得た。
それはわたしの理想である。

しかしながらいつの世も、人の情《こころ》は保証しがたい。ましてや乱世、油断すれば自分の心すら変質しないとは限らない。
それを打ち消し、おのれの心根を確認、叱咤、鼓舞するかのように、周公の立場に身を置こうとする政治的信念を、詩に、布令に、皇帝への上書に、曹操は折にふれて公表しつづけた。

ふと、わたしは思う。後漢王朝の衰弱のみならず、世の中の人びとと共に歩むべき政治家・軍人たちの道義が地に落ちきった時代にあって、曹操ほどひたむきに文・武の字義に違わぬよう生きる努力をした為政者が他にいただろうか、と。

歴史が記録されて以来の残忍で暴虐不仁の人間とまで陳寿に記録された董卓は論外だとしても、袁紹、劉表、劉備、諸葛亮《しょかつりょう》、孫権……誰ひとりとして曹操に匹敵する高い志、文学的資質、政治的展望をもつ覇者はいなかったのではあるまいか。

陳寿は「非常《ひじょう》の人《ひと》、超世《ちょうせい》の傑《けつ》」と曹操を評した。

しかしながら、わたしたちは結論を急ぐ必要はない。許城に安居していらい、曹操の言と行を静かにじっと見詰めつづける人物――ほかならぬ皇帝その人の目線で、いましばらく曹操の晩年の行動を見守っていこう。

献帝はすでに三十歳の坂をこえつつあった。

ここで許に遷都後三年目（一九九年）に発生した、献帝の〝曹操誅殺密詔事件〟と呼ばれているものに触れておかねばならない。

〝曹操誅殺密詔事件〟

この事件について陳寿が記録するところは、こうである。

『魏書』「武帝伝《そうそうでん》」と『蜀書』「先主伝《りゅうびでん》」に、関連する記述が出てくる。年代にしたがって挙げておこう。

（建安《けんあん》四年・一九九年）備《りゅうび》は、未《ま》だ東《ひがしにしゅつげき》するまえ、陰《ひそか》に董承《とうしょう》らと謀反《むほん》し、下《か》邳《ひ》に至《いた》るとついに徐州刺史《じょしゅうちょうかん》の車冑《しゃちゅう》を殺《ころ》して挙兵《へいをあげ》、沛《はい》に屯《ちゅうとん》した。（「武帝紀」）

（建安四年）先主《りゅうび》が未出時《まだそうそうのもとにいたとき》、献帝《けんてい》の舅《しゅうと》で車騎将軍《しゃきしょうぐん》の董承《とうしょう》は、帝衣帯《ていのくだされたおび》の中《なか》に密詔《みっしょう》を受《う》け当《まさ》に曹公《そうそう》を誅《ころさんとするところ》だ、と辞《つげ》た。先主《りゅうび》は未発《うごかなか》った。（中略）遂《つい》に承《とうしょう》及《およ》び長水校尉种輯《ちょうすいこういちゅうしゅう》、将軍《しょうぐん》の呉子蘭《ごしらん》、王子服《おうしふく》らと同《とも》に謀《ぼうぎ》したが、会《たまたま》使《そうそうからしゅつげきをめいじ》られ、未発《じっこうせぬうち》に事《こと》が覚《はっかく》し、承《とうしょう》らは皆《ことごとく》伏誅《しょけいされ》た。（「先主伝」）

建安五年《ねん》（二〇〇年）春正月《はるしょうがつ》、董承《とうしょう》らの謀《ぼうりゃく》が泄《も》れ、皆《かんけいしゃはみな》伏誅《しょけいされ》た。

（「武帝紀」）

（建安十九年・二一四年）十一月《がつ》、漢《かん》（献帝）の皇后伏氏《こうごうふくし》は、昔《かつて》、父《ちち》の故屯騎校《もととんきこう》尉《い》（伏《ふく》）完《かん》に書《てがみ》を与《あた》え、帝《てい》は董承《とうしょう》が誅《ころ》されたので公《そうそう》を怨恨《うらんでいる》と云《うっ》た辞《ことば》が甚《はなは》だ醜悪《みぐるしかった》ことが発聞《おもてざた》となり、坐《つみをとわれ》た。后《こうごう》は廃黜《やめさせ》られて死《し》に、兄弟《こどもたち》は皆《みな》、伏法《しょけい》された。

（「武帝紀」）

（この項に裴松之の、『曹瞞伝』からの引用注が付されている。一三二頁参照。）

（建安二十四年・二一九年）秋《あき》、（蜀の群臣が劉備を漢中王に推挙、その漢帝＝献帝への上表文に）「……（曹操は皇后と太子を鴆毒《ちんどく》で殺し、天下を混乱させ……）その機兆《きざし》を観《み》て、赫然《りゅうびはかっ》と憤《いかり》りを発《おぼ》え、車騎将軍《しゃきしょうぐん》の董承《とうしょう》と同《とも》に操《そう》を誅《ころそ》うと謀《はか》り、将《ひいて》は国家《くに》を安《やす》んじ、克《うちか》って旧都《らくよう》を寧《あんてい》させようとしましたが、会《うんわるく》、承《とうしょう》の機事《きみつ》が不密《もれ》、操《そう》に游魂《すきほうだい》に悪《あくじ》を長《おこなわ》しめ、海内《このくに》を残泯《ほろぼして》しまいました。……」

（「先主伝」）

（同じく、劉備の漢帝への上書中に）「……臣《わたくし》は昔《むかし》、車騎将軍《しゃきしょうぐん》の董承《とうしょう》と、操《そう》を討《う》と

う と図謀《はかり》ましたが、機事《きみつ》が不密《もれ》、承《しょう》は陥害《ころさ》され、臣《わたくし》は播越《さまよ》って拠《よりどころ》を失《うしな》い、忠義《ちゅうぎ》は果《はた》せませんでした。遂《かくし》て操《そう》は窮凶極逆《あくぎゃくひどう》を得使《ほしいままに》し、主后《ふくこうごう》を戮殺《さつりく》、皇子《おうじ》を鴆害《どくさつ》しました。……」（「先主伝」）

以上が〝密詔事件〟について「三書」に記されたところである。これらを虚心に読めば、事件は董承と劉備がたくらんだものであり、陳寿は献帝が密詔をくだしたと断定していないことがはっきりしよう。

建安二十四年、蜀に根拠地をきずきつつあった劉備は、曹操が献帝から魏王（建安二十一年）に命じられたことを知ると、漢中王に就くと上書を発した。（当時の情況からして、許都にいた献帝はこの上書を手にしてはいないだろう。これらの記録は他の公文書の多くを保管しなかった諸葛亮によって、あえて残されたと思われる。六章参照。）

そこでは、献帝はこの陰謀に関与していなかったという前提のもとに、むしろ自分が主動的に曹操誅殺を謀ったように献帝に説明している気味がある。

おそらく皇帝の側室の兄という権勢を保持したい董承が、曹操一派の権力増大を削ぐために献帝の密詔を捏造し、呂布に敗れて曹操のもとに身をよせていた一介の小軍閥にすぎない劉備を抱きこんだ、というのが事実に近いのではあるまいか。

ところで、中国でもそうだが、日本の「三国志」研究者のあいだには「建安四年冬頃、献帝は舅の車騎将軍董承に密詔を与え、曹操を誅殺しようとした。しかしこの陰謀は発覚し、建安五年春正月に董承等は曹操によって殺されてしまった。」（美川修一「『三国志』―荀彧の死―」）というように、献帝が密詔をくだしたと断定しているものが少なくない。

これはどうしてだろうか。

その理由は『後漢書』の記述を、鵜呑みにしていることにあるようである。范曄《はんよう》はこの事件について、「孝献帝紀《けんていでん》」では「建安《けんあん》五年春正月《はるしょうがつ》、車騎将軍《しゃきしょうぐん》の董承《とうしょう》・偏将軍《へんしょうぐん》の王服《おうふく》・越騎校尉《えっきこうい》の种輯《ちゅうしゅう》は、密詔《みっしょう》を受《う》けて曹操《そうそう》を誅《ころ》そうとしたが、事《こと》が洩《も》れ、壬午《じんごのひ》に曹操《そうそう》は董承《とうしょう》らを殺《ころ》し、三族《さんぞく》まで夷《みなごろし》にした。」と、そっけないくらいの記述ししていない。

しかし、陳寿以上の新史料を示すことなく「受密詔」（密詔を受け）と明記しており、しかもこの記述に真実性をもたせるべく、献帝の第一夫人だった伏皇后《ふくこうごう》の伝において大胆な脚色をほどこしているのである。そこには次のように記されている。范曄《はんよう》の文体の本質を知るために、少し長い引用をせざるを得ない。

帝《けんてい》は許《きょ》に都《せんと》して自《いら》い、守位《こうていのざをまもるだけ》で而已《せいいっぱい》だった。宿衛《ごえい》の兵《へいし》や侍《やくにん》は、曹氏《そうし》の党旧《いっとう》・姻威《いちぞく》で非《ない》ものは莫《なか》った。議郎《ぎろう》の趙彦《ちょうげん》が帝《てい》に時《じきょく》の策《せいさく》を陳言《のべ》たことがあったが、曹操《そうそう》は悪《それをにく》んで之《かれ》を殺《ころ》した。其余《そのほか》、内外《ちょうていのないがい》において多《すくなからぬもの》が誅戮《ころ》された。操《そう》は後《のち》に、事《ようじ》を以《つく》って殿中《きゅうでん》に入《はい》り見《けんていにまみ》えた。帝《てい》は其憤《いかり》を任《おさえ》きれず、因《つい》に曰《い》った。

「君《そなた》が若《も》し、よく相輔《わたしをたすける》のなら、厚《てあつ》くせよ。不爾《そうでなければ》、幸《どう》か、垂恩《おんをかけ》て相捨《みすて》よ。」

操《そう》は色《いろ》を失《うしな》い、俛《うつむい》たり仰《あおむい》たりしながら出《たいしゅつ》を求《もと》めた。旧儀《ふるいしきたり》では、三公《だいじん》が兵《へいし》を領《ひきい》て朝《ちょうてい》で見《てんしにまみえ》るときは、虎賁《このえへい》が執刀《かたなにてをかけ》て之《だいじん》を挟《さしはさ》んだ。操《そう》は出《たいしゅつ》するや左右《さゆう》を顧《ふりかえ》り、汗流《ひやあせ》が背《せなか》を浹《びっしょりぬら》していた。自後《それいらい》、復《にど》と敢《あえ》て朝《ちょうてい》で請《てんしにまみえようと》しなかった。

董承《とうしょう》の女《むすめ》は貴人《けんていのそくしつ》だった。操《そう》は承《しょう》を誅《ころ》すと、貴人《とうきじん》を求《さしださ》せて之《かのじょ》を殺《ころ》そうとした。帝《てい》は貴人《かのじょ》が有妊《みごもって》いたので、累《かさね》て請《すくいをもとめ》たが、不能得《やめさせられなかった》。

后《ふくこうごう》は自是《このときか》ら懼《きょうふ》を懐《いだ》き、乃《すぐ》に父《ちち》の完《ふくかん》に書《てがみ》を与《あた》えて曹操《そうそう》の残逼之状《ざんぎゃくなじつじょう》を言《うった》え、密《ひそ》かに之《そうそう》を図《あんさつさせよう》としたが、完《かん》は敢《あえ》て発《じっこう》しなかった。(『後漢書』「伏皇后紀《ふくこうごうでん》」)

ここまでが「伏皇后紀」のほぼ前半である。

陳寿のおさえた筆致とくらべて、どう感じられるだろうか。

見得を切る献帝、冷や汗を流して狼狽する曹操……まるで三文文士の作文を読むようである。わたしにはこれが中国の「前四史《さいしょのよっつのれきししょ》」の一つに書かれた文章だとは、とても思えない。

史書である以上、歴史的事件の真実性が問われなければならないが、右の内容は一読してどれも疑問がわくものばかりである。献帝の許都での生活は、曹操の権力に囲繞《いじょう》された息のつまるような状態だったのだろうか。あれほど公開して人材を求めつづけた曹操が、一方で気にくわぬ人士を次から次へと殺していっただろうか。これまで見てきた曹操の詩や文から、色を失って冷や汗を流す彼の姿を想像できるだろうか。

ここに記された内容の原材料は何か。あるいはそれらはいずれも范曄の憶測による（または、ためにする）創作か――。

たとえば右に引用した「旧儀《ふるいしきたり》では、～請《てんしにまみえようと》しなかった。」までは、『魏書』「武帝紀」に付された裴松之による補注（『魏晋世語』から引用。一三九頁参照）の文意を変え、曹操を戯画化して本文にはめ込んだものである。裴注の『世語』原文（訳）は次のとおり。

旧制《ふるいせいど》では、三公《だいじん》が兵《へい》を領《ひきい》て入《さんだい》し見《てんしにまみえ》るときは、皆《みな》戟叉《このえへいのもつほこ》を頸《くび》に交《こうさ》せて前《すすみで》た。初《かつて》、公《そうそう》が将《ちょうど》、張繍《ちょうしゅう》を討《うと》うとしたころ、入《さんだい》して天子《てんし》に観《まみえ》た。時復《そのときまた》、此制《このせいど》が始《ふっかつ》した。公《そうそう》は自此《このことがあってから》、不復《にどと》、朝《ちょうてい》で見《てんしにまみえ》なかった。

范曄の脚色（曲筆と言っていい）がうかがわれる。

「伏皇后紀」後半の見せ場を読んでみよう。「孝献帝紀」には、建安十九年「十一月丁卯《ていぼうのひ》、曹操《そうそう》が皇后《こうごう》の伏氏《ふくし》を殺《ころ》し、その族及《いちぞくおよ》び二皇子《におうじ》を滅《ほろぼ》した。」とだけ記している。

建安《けんあん》十九年《ねん》に至《いた》って事《じけん》が露泄《もれ》た。操《そう》は追《ふくこうごうをつかま》えて、非常《ひじょう》に怒《いか》り、遂《つい》に帝《てい》に逼《せまっ》て后《こうごう》を廃《やめ》させ、仮《いつわ》りの策《めいれいしょ》を為《つく》って曰《い》った。

「（策文《めいれいしょ》約百字分は省略。『曹操集』にも収録されているが、曹操の文とするには文体・内容ともに問題がある。）」

又《そうして》、尚書令《しょうしょれい》の華歆《かきん》を郗慮《ちりょ》（御史大夫）の副《ふくし》にたて、兵《へい》を勒《ととの》えて宮《きゅうてい》に入《はい》り、后《こうごう》を収《とらえようと》した。后《こうごう》は戸《とびら》を閉《し》め、壁中《かべのなか》に蔵《かく》れたが、歆《かきん》は就《すぐさ》ま后《こうごう》を牽《ひきず》り出《だ》した。

時《そのとき》、帝《てい》は外殿《おもてごてん》に在《い》て、慮《ちりょ》を坐《ざ》に引《よ》んでいた。后《こうごう》は被髪《かみをふりみだ》し、徒跣《はだし》のまま行《ひきたて》られ、泣《ない》て過《ゆきす》ぎつつ、訣《わかれぎわ》に曰《い》った。

「復《いまいちど》、相《あいとも》に活《いき》ることは不能《かないませぬ》か……。」

帝《てい》が曰《こたえ》た。

「我《わたし》も亦《また》、命《いのち》が何時《いつ》まで在《あ》るか知《し》れないのだ。」

顧《そしてかえりみ》て、慮《ちりょ》に謂曰《い》った。

「郗公《ちこう》よ、天下《このよ》に、寧《いった》い是《こんなこと》が有《あ》るものか……」

遂《つい》に后《こうごう》は暴室《かくりべや》に下《い》れられ、幽《とじこめられ》たまま崩《なくな》れた。所生《むすこ》の二《ふたり》の皇子《おうじ》は、皆之《いずれ》も鴆《ちんどく》で殺された。


（「伏皇后紀」）

伏皇后の伝記は『後漢書』にしかない。そのため、歴史的事実の検証がむつかしい。しかし、「又《そうして》、」以下の一段もまた原材料がはっきりしている。范曄は『魏書』「武帝紀」（建安十九年）の記事（一二五頁に引用）に付された裴松之の注を、そっくりそのまま（語句の一部を改変し）、出典は示さずに本文として使用しているのである。

裴松之はその注を、呉の人の作とされる『曹瞞《そうまん》伝』から採った。書名は「嘘つき曹の伝記」というような意味で、曹操（魏）を貶《おとし》める話に満ちており、いわば根も葉もない記事を集めたようなものだと思われる。以上の、裴松之が補注に採りあげ、范曄が本文中に取りこんだ史料はいずれも、かつて陳寿が「三書」の材料として目を通し、採用しなかったものであるのは言うまでもない。

范曄はとくに曹操にたいしては好意をもたず、以上に見てきたような筆法によって読者に悪感情をもたせるような表現は『後漢書』の随所（「孔融伝」「荀彧伝」「皇后紀」など）で目につく。

後漢末期の歴史に曹操という人物を無視することはできない。范曄は曹操に敗れた「袁紹」、殺された「孔融」、自殺に追いやられたともされる「荀彧」（一九五頁参照）などについては伝を設けていながら「曹操」の伝はたてなかった。それもひとつの歴史観ではある。しかし伝をたてなかった曹操に関する多くの記述が、いわば三流誌のがせねたを堂々と潜りこませたものであっては「前四史」の評価が泣くのではあるまいか。

陳寿は記録が疑わしければ削りにけずり、裴松之はその削られた部分にできるだけ注を補い、范曄は「傍説《とるにたらぬせつ》を穿鑿《ほじく》って、旧史《これまでのししょ》に無《な》い所《ところ》を我《じぶん》の書《ほん》に伝《のせ》」（『文心雕龍《ぶんしんちょうりょう》』）た、というわけなのである。

問題はさらに、そのような『後漢書』の記述が、日本人の後漢から魏晋時代にいたる歴史理解の土台に根強くあるという現実につながってくる。

後漢の滅亡後二〇〇年にして編纂された『後漢書』が、それ以前に書かれた幾種類もの〝後漢書〟をよせ集めてつくり直したものであって、脱落・竄入《ざんにゅう》・改筆など史料上の諸問題が少なからずある（斎藤実郎氏の研究）ことや、范曄の文は、たとえば献帝から冀州《きしゅう》牧に任じられた場合でも、「自《みずから》」の語を加筆して「曹操が自分で勝手に冀州牧となった専横ぶりを表現する筆致となっている。」（『全訳後漢書』「荀彧伝」の補注）というような指摘は、日本でもごく一部にあるにはある。

しかし多くは「いっぱんに、董承の陰謀の発端は、目にあまる曹操の横暴にたえられなかった献帝が、密詔を下したことにあるといわれている。」（石井仁『曹操・魏の武帝』）という見方であり、『後漢書』の記述を鵜呑みにして、それ以上追究しないばかりか、裴松之の「三国志注」から都合のよい個所だけをもってきて自説を糊塗する、というのが常套手段のように見うけられる。

それにしても陳寿の『魏書』『蜀書』『呉書』の原文を、なぜ素直に読まないのだろうか。わたしは『後漢書』の影を「三書」から引き剥がすべきだと思う。

もっともその前に、『廿二史剳記《にじゅうにしさっき》』（一七九〇年初頭に、『史記』から『明史』にいたる正史を論評したもの。日本では一八六二年に、頼山陽らの序を付して刊行された。）の著者、清の趙翼《ちょうよく》が唱えた〝蜀正統論〟から、解放される必要があるけれども。趙翼はさきに見た『後漢書』の筆法を「此《これ》は史家《れきしか》の正法《ただしいかきかた》で也《ある》。」（『廿二史剳記』「後漢書と三国志の書法《かきかた》の不同処《ことなるところ》」）とするのである。これについては後述する（二一八頁参照）。さて、いまわたしたちには『魏書』『蜀書』そのものを冷静に読むことによって〝曹操誅殺密詔事件〟なるものが董承と劉備による策謀であり、そこに献帝の関与はなかったことがほぼはっきりした。

いよいよ献帝の曹操への思いを披瀝するときがきた、と言っていい。陳寿が曹丕受禅の記述を二百五十字ばかりで済ませた理由も、そこに深くかかわっている。

曹操発言の記録

吹きつのる風に消されがちに、遠くで声がする。

姚主任がわたしを捜しているようだ。彼は足もとがおぼつかなくて受禅台にのぼらなかったが、あまりに長いこと下りて来ないわたしに痺れを切らしたのであろう。

わたしは、一面にひろがる荊棘《いばら》の台地に、漢王朝を禅譲する献帝とそれを拝受する曹丕の幻影を追いながら、ゆっくりと下台した。

公道にそって少し歩いた場所に、二つの石碑が建っていた。

「公卿《くぎょう》将軍《しょうぐん》上尊号奏《がそんごうをたてまつるそう》」碑

「受禅表《じゅぜんひょう》」碑

簡単な雨除けに囲まれている。どちらも高さは三メートル、幅一メートルばかり。一八〇〇年近く年旧《としふ》りた碑面には、やや大き目の隷書体の陰刻で碑文がほどこされ、欠けて読みずらい文字も少なくない。

「上尊号奏」碑は魏国の大臣ら四十六名が曹丕の受禅を勧進《かんじん》した文であり、「受禅表」碑には丕が禅譲を受けた理由や経緯が述べられている。ふつう二つを合わせて〝受禅碑〟と呼び、書道家たちのあいだでは文・書・刻の三つとも〝絶《すばらしい》〟という意味で〝三絶碑《さんぜつ》〟の呼称がある。

陳寿はどちらの文も「文帝紀」に載せていないが、裴松之は関連する多量の魏臣の勧進文、曹丕の布告、献帝の詔勅などを補注に取りあげた。

わたしたちの許都城址と受禅台の旅は、そろそろ終わりに近づいている。今夜の姚主任との別れの宴をはるまえに、献帝の曹操に対する思いにだけ触れておかねばならない。


献帝はいつ、曹操への禅譲を決意したのだろうか。

献帝の言行の歴史的史料が少ないだけに、わたしはその時期を決めかねてきた。周辺史料から固めてゆくほかないが、建安十五年（二一〇年）か、十六年か、十七年か。

なぜなら建安十八年（二一三年）五月に、献帝は曹操を魏公に命じる「策命」を下したのだから。献帝三十四歳、曹操は五十九歳になっていた。

この「策命」は後述するように「魏公九錫《ぎこうきゅうしゃく》を冊《さく》する文《ぶん》」とも呼ばれ、『新釈漢文大系82』「文選《もんぜん》」（原田種成解題）によれば、それは国家の危機を救い、皇室をたすけ、数々の功績をあげた曹操に対して、献帝が領土の一部を与えて魏公の印《いん》を授け、さらに九錫（九種の礼物）を賜うことを表明した文書であった。と言うことはまた、この勅書には権臣の大功を頌揚するばかりでなく、天子が皇位をその者に禅譲したいという意図が含まれていたのである。

それゆえに陳寿が、この「策命」をいかに重視したか――歴史の真実に一歩でも近づくべく叙述を可能なかぎり削って文体を整えてきた彼が、その全文を一挙に（前後の文脈からすれば、やや調和を崩しているのもかまわずに）引用していることからも理解されよう。中華書局版原文で三十九行、約一二四〇字、「武帝紀」唯一の、もっとも長い詔勅である。本文は尚書郎（書記官）の潘勖《はんきょく》が作文し、献帝が勅許した。すなわち献帝の意思によって曹操に下した命令書であり、その文体には献帝の個人としての強い思いが投影され、にじみでている。

六朝梁の劉勰《りゅうきょう》は「建安《けんあん》の末《すえ》、文理《ぶんり》（文章とその道筋）交《こもご》も興《おこ》り、潘勖《はんきょく》の九錫《きゅうしゃく》は典《てん》雅《が》にして群《ぐん》を逸《ぬいてい》る。」（『文心雕龍』「詔策篇《しょうさくへん》」）と評した。

陳寿が『魏書』で初めて記録したこの献帝の「策命」は、およそ三〇〇年後（五八〇年ころ）のことになるが、梁の武帝の長男（昭明太子）の撰になる『文選』の「冊類」に一篇だけ収録された。そこでは「魏公九錫を冊する文・潘勖」となっている。

ちなみに『文選』は、紀元前五世紀の周から紀元六世紀の梁にいたるまでの優れた文学作品を集成したもので、曹操父子の詩や諸葛亮（蜀）の「出師表《すいしのひょう》」（六章参照）なども収録されている。西暦六〇〇年ころには日本にも伝わっており、天皇家や貴族社会では『文選』を尊重し、暗誦することが読書人の教養だったようである。

献帝の「魏公九錫を冊する文」（以下「魏公九錫文」と略称。）を読むまえに、陳寿が「武帝紀」で曹操の言辞をどのように叙述しているかを知っておくのは無駄ではないだろう。

陳寿は、官渡の戦い（二〇〇年）で袁紹に勝つまでは、曹操の発言をすべて会話体で記している。

反董卓連合軍が出陣するさいの曹操の決意表明、あるいは董卓攻略作戦を開陳したとき（いずれも初平元年、一九〇年。その心境は「薤露《かいろ》」や「善哉行《ぜんさいこう》」の詩と重なる。）をはじめ、折おりの発言を取りあげているが、しかしそれらの文体表現は、伝聞や依拠する史料があったにしても、たぶんに陳寿の創作味（陳寿の曹操観からする記述）が強く感じられる。

発言の短いものをいくつかあげよう。

献帝を許都にむかえた翌年、いったんは降伏した張繡《ちょうしょう》がふたたび反逆した。負け戦さとなり、曹操は流れ矢で傷を負い、長男（曹昂《こう》）と甥（曹安民《あんみん》）は戦死した。諸将に言う。

「吾《わたし》は張繡《ちょうしょう》らを降《くだ》しておきながら、便《すぐ》にその盾《ひとじち》を取《と》らぬという失《あやまちをおか》した。そのため此《こんなこと》に至《なって》しまった。吾《わたし》は敗《ま》けた所以《わけ》を知《きもにめい》じた。諸卿《しょくん》、観《みていて》くれ、自今已後《もう》、不復敗《おなじまけかた》はせぬ。」

（建安二年・一九七年。一二九頁の『世語』の注は、ここに付されている。）

初《かつて》、公《そうそう》が兗州《えんしゅうのちょうかん》だったとき、東平《とうへいぐん》の畢諶《ひっしん》を別駕《ちょうかんづきやくにん》に為《とりたて》た。張邈《ちょうばく》が叛《りょうふとともにそうそうにそむ》いた。邈《ばく》は諶《しん》の母《はは》、弟《おとうと》、妻子《さいし》を劫《ひとじちにしてしんをきょうはく》した。公《そうそう》は謝《くんしんのつながりをた》ち、之《ひっしん》を遣《ちょうばくのもとにゆか》せようとして曰《い》った。

「卿《そなた》の老母《としめされたははうえ》が彼《あちら》に在《おら》れる。可去《いくがよい》。」

諶《しん》は頓首《ふかくあたまをさげ》て無二心《こころをきめ》、公《そうそう》は之《それ》を嘉《よろこ》び、為之《わかれ》に流涕《なみだをなが》した。既出《ひっしんはしりぞく》と、遂《ただち》に亡帰《ははのもとにかえ》った。布《りょふ》が破《そうそうにやぶれ》るに及《およ》んで、諶《しん》は生得《ほりょとな》った。衆《だれも》が為諶《しんはころされる》と懼《しんぱい》した。

公《そうそう》は曰《い》う。

「夫《もともと》、孝於其親《おやこうこう》の人《もの》が、豈亦《どうして》、君《くんしゅ》に忠《ちゅう》でないだろうか。吾《わたし》の所求《ひつようとするじんぶつ》だ。」

以《ひっしんを》、魯相《ろこくのちょうかん》に為《とりたて》た。

（建安三年・一九八年）

是時《このとき》、袁紹《えんしょう》は既《すで》に公孫瓚《こうそんさん》の并《りょうどをうば》い、四州《ししゅう》（青州・冀州・幽州・并州）を兼《しはい》し、衆《へいし》は十余万《じゅうよまん》、将《まさ》に軍《ぐん》を進《すす》めて許《きょじょう》に攻《おそいかかろ》うとしていた。諸将《ぶしょうたち》は不可敵《かちめはない》と以為《しりごみ》した。公《そうそう》が曰《い》った。

「吾《わたし》は紹《えんしょう》の為人《ひととなり》を知《し》っている。志《こころざし》は大《おおきい》ようでも智《ちえ》は小《とぼし》く、色《がいけん》は厲《いかめしい》が膽《きも》は薄《ちいさ》い。忌克《しっとぶかく》、威《いげん》は少《な》く、兵《へいし》は多《おお》いものの分画《やくわり》は不明《はっきりせず》、将《ぶしょう》は驕《いばりちらし》て政令《めいれい》は不一《ばらばら》だ。土地《りょうど》は広《こうだい》で糧食《りょうしょく》は豊《ゆたか》だが、適《じつ》に、以《いずれ》は吾《わたし》に奉《ささげる》ようなものだ。」

（建安四年・一九九年）

ところが官渡の戦い以後になると、曹操の発言の文体ががらりと言っていいほど変化する。陳寿は自分の作文ではなく、曹操本人が発した「布告」や「布令」の一部を引用し、記録するようになる。

それだけ多くの、曹操による公文書が後漢や魏の官庁に保管されていたわけで、このような叙述は『蜀書』の劉備や『呉書』の孫権には少ない。曹操はつねに自分の考え、思いを、「天下《よのなかのひとびと》」に表明してきた（献帝に対しても同様である）という事実を、陳寿は後世に示したかったのに違いない。

建安《けんあん》七年《ねん》（二〇二年）春正月《はるしょうがつ》、公《そうそう》は譙《こきょうのしょう》に軍《ちゅうとん》した。令《ふれい》して曰《い》う。

「吾《わたし》は義兵《ぎへい》を起《おこ》して、天下《よのなかのひとびと》の為《ため》に暴乱《ぼうらん》を除《のぞ》いた。だが旧土《ふるさと》の人民《ひとびと》は死喪略尽《ほぼしにつくし》、国内《りょうない》を終日行《いちにちめぐ》っても所識《みしったもの》に不見《であわない》とは……吾《わたしのむね》は悽愴《いたましさにしめつけられ》、傷懐《ひどくかなしい》。」

（建安八年）秋七月《がつ》、令《ふれい》して曰《い》う。

「喪乱已来《せんらんいらい》、十有五年《じゅうごねん》、後生者《しょうねんたち》は仁義礼譲《じんぎれいじょう》の風《きふう》を不見《しらず》、吾《わたし》は甚《とて》も是《それ》を傷《ゆうりょ》する。其《いま》令《ふれい》す、郡国《ぐんやくに》は各文学《それぞれがくもん》を修《おさめ》させ、満五百戸《ごひゃっこ》の県《けん》には校《きょう》官《かん》を置《お》き、その郷《じもと》の俊造《えいさい》を選《えら》んで之《かれら》を教学《きょういく》し、庶幾《かならず》、先生《せいじん》の道《みち》を廃《すたれ》させずに天下《よのなか》に益《やくだ》せよ。」

（建安九年）九月《がつ》、令《ふれい》して曰《い》う。

「河北《こうがのきた》は袁氏《えんし》の難《せんそう》で罹《ひがいにあ》った。其令《いまふれい》す、今年《ことし》の租賦《ぜい》は無出《ださずともよい》。」

また豪彊兼并之法《ごうぞくのとちしゅうだつほう》を重《きびしく》したので、百姓《みんしゅう》は喜悦《ひじょうによろこん》だ。天子《てんし》（献帝）は公《そうそう》に冀州牧《きしゅうのちょうかん》を領《けんにんさせ》たが、公《そうそう》は兗州《かわりにえんしゅうのちょうかん》を譲還《じたい》した。

（建安）十年春正月《はるしょうがつ》、譚《えんたん》（袁紹の長男）を攻《せ》め、破《やぶ》って譚《たん》を斬《き》り、その妻子《さいし》を誅《しょけい》し、冀州《きしゅう》は平《へいてい》された。令《ふれい》を下《くだ》して曰《い》う。

「其《さあ》、袁氏《えんし》と悪《つみ》を同《おなじ》くした者《もの》も、之《われら》と与《とも》に更《あらた》に始《はじ》めよう。」

令《ふれい》して、民《みんしゅう》に復《ふたた》び私讎《してきふくしゅう》を不得《ゆるさず》、厚葬《はでなそうしき》を禁《きん》じ、皆《いはんしたものはすべて》法《ほう》にのっとって一之《しょち》した。

（建安）十二年春《はる》二月《がつ》、（中略）丁酉《ていゆう》（五日）、令《ふれい》して曰《い》う。

「吾《わたし》が暴乱《ぼうらん》を誅《せめほろぼ》そうと義兵《ぎへい》を起《おこ》してから、於今《ここに》十九年《ねん》、所征《ゆくところ》、必《かなら》ず克《しょうりをおさめた》のは、豈吾《いったいわたし》の功哉《こうせきだろうか》。乃《それは》、賢士大夫《けんめいなぶんぶかんりょうしょくん》の力《ちからによっている》也。天下《よのなか》は未悉定《まだへいていしおわったわけではない》雖が、吾《わたし》は当要《きっと》、賢士大夫《しょくん》と共《とも》に之《よのなか》を定《おちつかせる》であろう。而《それな》のに、其労《これまでのくろうのむくい》を専饗《じぶんだけがうけるとすれば》、吾《わたし》は何以《どうして》、安焉《こころおちつくことができようか》。其《いま》、促《すみやか》に功《それぞれのこうせき》を定《さだ》めて封《ふうしゃく》を行《おこな》うように。」

於是《かくして》、大《おおい》に功臣《こうしん》二十余人《よにん》を封《ふう》じて皆《みな》列侯《れっこう》に為《とりた》て、其余《そのほか》は各《おのおの》次《こうせき》に以《したがっ》て封《ふう》を受《さず》け、死事之孤《せんししゃのこじ》を復《すくう》に及《ついて》も、軽重《けいちょう》に各《それぞれ》差《さ》があった。

もうひとつだけ挙げておこう。曹操の政治哲学が明瞭にしめされている。

（建安）十五年春《ねんはる》、令《ふれい》を下《くだ》して曰《い》う。
「自古《むかしから》、受命《てんめいをうけてくにをひらいたくんしゅ》及《およ》び中興之者《ちゅうこうしたくんしゅ》で、曷嘗《いったい》、賢人君子《けんじんくんし》を不得《もとめず》して、之《かれら》と共《とも》に天下《てんか》を治《おさ》めた者《もの》がいようか。その賢《けんじん》を得及《もとめよう》と也《しても》、曽《いちど》も閭巷《むらざと》に不出《でむかなければ》、豈《どうして》幸《うま》く相遇哉《であえようか》。上之人《せいじをおこなうもの》が之《けんじん》を不求耳《さがそうとしないだけ》なのだ。今《いま》、天下《よのなか》は尚未定《まだあんていしておらず》、此特《とく》に賢《けんじん》を求《もとめ》めるに急時也《いそがねばならぬ》。（中略）二三子《だれか》、我《わたし》を佐《たすけ》て仄陋《ちまたにかくれたけんじん》を明揚《さがしだして》ほしい。唯《ただ》才《さいのうのみ》で挙《すいきょ》せよ。吾《わたし》は、得《であえ》ば之《そのもの》を用《もちい》る。」

陳寿はこのようにして曹操の言行をほぼ毎年、列挙してゆく。それは曹操の天下に向けた発言と政治的（軍事的）行為の記録であると同時に、初対面いらい十七、八年、曹操という人物の実像をしっかりと観察してきた献帝の心中を、読者に喚起しつづけるものでもある。

つづいて陳寿は、建安十六年に天子が、曹操の長男曹丕を五官中郎将《ごかんちゅうろうしょう》（皇帝顧問筆頭）に任命したこと、及び十七年、拝謁のさい「賛拝不名《なまえをよばれず》、入朝不趨《こばしりせず》、剣履上殿《けんをおびはきものをはく》」ことをとくに曹操に許したこと、を記録している。（十五年に献帝が四県三万戸を曹操に封じ、それに対して曹操が「県《けんのりょうど》を譲《じたい》して自《みずか》ら本志《ほんとうのきもち》を明《あきらか》にする令《ふれい》」を出し、二万戸を返上したことについての記述はないが。）

それらが献帝の、曹操への禅譲の気持を表明する前ぶれであったのは、先にも触れたように、陳寿が不意にというか、機をとらえてというか、長文の「魏公九錫文」を一挙に引用したことから判明する。

天子の詩(志)としての詔勅

建安十八年（二一三年）五月、献帝は「魏公九錫文」を曹操に勅命した。

原文は潘勗《はんきょく》が下書きし、献帝が目をとおして加筆修正し、ふたたび潘勗が文体をととのえたものと思われる。献帝の衷心が吐露された詔勅、と言っていいのである。

本文を読もう。かなり長いので、ここでは献帝の心中を理解することに重点を置いて……（中略）の多い訳にならざるを得ないが。

陳寿は「魏公九錫文」の引用にあたって、最初の「使持節《しじせつ》・丞相《じょうしょう》・冀州牧《きしゅうぼく》・武平侯《ぶへいこう》（いずれも曹操の官職・地位を示す）に制詔《みことのり》す」を省略している。

朕《わたくし》は不徳《ふとく》の以《ゆえ》に少《おさな》くして閔凶《ちちのし》に遭《あ》い、越《とお》く西土《せいあん》に在《つれさら》れ、唐《とう》（安邑《あんゆう》）・衛《えい》（河内《かだい》）に遷《おちのび》た。まさに此時《あのとき》は綴旒《かぜになびくはたのたれひも》の若《ごと》く然《ただゆれるばか》り、宗廟《ごせんぞ》の祀《まつ》りも乏《な》らず、社稷《かみがみ》を位《すえるばしょ》も無《な》く、羣《むらが》る凶《ぐんばつ》は覦《げこくじょう》を覬《うかが》い、諸夏《ちゅうごく》を分裂《ぶんれつ》させ、率土《わがくに》の民《たみ》を朕《わたくし》は獲《たもつことができ》なかった。即《すなわ》ち、我高祖《わがこうそ》（劉邦《りゅうほう》）の命《おこころざし》はまさに地《ち》に墜《お》ちつつあった。

朕《わたくし》は夙《あさはや》く興《お》き、仮寐《かみん》をとるほど厥心《こころ》を震《いた》め悼《かなし》み、曰《うったえ》た。

「惟《ああ》、祖《ごせんぞ》よ、惟《ああ》、父《ちちうえ》よ、股肱《しんらいするしんか》よ、先正《りっぱなせんだつ》よ、いったい孰《どなた》が朕《わたくし》の躬《み》を恤《しんぱい》してくださるのか。」

乃《たちま》ち天衷《てんのみこころ》を誘《いざな》い、丞相《そなた》（曹操）を誕《う》み育《そだ》てられ、我皇家《わがこうしつ》を保乂《あんてい》させ、弘《おおい》に艱《こん》難《なん》を済《すくわ》れた。朕《わたくし》は実《じつ》に之《そなた》を頼《たより》とした。今《いま》、まさに君《そなた》に典礼《おれい》を授《さずけ》たい。其《どう》か、敬《こころひきし》めて朕《わたくし》の命《めいれい》を聴《きかれ》よ。

昔者《かつて》、董卓《とうたく》が初《はじめ》て国難《こくなん》を興《ひきおこ》し、群后《しょこう》が位《かんい》を釈《うちすて》て王室《おうしつ》を謀《まもろうとし》たとき、君《そなた》は則《ただち》に摂進《せんとうにた》ち、首《だれよりもはや》く戎行《とうばつ》の啓《くちびをき》った。此《これ》は君《そなた》の本朝《かんおうちょう》への忠《ちゅうせいのあかし》である。後《そのご》、黄巾《こうきんぞく》が天常《てんのみち》に反易《そむい》て我三州《わがさんしゅう》（青州・冀州・兗州）に侵《しんにゅう》し、延《さら》に平民《へいみん》を及《おか》した及《とき》、君《そなた》は又《また》、之《ぞく》を翦《つみと》って東夏《らくよういったい》を寧《おちつか》せた。此又《これもまた》、君《そなた》の功《こうせき》である。……（許への遷都、官渡の戦いでの勝利など十一項目の功績をあげる。）……

君《そなた》には天下《てんか》を定《さだ》めた功《こうせき》がある。重之《そのうえ》、明徳《すぐれたとく》を以《もっ》て海内《ちゅうごく》を班叙《ちつじょだて》、風俗《ふうぞく》を宣美《かいぜん》し、旁《おおくのひと》に勤教《うむことなくきょういく》を施《ほどこ》し、刑獄《けいばつ》を恤慎《しんちょうにとりおこな》い、吏《やくにん》は苛政《かこくなせいじ》を無《おこなわず》、民《みんしゅう》は回匿《あくじをはたらかなく》なった。帝族《こうぞく》を敦《あつ》く崇《うやま》い、絶世《ほろびたえたおうぞく》を援継《ひきつが》せ、旧徳前功《とくたかくこうせきのひいでたもの》には咸《すべて》、秩《それそうおうのほうろく》を圀不《あたえた》。伊尹《いいんのこうせき》（商の宰相）は皇天《てん》に格《とど》き、周公《しゅうこうのとく》は四海《せかい》に光《ひかりかがやく》とは雖《い》え、之《そなた》に方《くらべれ》ば蔑如《かすんでしまうほど》である。

朕《わたくし》は聞《こうきいて》いる。

「先王《むかしのてんし》は並《どなた》も明徳《すぐれたじんぶつ》を建《ひきたて》られ、之《かれら》に胙《むくい》るに土《りょうど》を以《さず》け、之《かれら》に分《わか》つに民《たみ》を以《あた》え、その寵《おんちょう》の章《しるし》を崇《ひきあ》げ、その礼《ぎれい》や物《そなえもの》を備《ととのえ》させた。それは王室《おうしつ》の藩衛《ごえい》として、厥世《そのじだい》を左右《ほさ》してもらう所以《ため》である。」と。……（周を守り立てた斉と晋に、周がそれに見合う地位と権力を与えたことを述べる。）……

功《そなたのこうせき》は伊《いいん》・周《しゅうこう》より高く、而《しか》も賞《おんしょう》は斉《せい》・晋《しん》よりも卑《ひく》い。朕《わたくし》は甚《ひじょう》に恧焉《はずかしい》。

朕《わたくし》は眇身《びりょく》ながら兆《おお》くの民《たみ》の上《うえ》に託《みをよ》せ、永《なが》く厥《もろびと》の艱《くるしみ》を思《おも》うに、淵水《ふかいふち》を渉《わた》る若《ここち》である。君《そなた》の攸済《たすけ》が非《ない》ならば、朕《わたくし》は任《そのしごと》に非《たえられ》ぬ。今《いま》、冀州《きしゅう》の河東《かとう》・河内《かだい》・魏郡《ぎぐん》・

趙国《ちょうこく》・中山《ちゅうざん》・鉅鹿《きょろく》・常山《じょうざん》・安平《あんぺい》・甘陵《かんりょう》・平原《へいげん》、凡《あわせ》て十郡《じゅうぐん》を以《もっ》て、君《そなた》を封《ふう》じて魏《ぎ》公《こう》に為《とりたて》る。……（御史大夫《ぎょしたいふ》の郗慮《ちりょ》を使者にたて印綬・冊書等を授けることなどを記すが、陳寿は一部を引用し落している。）

今又《いままた》、君《そなた》に九錫《きゅうしゃく》（九種の礼物）を加《あた》える。其《どうか》、敬《つつし》んで後命《いかのめいれい》を聴《き》かれよ。……

（天子の乗る車と黒馬八頭、天子用の衣服・冠と赤い履《くつ》など、九種の下賜品の説明。）

……

魏国《ぎこく》に丞相《じょうしょう》以下《いか》、群卿百僚《だいじんかんりょう》を置《お》き、皆《いずれ》も漢初《かんのはじめ》の諸王《しょおう》の制《せいど》に如《ならわ》れよ。

往《どうどう》と、欽《つつしみぶか》く哉《あら》れよ。

敬《つつし》んで朕《わたくし》の命《めいれい》に服《したがわ》れよ。

爾《そなた》の衆《しんか》を簡《えらびもちいて》恤《いたわ》り、庶功《なにごと》にも時亮《せいいをつく》し、用《かくし》て爾《そなた》の徳《とく》を顕《あきらか》に終《し》て、我高祖《わがこうそ》の休命《おおいなるめいれい》に対揚《こたえら》れよ。

わたしはこの「魏公九錫文」を読むたびに、曹操に禅譲したいという献帝の真直な気持の流露に心うたれ、残された文書（言語）というもののもつ決定的な重みを知らされる。

もしもこの「制詔《みことのり》」を陳寿が「武帝紀」に記録していなかったら、献帝と曹操というふたりの、史上、忘れてはならない人物たちの〝禅譲〟という、これまた人類史のうえでもきわめて稀な政権交替の真の姿は永久に葬られていた、と言っていいのではないか。

それのみか『後漢書』の〝曲筆〟によって、またその書き方を〝正法〟として補強し、今日まで強い影響を与えつづけている清の趙翼《ちょうよく》『廿二史箚記《にじゅうにしさっき》』（二一八頁参照）や、その流れをくむ梁章鉅《りょうしょうきょ》『三国志傍証《ぼうしょう》』などの記述をうけ、曹操（および曹丕）による献帝からの皇位簒奪という虚構が事実として、歴史の通説となりかねなかっただろう。残念ながら、現実はほぼそうなっているのである。

「魏公九錫文」の冒頭、献帝は流浪の体験、曹操との出会い、そして彼に対する感謝の思いをつづる。

わたしは二章で、ふたりの出会いを「起こるべくして起こった希有の物語り」と書いた。劉邦（高祖）に始まり劉秀（光武帝）が再興した前後四〇〇年に垂《なんな》んとする漢帝国の終焉期に、天の子（天子）としてすべての人の上に立つ身として生まれた劉協（献帝）は、幼にして波乱の軍閥闘争に巻きこまれ、長安への強制移住を余儀なくされた。その後の、洛陽めざしての逃避行、明日をも知れぬ命運。

いっぽう曹操は、その天子よりも四半世紀前に宦官《かんがん》の孫として生まれ、儒教社会における厳しい差別をうけながら、後漢末の大官僚の家に成長した。世の中に出ると機を逃さぬ決断力、はばひろい学問・知識、身にそなわる人徳・風格を存分に生かして、多くの有能な参謀を傘下に集め、想いえがく儒教的政治社会の実現をめざし、死地をかいくぐって群雄との戦いに明け暮れてきた。

中国の社会と国家の形態が大きく変わろうとする転形期のさなかに、おのれの生存の真実を求めるふたつの個性が荒廃無惨な洛陽で対面した。

ふたりにはお互いを理解し、感情を分かちあうことのできる苦難の人生体験があり、信頼の核となり得る熱い言葉を持っていた。皇帝と臣下という上下関係にありながらも対等な個々の人間としての、外見には淡々としたように見えながら、より深い相互理解にいたる物語りは、実はそこから始まったとわたしは思う。

それから十八年、皇帝は臣下に「朕《わたくし》は実《じつ》に之《そなた》を頼《たより》とした。」と告白し、「君《そなた》に典礼《おれい》を授《さずけ》たい。」と率直にのべる。ここにはその間の、曹操の表と裏の、発言と行動のすべてを献帝がどう理解し評価したかが簡潔に語られている。

王朝の頂点に立つ皇帝として、それを支える権臣として、ふたりが本当に心から願ったこと——それは単に権力や国家を奪う、奪われるという次元ではなく〝天下《よのなか》〟を立派に治め〝天下《よのなかのひとびと》〟に平和と安定をもたらすということに尽きよう。

数知れぬ将兵の血を流し、おびただしい民衆を悲惨の極におとしいれ、山河に白骨が積み重なる戦争を終わらせる、ということである。そのための人材確保、権力掌握に心根をくだき、またそれを詩に詠む曹操の姿を献帝は見てきたのだ。

「魏公九錫文」は、反董卓連合軍の急先鋒として一敗地にまみれながらもひるむことなく突き進んでいった曹操の真意を、漢王朝にたいする忠臣の行為として評価し、さらに十項目の功績をあげてゆく。

許に都をたてて朝廷を落ちつかせたこと、皇帝を僭称した袁術を葬ったこと、呂布、張楊、張繡らを征伐し、官渡の戦いで袁紹を打ち破って「我国家《わがこっか》を危墜《ついらくのふち》より拯《すく》った。」こと……。

「薤露《かいろ》」「善哉行《ぜんさいこう》」の詩でも表明していることだが、曹操は周公の立場で二十六歳年下の皇帝を誠心誠意補佐した。董卓や袁術や袁紹などのように、おのれの権力欲を満たし、栄華を夢見て皇帝の座を手に入れようと目論んだ軍閥輩とは異なるのである。

だがしかし、表向きはともかく、国家中枢の誰もが曹操の心のうちを正しく理解し、また彼の政治方針に賛同しているわけではなかった。

曹操にとっては「燕雀《えんじゃく》いずくんぞ鴻鵠《こうこく》の志《こころざし》を知《し》らんや。」（『史記』「陳渉世家」より。「燕《つばめ》や雀《すずめ》に鴻鵠《おおいなるとり》の考えていることなど解るものか」。小人物には大人物の志は解らない、という比喩。）という思いであったろうか。

献帝周辺の宮中や最高権力機構（朝廷）における内部闘争は、宦官の孫曹操への抜きがたい差別や嫉妬の感情をうちに秘めながら、隠微に繰りひろげられたに違いない。

陳寿は「武帝紀」に採録していないけれども、建安十五年（二一〇年）春の曹操の布令から、そのような事情をうかがうことができる。裴松之《はいしょうし》が補注に取りあげたもので「県《けんのりょうど》を譲《じたい》して、自《みずか》ら本志《ほんとうのきもち》を明《あきらか》にする令《ふれい》」と呼ばれている。曹操の思想、政治的手法などを知るうえで見すごせない。その一部を訳出する。

袁紹《えんしょう》が河北《こうがのきた》を据《しはい》するに及至《いたった》。兵《へいし》の勢《いきおい》は強盛《さかん》で、孤《わたし》が自《みずか》らの勢《りきりょう》を度《おしはか》るに、実《じつ》に之《えんしょう》の不敵《あいてではなか》った。但《だが》、国《おくに》の為《ため》に死《し》を投《かくご》で、義《ぎ》を以《もっ》て身《このみ》を滅《ほろぼ》せば、后《こうせい》に垂《なをのこす》に足《た》ると計《かんがえ》た。幸《さいわい》に紹《しょう》を破《やぶ》り、その二子《ふたりのこ》を梟《さらしくび》にした。

又《いっぽう》、劉表《りゅうひょう》は自《じぶん》が宗室《こうぞく》で為《ある》ことから、奸心《よからぬこころ》を包蔵《かくしもち》、乍前乍却《いっしんいったい》、世事《よのうごき》を観《かんさつ》しつつ、当州《けいしゅう》（荊州）を据有《せんりょう》していた。孤《わたし》は復《また》、之《りゅうひょう》を定《へいてい》して、遂《つい》に天下《てんか》に平《へいわをもたら》した。身《このみ》は宰相《さいしょう》と為《な》り、人臣《しんかとして》の貴《くらい》は已《すで》に極《きわま》り、意望《のぞみ》は已《も》う過《こえ》ている。今《いま》、孤《わたし》が此《このようなこと》を言《い》うのは、自《じぶん》を大《ふいちょう》為《す》る若《よう》だが、人言《いうべきこと》を尽《いいつく》して欲《おきた》い故《ため》に諱《かくしだて》しない耳《の》だ。設《も》し国家《このくに》に孤《わたし》が無有《いなけれ》ば、当《いった》い幾人《いくにん》が帝《てい》を称《しょう》し、幾人《いくにん》が王《おう》を称《しょう》した不知《ことか》。或者《あるいは》、人《ひと》は孤《わたし》の強盛《さかんなようす》を見《み》て、又《また》は性《もとよ》り天命之事《てんめいというものがあるということ》を不信《しんじないもの》は、恐《おそら》く私心《てまえがって》に評《ひひょうしあ》い、不遜之志《わたしにてんしのざをねらうしたごころ》が有《あ》ると言《い》い、妄《きまま》な相忖度《りくつをつけあっ》て、毎《あれこれと》耿々《こころおちつかぬ》ことであろう。

斉桓《せいのかんこう》や晋文《しんのぶんこう》（いずれも春秋時代の覇者）が今日《いま》に至《いた》るまで垂称《しょうさん》される所以《のは》、その兵勢《へいりょく》の広大《きょうだいさ》を以《もっ》て、猶能《なおよ》く周室《しゅうのおうしつ》に奉事《つかえた》からである。また『論語《ろんご》』に云《い》う、「周《しゅう》は天下《てんか》を三分《さんぶん》してその二を有《もち》ながら、服以《ふくじゅうし》て殷《いん》に事《つか》えた。周《しゅう》の徳《とく》は至徳《このうえないとく》と謂《い》う可《べ》き矣《であろう》。」と。夫《これ》も、能《よ》く大《だい》で以《ありなが》ら小《しょう》に事《つかえ》た也《のである》。

曹操はつづける。

祖父（宦官の曹騰）から三代にわたって皇帝の恩愛をこうむったのは、信頼されたからであろう。息子（曹丕）の代になれば三代を超える。わたしが繰りかえし衷心から自分の気持を発言するのは、人びとが信用しないのを憂うるためである。

然《しか》し、孤《わたし》が便児《すぐに》、所典《はいか》の兵衆《へいしたち》を委捐《うちすて》、以《それ》を執事《ちょうていぐん》に還《へんかん》して、武平侯国《ふうこくのぶへいこく》に帰就欲《かえりた》くとも、実《じっさい》には不可也《ふかのうである》。何者《なぜか》。己《わたし》が兵《ぐんたい》を離《てばなした》あと、人《はんらんしゃ》に所禍《おそわれる》のを誠《なにより》も恐《おそ》れるからだ。既《ま》ず子孫《しそん》の為《ため》に計《かんが》え、又《さら》に己《わたし》が敗《やぶれ》れば則《たちま》ち国家《こっか》が危《きき》に傾《ひん》する。是《それ》以《ゆえ》、虚名《くうきょなせいじんくんしのめいせい》を慕《した》って実禍《げんじつのわざわい》を処《うけ》る不得《わけにはゆかぬ》。此《ぐんたいのへんかん》は所不得《できないそうだんである》。

「魏公九錫文」を発する二年前、献帝はこの曹操の布令を目にしていたはずである。

外見上、天下は一応落ち着いてはいる。しかし、国政の実質的最高責任者である曹操からすれば、いまだ安定というにはほど遠い。いつ何時、何処から反乱の火の手があがるか知れない。政治家としてまっとうな責任を果たすには、現実はかの周公が成帝に政権を返上したような、安心できる事態ではないのである。

そのことは渦中に生きている献帝にも、十二分に感得できたであろう。

そして、そのような折に、すでに父霊帝以来、天から見放されていると感じてきた漢王朝の、天子としてのおのれの人徳・政治力を謙虚にかえりみたとき、献帝は曹操という人物への禅譲を真剣に考えたとわたしは思う。

荒涼たる洛陽城で会っていらい十八年におよぶ曹操の言動に、三十四歳の献帝は心から、この国を託すべき人徳・政治力を見たのである。

「魏公九錫文」に「君《そなた》は温恭《あたたかさとうやうやしさ》を以《もっ》て基《ひとのきほん》と為《な》し、孝友《おやこうこうとゆうじょう》を徳《どうとく》と為《な》し、その明允《ゆるぎないしんぎ》と篤誠《あついまごころ》は、朕《わたくし》の思《こころ》を感《かんどうさせた》乎。」と記述した献帝の胸中を、誰が疑うことができようか。

もちろん董昭をはじめとする群臣からの、曹操を魏公にとりたて九錫を加えるべしという圧力がかかったことは間違いあるまい。それはまた主君（曹操）とともに戦場を駆けめぐってきた自分たちの功績を確認することでもあっただろう。（このとき曹操が自分から群臣に、魏公になるための圧力を献帝にかけさせたとは、彼の人格・言動からして、わたしには考えられない。）

忘れてならないのは、政治——天下の平和——を志す者にとっては、政治権力の掌握はその過程のひとつにしか過ぎないということである。

王朝が「漢」と呼ばれようが「魏」と呼ばれようが、天子が劉姓であろうと曹姓であろうと、真の治者にとってそれらは小事にすぎず、ただ天下が平和を享受できるようにすることがその責務であろう。「魏公九錫文」は天子の立場から、中国史上初めて、一滴の血も流すことなく、自ら信じ畏敬する人物への王朝の政権交替を実践しようとするのである。それほど重要な「策命《めいれいしょ》」だからこそ、陳寿は全文を「武帝紀」に記録した。そこには漢から魏への、献帝から曹操への、禅譲の動機のすべてが尽くされている。

しかし『後漢書』の成立から今日にいたるまで、「魏公九錫文」を献帝劉協の衷心の叫びとしてとらえたものは、一人としていなかった。

「魏公九錫文」を策命して三年後、献帝は曹操を魏王に命じ、そのときの詔勅は「魏公九錫文」を補完するかたちで、より鮮明に献帝の意思が表明されており、さらに自筆の詔勅まで曹操に与えているが、陳寿は「天子《てんし》は公《そうそう》の爵《しゃくい》を進《すすめ》て魏王《ぎおう》に為《とりたて》た。」とのみ記録し、それらの詔勅文は載せなかった。作文者として、重複をさけたのは当然だと思う。すべては、すでに「魏公九錫文」で語られている。

いっぽう曹操は献帝の思いを魏公、魏王までは受けいれた。しかし彼はついに、禅譲を受けいれて皇帝（天子）の地位に即くことはなかった。それまでの言動で示してきたとおり、漢の遺臣すなわち周公の立場を死にいたるまで坦々と貫いたのである（四章参照）。

曹操が他界したからといって、献帝の意思に変化はなかった。魏の群臣とともに、曹操を継いだ魏王曹丕に禅譲受諾を迫りつづけた。

だが曹丕にとっては、父の志を継いで帝位を拒否すれば、それがたとえ自分の意志であったとしても、中国をふたたび乱世に逆もどりさせることもありうる。それだけは誰にも許されない。十か月後、曹丕は悩みぬいた末に「可《か》」と受諾する。そこには献帝および群臣と、彼らの要求をしりぞけようとする曹丕の、もうひとつの物語りが存在する。しかし、陳寿はそこまで踏みこんでは記録しなかった。

「武帝紀」に献帝の禅譲の意思と、それに対した曹操の言行を記録することで、陳寿は『魏書』ひいては『蜀書』『呉書』に底流する後漢の精神的（文学的）核心を表現した、と言っていいだろう。

核心は後漢末中国大陸の山河に育まれ、拡散し、また融合してゆく。その無数の姿態のなかから、ふたたび人の世の文学たりうる記録を選びだし、陳寿は「三書」の列伝として残したのだ。

陳寿が「文帝紀」の受禅記事をわずか二五〇字ばかりで済ませた理由は、「武帝紀」に「魏公九錫文」を全文掲載したことにある。曹操が魏王を命ぜられたときの詔勅を載せず、曹丕受禅における群臣の勧進文を採録しなかった理由も、すでに明らかであろう。もし正統論云々でいうなら、陳寿は建前ではなく、正しく魏王朝こそ漢を継ぐものと確信していた。陳寿が「三書」で表現しようとしたのは三国の覇権争奪の物語りというよりは、後漢から魏・晋にいたる王朝政治と、その世界にひとりの人間として生きた皇帝、王族、権臣、官僚、軍人から医者、文人、隠者にいたるまでの個々人の記録だった。董卓、袁紹、曹操、献帝、劉備、諸葛亮、孫権、陸遜……同時代に、この世に生をうけた者たちのそれぞれの生き様《よう》を、冷静に、できるだけ飾ることなく、陳寿は記録したのである。

「三書」は、文学として読まれるべき記録なのである。（五章参照）

そろそろ姚主任主催の宴会がはじまる。許昌の旅、最終日の夕《ゆうべ》である。

煙草と酒と毛沢東

こぢんまりした別れの宴は許昌市唯一の高級ホテル、友誼賓館の一室でなごやかにはじまった。控えの間で改めてお互いに煙草をすすめ合い、慰労しつつ友好的交流を確かめながら席につく。姚主任はご機嫌のようである。

中国人はごく一般的に言って、親しい者同志の挨拶では、握手と同時にポケットから出した煙草を一本抜いて相手にわたす（というより、握らせるというのに近い）習慣があるようである。都会から離れるほどに、その傾向は強い。

「やあ、久し振り。で、どうだ、例の作付けのほうは……」

言いながら煙草を一本抜き、歩みよってわたす。時には火柴《マッチ》をすって口もとにもってゆく。相手は笑顔で吸い、煙を吐きながら、

「いやあ、参ったよ、化学肥料が効きすぎたのか、今年は不作だあな、ははは」

という具合だ。

そんな習慣が成り立つということは、中国全土にそれだけ喫煙者が多いということになる。では煙草を吸わない者はどうするか。わたしが目にした数例では、やはり笑顔でだまって受け取り、自分のポケットに入れる。きっと他のところで役立つのだろう。

そのような煙草一本のやり取りが、たんに人と人との交情をくつろがせるという以上に、実は政治的効用を生みだすものであることを知ったのは、ずいぶん以前のことだった。

わたしが足繁く旅していたころ（一九八〇年〜九〇年代）の中国では「紅塔《ホンター》」「中華《チョンホワ》」「熊猫《ションマオ》（パンダ）」といった銘柄の、当時では超高級煙草をわたせば、ちょっとした政治

的根回し効果は覿面《てきめん》（？）だったようである。一本なら一本の、一函なら一函の、一カートンなら一カートンなりの……。

効果のある銘柄は時の流れとともに変化するのだろうが、わたしは許昌訪問の手土産に日本製のセブン・スタアを数カートン持参した。姚さんたちがとても喜んでくれたので、うれしかった。

現地で、許昌が中国では五指に入る煙草の産地だと教えられた。二〇世紀の前半、植民地上海《シャンハイ》の進出企業英美烟公司《イギリスアメリカたばこがいしゃ》が大商社永安堂《えいあんどう》を使って許昌に土地を買い占め、煙草畑と生産工場を設けたのが初めだという。大量の少年工を低賃金で長時間働かせるなどして、資本家対労働者の対立も頻繁に生じたが、一九三〇年代には許昌の一廓に〝烟行街《えんこうがい》〟（たばこ商の街並）ができ、生産者八〇軒、取扱者は三三軒にもなった。

新中国成立（一九四九年）以後は、民族資本による大企業経営に発展して、今日も大量の煙のもとを生産している。

彩りもあざやかな名物料理が満載された卓に着く。干杯《カンペイ》の酒は、曹操が「短歌行」に「何《なに》を以《もっ》て憂《うれい》を解《と》かん、惟《ただ》、杜康有《とこうある》のみ。」（無理にも憂いを忘れるには、酒のむほかに何があろう——）と詩《うた》いこんだ杜康酒である。これは河南の特産で六〇度ちかい。

干杯が座をふた巡りしたころ、給仕の小姐《おじょうさん》が、今から許昌の特別料理をお持ちしますという。

「活蠍子《いきたサソリ》です。」

数人の日本人はえっという顔つき、姚さんたちはなんだか楽しそうで、彼らもよほどの宴会でないとありつけないらしい。山東の曲阜《きょくふ》や河南の鄭州《ていしゅう》で、蝦《えび》に似た空揚げふうのサソリが山盛でてきたのを口にしたことはあったが、〝サソリの踊り食い〟は初体験だ。

底の深い透明なガラスの器が運ばれてきた。見ると十数匹の活きのいいサソリが、がさごそ蠢《うごめ》いている。体長六～七センチはあるだろう。

小姐がしなをつくって壺中の杜康酒をサソリのうえにどぼどぼどぼ……蓋をするや、サソリの乱舞がはじまった。しばらく鑑賞したあと、小姐が蓋を取り、にっこり笑って、

「お好きなのをどうぞ。」

まず、わたしが衆人環視のなかで（この夜は、ともかくもわたしは主賓であった）試食するのらしい。許昌参観で快適な運転をしてくれた痩せぎすの張《ちょう》君が、わたしの眼を覗きこむようにしてささやいた。

「毒が強い奴ほど美味いんだ。」

小姐の手ほどきにしたがって泥酔したサソリをつまみあげ、箸で毒針をポキンと折り、そろりとわが口もとへ。口のなかでサソリが腹ばいになった（ように感じた）。腹部をひと噛みすると、サソリは抵抗して毒針を突き刺そうと身をそらす。針はないのだ。抵抗されると、こちらの顎にも力が入る。

ふと、蝟集《いしゅう》する他人を押しのけて満員バスに乗り込んだときの快感を一度味わった者は、空いたバスには乗れないという話が頭に浮かんできた。

お味は？　と聞かれてもよくわからない。敵さんは言うまでもなく、こちらもすでに酔っているのだった。

「ところで、毛沢東《もうたくとう》主席が許昌に来られたのはいつでしたか？」

愛煙家で、曹操の詩をもっとも評価した詩人毛沢東のことを、わたしは少し調べたことがあった。

思ったとおり、姚根義主任の瞳がぱっと輝いた。

「毛主席がここにおいでになられたのは、忘れもせん、一九五三年二月の寒い日だった。わしは二十七歳だったが、県の幹部たちといっしょに、主席をお迎えしたんですよ。」

若き姚主任の晴れがましい物語りが、ひとしきり座を盛りあげた。

しかしわたしは、その話の半分はつくり話であるのを感じていた。

記録によれば、毛沢東は一九一八年、五三年、五八年の三度、許昌を訪れているが、五三年二月のときは南方視察に行く途中、専用列車が許昌駅に一時停車したにすぎない。

地元の党書記に、要人がお会いになると公安幹部から電話があったのは、列車が到着する直前で、その要人が毛主席だと知って驚いたのは月台《プラットホーム》でだった、とその党書記は回想している。ふたりはそのまま車中の人となり、北上して黄河近くの駅まで歓談した。

この話がやがて世間にひろまるうちに、毛沢東は許昌に来たことになったのだろう。

姚さんにとっての主席の思い出話は、それはそれでいいのだとわたしは思った。

やがて娯《たの》しい別れの宴は終わった。姚主任から記念に『三国文化概覧』という本の贈呈をうけた。献辞に「愿友誼長存。」(末長い友誼を。)とあった。「愿」は「願」の簡体字だが、わたしの本名でもある。

いつの日、また許昌を訪れるだろうか。

もう少し毛沢東についてふれておきたい。

わたしは毛沢東の詩が好きである。口ずさめば雄大な気分にさそわれる。たとえば——

浪淘沙《ろうとうさ》　　毛沢東《もうたくとう》

大雨《たいう》、幽燕《ゆうえん》に落《お》ち、
白浪《はくろう》、天《てん》に滔《とど》く。
秦皇島《しんこうとう》外《に》、打魚《あみう》つ船《ふね》あり、
一片《いちめん》の汪洋《おおうなばら》は都不見《なにもみえず》、
知《いったい》、誰辺《いずこ》に向《むかってゆく》のか。

往事《ゆきすぎし》、千年《せんねん》の越《むかし》、
魏武《そうそう》、鞭《たたかい》に揮《いでゆ》き、
東《とうほう》の碣石《かっせきざん》に臨《のぼ》って遺篇《のこしたうた》あり。
蕭瑟《さびしきおとたてて》ふく秋風《あきかぜ》は、今《いま》又是《またここにふけ》ども、
換了《もはやうつりかわってしまった》、人間《ひとのよ》よ。

「浪淘沙」は海岸の名。一九五四年夏、河北省秦皇島市の海水浴場での作。詞《し》という形式の詩である。

この詞を詠《よ》んだとき毛沢東は六十二歳。苦難の抗日戦争と、それに打ちつづく蔣介石《しょうかいせき》国民党との内戦を闘いぬき、ついに北京故宮天安門上で中華人民共和国の成立を宣言したのは一九四九年十月一日のことだったから、それから五年目の、保養地(秦皇島市)での感慨である。

【前段】「幽燕」は古代の幽州(北京付近)と燕の国(河北省)。河北一帯に轟然と降りそそぐ大雨、しぶきをあげて逆巻く浪を物ともせず、渤海に漁船が出てゆく。一望の海面には何も見えない。いったい、どこを目指して船は出て行くのか。

【後段】千年のむかし、魏の曹操が烏丸《うがん》族征討の道すがら、碣石山(のち渤海に沈んだ)に登り、詩を作った。その詩句に詠みこまれたさみしい秋風は今もまた吹きつのるが、人の世は移り変わり、いい時代になったのだ……。

毛沢東の詞は豪放派に属するが、女性的感覚を本質とする婉約《えんやく》派の格調もそなえていると、中国文学者の竹内実氏は言われる。(『毛沢東　その詩と人生』武田泰淳・竹内実著、一九六五年)

「浪淘沙」には曹操の楽府《がふ》「夏門《らくようのかもん》を歩出《いで》て行《ゆ》く」（建安十二年・二〇七年作。全四章）から二句、転用されている。毛沢東は第二章と第四章がとくに気に入っていたようである。

夏門《らくようのかもん》を歩出《いで》て行《ゆ》く　曹操《そうそう》

（第二章）
東《とうほう》の碣石《かっせきざん》に臨《のぼ》り、以《はるか》に滄海《ぼっかい》を観《のぞ》む。
水《うなばら》は何澹々《はてしもなくたゆたい》、山島《しま》は竦峙《かいちゅうにきつりつ》し、
樹木《きぎ》は叢生《むらがりは》え、百草《ざっそう》は豊茂《みっせい》す。
秋風《しゅうふう》は蕭瑟《さびしきおとたてて》ふき、洪波《きょだいななみ》が湧起《わきおこ》る。
日月《じつげつ》の行《のぼりくるさま》は、其中《うみのなか》から出《うまれいず》る若《ごと》く、
星漢《あまのかわ》は粲爛《きらきら》と、其里《うみのなか》から出《こぼれでて》くる若《よう》だ。
幸甚至哉《ああなんとしあわせ》、歌以《うたって》志《おもいのたけ》を詠《あらわさ》ん。

（第四章）
神亀《かめ》は寿《ながいき》するとは雖《いえ》、猶《かならず》竟時《しぬとき》が有《やってく》る。

騰蛇《りゅう》は霧《きり》と乗《たわむれ》ても、終《いつか》は土灰《つちくれにかえって》ゆく。
老驥《おいためいば》は櫪《うまや》に伏《ふす》とも、志《こころざし》は千里《どこまで》も在《たか》く、
烈士《きがいあるじんぶつ》は年暮《おいさきみじかく》とも、壮心不已《うつぼつたるきもちをおさえきれぬ》。
盈縮《ひとのいのちのちょうたん》は、不但在天《てんのおもうがままなのか》、
養怡之福《ようじょうをうまくたもてば》、永年《ながいき》も可得《きっとてにいれられよう》。
幸甚至哉《ああなんとしあわせ》、歌以《うたって》志《おもいのたけ》を詠《あらわさ》ん。

この楽府は建安十二年（二〇七年）、曹操五十三歳の作である。

官渡の戦いで袁紹を降《くだ》したのは七年前のことだったが、残党（袁譚、袁尚、高干ら）は北方の異民族烏丸と手を組んで抵抗し、容易に平定できなかった。尚を破り、譚を攻め、ようやく高干も追いつめたのは建安十年（二〇五年）の冬。そのときの太行山脈越えでは「苦寒行」（一一七頁）を詩《うた》っている。

袁一族を一掃してほぼ一年後、曹操は烏丸征討に乗りだす。河北・東北への行軍は、水害による不通や厳寒に悩まされ半年以上におよんだが、敵陣の乱れを突いて烏丸を大敗させ、ようやく中国北方を統一した。鄴《ぎょう》都に帰還後、遠征中の作詩をまとめて四章の

「夏門《らくようのかもん》を歩《い》出《で》て行《ゆ》く」が成った。

毛沢東が詞中に取りいれたのは「東臨碣石《とうほうのかっせきにのぼる》」と「秋風蕭瑟《しゅうふうはさびしきおとをたててふき》」の二句。

【第二章】碣石山から眺望する雄大な渤海。遠景の把握と近景描写の妙。大自然の広大な空間を渡る秋風が草木を吹き鳴らし、巨大な波を湧きおこす。太陽と月は、まるで海から生まれるように昇ってくる。夜空にきらめく天の河も、まるで海からこぼれ出たように美しい。西暦二〇七年の、詩人の表現である。

「幸甚至哉《ああなんとしあわせ》、歌以《うたって》志《おもいのたけ》を詠《あらわさ》ん。」は、楽府に音楽を伴奏する必要から付された一種の掛け声のような句で、本詩との意味的なつながりはないと『曹操集訳注』（一九七九年、中華書局）にいう。

【第四章】長寿の亀にも、天空を飛翔するという龍にすら、死滅する時は来るのだ。（曹操は「精列」（霊魂の死）という詩に「その昔《かみ》からの長い長い歳月に／生き永らえた者の誰かある／私は死滅を憂えない――」と詠んでいる。）

第三句、四句は古来、愛唱され「老驥《おいためいば》」「烈士《きがいあるじんぶつ》」は曹操自身のことだと解されている。

第五、六句は、孫宝義著『毛沢東の読書生活』（一九九三年、知識出版社）によれば、毛は曹操のその素朴な唯物論的含意を喜び、自分の書道の練習に書く文字としてこの二句を選んでいたらしい。

わたしは〝龍《りゅうがとび》飛《おお》鳳《とりが》舞《まう》〟と形容される毛沢東の狂《きょう》草《そう》体《たい》に表現された曹操の詩句を想うと、〝英雄、英雄を識る〟の感がおこる。

武田泰淳は毛沢東の詩について、こう記した。

それらの詩は、何らの誇張もなく、つみ重なった氷や雪が溶けさるにつれて、青く勁《つよ》い草の芽が萌え出でるようにして生まれたのである。彼の詩は、たしかに彼の政治行動に直結していた。ただし、政治行動に直結した詩が、必ずも美しくはないのである。それ故、彼の詩の美しさは、火と水、天と地が合体して力を発するような奇蹟に近いものなのである。

（『毛沢東　その詩と人生』）

この評は、そのまま曹操の詩にもあてはまるのではあるまいか。

［蜀］

33 孔明大志　こうめいたいし

孔明は蜀の立役者、諸葛亮《しょかつりょう》の通称。若いころ荊州（今の湖北省襄樊《じょうはん》市）の隆中《りゅうちゅう》に隠棲していたが、劉表のもとに身を寄せてきた劉備と出会い、自らの志を具体化してゆくことになる。

宝石のラピスラズリの粉を顔料にして描かれた群青色の山は、隆中の臥龍山《がりゅうさん》。諸葛亮はここで天下の形勢をうかがっていた。

34 草盧三顧　そうろさんこ

劉備没後、諸葛亮は劉備が三度も草ぶきの盧《いおり》を訪ねてきたので世に出る決意をした、と述べている。亮が備を訪ずれたという、当時の記録も残っているが――。

安野さんは霧雨のなかで、しばし草盧の前にたたずんでいた。脳裡に、この場面が浮かんでいたのに違いない。いたいけな幼児が、関羽と張飛に戯《じゃ》れようとしている。

35 劉備入蜀　りゅうびにゅうしょく

劉備の参謀となった諸葛亮は、赤壁の戦い以後、孫権（呉）と手を組んで曹操に対抗しようとする。そして天然の要塞、蜀の地への進攻をもくろみ、益《えき》州（四川）長官劉璋《りゅうしょう》の要請を機に軍を率いて乗りこんだ。

画は蜀の北部秦嶺《しんれい》山脈中の盆地、漢中《かんちゅう》の風景。

36 涪城交歓　ふじょうこうかん

涪城は今日の綿陽市富楽山公園にあたる。成都の劉璋はここで、漢中の張魯《ちょうろ》討伐のために劉備軍を出迎え、歓待した。諸葛亮の策謀によって三年後、蜀を乗っ取られるとも知らずに……。

公園の柳が初夏の風に吹かれ、眼に心地よかった。

37　衆民危急　しゅうみんききゅう

成都の寛巷子《かんこうし》は清《しん》代の街並を保存している。安野さんは古びた建物の三階から、この風景をとらえた。奥深い露地で囲碁や闘鶏に興じる後漢の庶民たち。彼らはこのとき、自分たちの頭上に戦乱の危機が急迫していることを知らない。闘鶏や奕《ご》の遊びは春秋時代（紀元前七〇〇〜同四〇〇年）から記録にある。

38 龐統被箭　　ほうとうひせん

龐統は、荊州以来の劉備の参謀である。成都の劉璋攻略の最中、雒城《らくじょう》（広漢《こうかん》市）で流れ矢に当たって戦死した。

龐統の墳墓と廟がある白馬関。近くの落鳳坡《らくほうは》（矢に当たった場所）に、小さな石碑が立っていた。

39 夷陵茫漠　いりょうぼうばく

蜀を支配下に置くと、劉備は自ら漢（蜀漢）の帝位に即く（二二一年）。そして、前年に腹心関羽が殺された報復として孫権《そんけん》（呉）征討軍を起こし、長江《ちょうこう》にそって夷陵《いりょう》（湖北省宜昌《ぎしょう》）まで軍を進めた。

画は秭帰《しき》の擂鼓台《らいこだい》。張飛（出征直前、部下に殺された）が部隊を訓練した場所と伝えられる。

40 白帝望蜀　はくていぼうしょく

呉軍（陸遜《りくそん》）に大敗した劉備は永安まで後退、白帝城で病に伏し、諸葛亮を呼びよせて後事を託す。ついに蜀（成都）に帰ることはなかった。

白帝城に立って、長江向かいの山塊を描いた。

41 長江群青　ちょうこうぐんじょう

三峡《さんきょう》（長江の三つの峡谷）の眺望は雄大そのもの。大自然のなかに浮かぶ船の上で、画家は一個の自然児になりきっていた。この原画の力強い筆意、ラピスラズリと銀の色彩のきらめきの前に立つたびに、スケッチの現場にいた興奮がよみがえってくる。あのとき安野さんは、三国志のことなど忘れていたのではないだろうか。

42 剣門古道（I）　けんもんこどう

険しい蜀の山道をふさぐ天然の要塞、剣門閣。「一夫《いっぷ》、関《かん》に当《あた》りて、万夫《ばんぷ》、開《ひら》く莫《な》し」（一人の武将で万人の敵を阻む）と、唐の李白が詠《よ》んだ難所である。明治二十六年、岡倉覚三（天心）もこの古道を通り、漢詩を残している。そのことが画家の念頭から離れなかった。驢馬に乗る岡倉は道教の服を着ている。

43 剣門古道（Ⅱ）　けんもんこどう

安野さんは剣門閣の画を、もう一枚描いた。そそり立つ絶壁の実感は、こちらのほうが近いように思う。両方を眺めていると、画心《えごころ》の処在《ありか》を覗いたようで楽しい。

剣門閣を北に抜けたところに、豆腐料理店があった。あれを絶品というのだろう。もう一度、味わってみたい。

44 漢水流光　　かんすいりゅうこう

劉備没後、諸葛亮は二代目皇帝劉禅《ぜん》を補佐しつつ、魏への北伐を繰り返す。その前戦基地が秦嶺山中の漢中である。盆地の中央を漢水が東に向かって流れる。

田んぼの中に腰をおろして描いた漢中の風景。蔡倫紙を使用。

45 天水遠望　てんすいえんぼう

漢中から西に向かい、北上して天水（甘粛省）をぬけ街亭《がいてい》にいたる。諸葛亮が馬謖《ばしょく》を先鋒にして、最初に魏に進攻したときのルートである。

天水には、諸葛亮《しょかつりょう》が陣をしいたという「孔《こう》明軍塁《めいぐんるい》」（塁はとりで）の記念公園があった。

46 張魯王国　ちょうろおうこく

後漢の末、漢中一帯を支配していたのは道術師の張魯。教団による治政は民衆に支持され、小さな王国の観を呈していたという。のち曹操に降り、優遇された。

漢中から天水への蛇行する山道が突然、開けた。眼の前にひろがる広大な山景に息をのむ。安野さんは車を止めて、数枚のスケッチに没頭した。地元の人が、ここは留鳳関《りゅうほうかん》の酒奠《しゅてん》溝《こう》という所だ、と教えてくれた。

47 秦嶺故景
しんれいこけい

同じ酒奠溝からの眺望。あの大自然を、よくも一枚の画面に収めるものと、つくづく思う。路傍の掘立て小屋で犬が吠えた。板壁に「加水」（ラジエターの水）、「井水」（飲み水）と赤ペンキで書かれていた。わたしたちは、それほど奥深い山の中にいた。

48　三峡静淵　　さんきょうせいえん

長江三峡のひとつ、瞿塘峡《くとうきょう》。まるで水墨画のような山間《やまあい》を、白い長江の流れがたゆたう。深く静かな画境は、魏・蜀・呉の争いの空しさを伝えようとしているかのようだ。

四章　歴史を歪めるのは誰か

禅譲ということ

陳寿《ちんじゅ》が『魏書』『蜀書』『呉書』でもっとも記録したかったことは、「武帝紀《そうそうでん》」に全文を載せた献帝の「魏公九錫文《ぎこうきゅうしゃくぶん》」すなわち曹操《そうそう》への禅譲《ぜんじょう》（皇帝の位を有徳者に譲ること）の思いだった。

ここではそのことに、少し異なった角度からもう一度ふれてみたい。

そもそも禅譲とは何か――。

この設問は、とりあえずは万世一系の天皇を戴くとされる日本人には慣れていないようである。しかし、中国古代史における禅譲についてのいい入門書がないわけではない。顧頡剛《こきつごう》著『漢代学術史略』（一九三五年、上海亜細亜書局）。日本語訳の『中国古代の学術と政治』（小倉芳彦他訳、大修館書店）は一九七八年に出版されている。

歴史家顧頡剛については『ある歴史家の生い立ち』（顧頡剛著『古史辨序《こしべん》』の平岡武夫訳。一九八七年、岩波文庫）にゆずるけれども、『中国古代の学術と政治』は、漢代政治の思想的土台である陰陽五行説の本質が迷信であることをはじめ、とくに伝説上の帝王堯《ぎょう》・

舜《しゅん》・禹《う》の禅譲が想像の産物であると指摘し、前漢の皇族王莽《おうもう》による禅譲劇（新《しん》王朝の成立）の欺瞞性を鋭くあばき、後漢献帝の曹操・曹丕《そうひ》への禅譲との相違にまで言及している。

顧頡剛によれば、中国では歴代、天下を得るのに二つの道があった。一つは堯・舜のような禅譲によるものであり、他の一つは商《しょう》（殷《いん》）と周の関係に見られる征誅《せいちゅう》（攻め込んで滅し、殺すこと）によるものである。（趙翼《ちょうよく》『廿二史箚記《にじゅうにしさっき》』の「禅代《ぜんだい》」に「古来、禅譲と征誅のただ二局が有った。」とあり、顧頡剛は同書をかなり参照している。）

これは前漢時代に、『史記』の「五帝本紀」で整理された想像上における聖人堯から聖人舜への王権移譲（無血革命）と、殷（商王朝の最後の首都名）の暴虐な紂《ちゅう》王を周の武王が牧野《ぼくや》の戦いにおいて攻め滅した史実のことを指している。

古代の中国人が想像上の聖人に理想的な禅譲による政権の移行を託したということは、現実は今日から思い描く以上に血腥い争闘が繰りひろげられていたことを反映しているとわたしには思われるが、「現に皇帝たる者が（自分から位を）譲ることなどありえない」（引用は『中国古代の学術と政治』による。以下同）と、顧頡剛は述べている。

「禅譲ということは、言っているだけのうちはよいが、真に実行しようとすれば『虎と皮を謀《はか》る』（利害の反する相手と取引を相談する）に等し」い……とも。

中国の歴史で、王朝政権の移行において最初に禅譲という形式を実行したのは前漢の王莽だとされている。『平家物語』の冒頭「祇園精舎」の段に「遠く異朝をとぶらへば、秦の趙高・漢の王莽……」とでてくる、あの王莽である。かれについては班固《はんこ》の『漢書《かんじょ》』「王莽伝」に詳しい記述があり、「王莽は早くから漢の禅譲を受ける準備をしていた」と顧頡剛は言う。

紀元前十六年、絶対的権力をにぎっていた時の王太后《おうたいこう》は甥の王莽を新都侯《しんとこう》に封じた。哀《あい》帝が他界すると、王莽は大司馬に抜擢されて九歳の平《へい》帝を補佐することになり、周の時代、幼い成帝を摂政した周公の立場に立つ。

王莽の地位、権力は日ごとに増大してゆき、太后は「安漢公《あんかんこう》」の称号を賜《たまわ》ったが彼はますますへりくだり、封地の加増を辞退する。すると太后は群臣に命じて『周官《しゅうかん》』や『礼《らい》記《き》』のような過去の書にもとづいて「九錫《きゅうしゃく》」の典礼を論議させ、王莽に天子用の衣服、冠、馬車などを与えた。王莽の声望はにわかに天下になりひびいた。

病身だった平帝が十四歳で死んだ。多くの皇帝候補のなかから、王莽はわずか二歳の儒《じゅ》子嬰《しえい》を選びだし、自身は「仮皇帝《かこうてい》」と称して朝廷を牛耳るようになる。禅譲させて、おのれが「真天子《しんてんし》」になるのはもう目と鼻の先である。

現代中国の歴史学者揚永俊《ようえいしゅん》氏は、王莽が漢から禅譲をうけるとき三つの段階を踏んでいると述べる(『禅譲政治研究』二〇〇五年、学苑出版社)。

最初は平帝が病死すると(揚氏は、証拠はないが王莽が殺したと見る)皇帝の地位・権力を簒奪《さんだつ》し、ついで幼帝(儒子嬰)を立ててその摂政となり(仮皇帝)、最後は禅譲を演出して自分が「真天子」の座に即《つ》く。そして、そのそれぞれの段階において、王莽は群臣や民衆を動員して種々の策を弄した。

すなわち、当時の学者に古代史の五徳終始説《ごとくしゅうし》(天子は木火土金水《もっかどごんすい》の五行《ごぎょう》の一つの徳によって前の徳に勝ち、王朝を交替する)を改竄《かいざん》させて漢(火)を継ぐ者は自分(土)だとし、新天子誕生を示す吉祥があらわれたと各地から偽の報告書を出させ、また王莽が皇帝になるべきだという予言の書が発見されたと偽作させて世論をつくり、群臣にいく度となく真の天子の座に即くべきだと上奏させた……。

かくして西暦九年正月、臣下のでっちあげた神の命令書なるものをうけて、王莽はついに「皇天上帝は……予に天下の兆民を委託なされた。……あえて欽《つつし》み受けないでおられようか。……王冠を用いて真天子の位に即き、天下を有《たも》つ国号を『新《しん》』と定める。」(筑摩文庫・小竹武夫訳『漢書』「王莽伝」より。……は引用者の省略)と詔書を下した。

儒子嬰は定安公に封じられ、方《ほう》百里（およそ五〇キロ四方）の土地を与えられた。こうして王莽は天子の座に即いたものの、十四年ののち長安城未央宮《みおうきゅう》において反乱軍に首をはねられ、体はばらばらに切り刻まれた。六十八歳だった。

劉秀《りゅうしゅう》（光武帝）が皇帝に即位して漢が復興（後漢）したのは、二年後（二五年）のことである。

顧頡剛は王莽の禅譲劇の分析につづいて、「これより以後、中国の歴史上、王朝の交替が同一民族内（引用者注・漢民族をさす）で行なわれる場合には、いつもこの慣例に従って禅譲の典礼が行なわれた。いわゆる征誅〔放伐《ほうばつ》〕は異民族だけに使用された。」と述べ、同書（『中国古代の学術と政治』）の最終章「曹丕の受禅」にいたって、次のように記述する。

曹操は兵を起して、献帝の身柄を確保し、さらに都を許に遷して、自ら大将軍となり、皇帝を掌中に玩《もてあそ》んだ。彼は執政二十四年間〔一九六――二二〇年〕に、はじめは魏公となって九錫を加えられ、さらに自ら魏王に進んで天子の旌旗《せいき》を用い、出入には警蹕《けいひつ》を伝呼させた。こういう一歩一歩の昇進ぶりは、さながら王莽の再生であった。

『後漢書』の記述をそのまま受け入れれば、このような解釈も生まれよう。だが、当事者であった献帝の「魏公九錫文」を丁寧に読みといてゆけば、異なった感懐をいだかざるを得ない。

曹操は自ら大将軍になったのでも、自ら魏公となり魏王に進んだのでもなかったし、いわんや王莽のごとく、帝位の簒奪をたくらんで段階的に策を用いたことも、またそうしようとしたことも一度としてなかったのは、すでに目にしてきたとおりである。

王莽には、みずからの身命を賭して戦場の修羅場をくぐりぬけたことがないのは言うまでもなく、過酷な大地で路頭に迷う民衆の悲惨な現実のなかに身を置いたこともなかった。ふたりの体験と〝志〟の差異は、歴然としていよう。

王莽の受禅と献帝の禅譲の内容の違いは重要である。後世、その形式の類似から六朝、隋にいたるまでの禅譲をひとしなみに同様とみなしてきたのは、大きな歴史誤解だとわたしは思う。なかでも献帝の曹操（および曹丕）への禅譲は中国政治史上、初めて、皇帝自らがすすんで行なった政権（王権）移譲だったのだ。

顧頡剛は前段につづけて、こうも述べる。

しかし彼（曹操—引用者注）が死ぬまで帝位を簒奪しなかったのは、皇帝となるのを願わなかったためか、それとも彼の寿命が最後の計画の実現を許さなかったためか、わからない。それにしても、禅譲の段取りはすっかりできあがっていたのである。

わたしたちは曹操が皇帝となるのを願わなかったこと、彼にはおのれが漢の遺臣であり、周公の立場に徹するという信念があったことをすでに見た。また、献帝自身が曹操への禅譲を願っていたことからすれば、その段取りが整っていたのは当然と言わねばならない。

顧頡剛は実のところ、王莽と曹丕の受禅の違いを見抜いていた。王莽の天下は自分がでっちあげた詔書による禅譲で手にいれたものだが、「曹丕の天下は、献帝が公然と禅譲したものであった。」と。

そしてまた、その受禅にいたる過程で「献帝は再三、譲位の詔を下し、群臣も数十次にわたって上表し勧めたが、曹丕はあくまでも辞退しつづけた。」ことにもふれ、その際に交わされた往復文書はまことに見事なもので「そうした文書を見る限りでは、堯・舜の世よりもさらに立派なくらいである。」とまで記している。

想像上の堯・舜より立派なくらいだとは皮肉として書いたのだろうが、しかし残念ながら、これは皮肉にならなかった。

というのも、それらの往復文書を実際に読んでみれば、献帝の禅譲したい気持と、それを辞退しつづけた曹丕の気持ちが、どちらも純粋な心情から発したものであることが伝わってくるため、「現に皇帝たる者が〔自分から位を〕譲ることなどありえない。」（一八八頁参照）と言い放った顧頡剛も、事実としてそんなことがあったのだろうかという心中のゆらぎが、そこにうかがわれるのである。

献帝と曹丕の関係は本来、献帝の曹操に対する禅譲の思いに発するものだった。想像上でなく、現実の後漢王朝において「現に皇帝たる者が〔自分から位を〕譲」ろうとしたのである。

顧頡剛がその事実に思いいたらなかったのは、裴松之《はいしょうし》注のない陳寿の「武帝紀」を、献帝の「魏公九錫文」を、正確に読みこまなかったからだと言うほかないのではないだろうか。

荀彧病没の真相

曹操が献帝に禅譲を迫った（漢を簒奪した）とする見方が、中国にも日本にも根強くある。

曹操漢簒奪論の根拠のひとつに関連づけられているのが、〝曹操誅殺密詔事件〟だった。許都で擁立されていらい自由を奪われて不満だった献帝が、舅の董承に曹操誅殺の密詔をくだし、董承は劉備《りゅうび》をまきこんで計画を進める。しかし、ことが発覚して董承が殺されたとされる。

この事件に献帝の関与はなく、董承らの謀略だったことは三章（一二四頁）でふれた。もうひとつ、曹操漢簒奪論の根拠とされるものに〝荀彧《じゅんいく》自殺事件〟（建安十七年・二一二年）とされる出来事がある。

後漢末、曹操が勢力を拡大して献帝擁立を安定させ、朝廷での権力を確立してゆくのにいわば〝女房役〟の立場で曹操を支えてきた参謀の荀彧が、「漢を滅ぼし魏を建てることに力を注ぎ」はじめた曹操が「魏公に就くことに反対」したため、曹操によって「自殺に追い込まれ」た（渡辺義浩『「三国志」軍師34選』）というのである。

「荀彧は曹操によって毒殺（他殺的自殺）されたと考えるべきであろう。」（美川修一「『三国志』―荀彧の死―」）と、ほぼ断定する見方もある。

曹操はあらかじめ反対する大物官僚の荀彧を殺しておいて魏公、魏王と位階をすすめて皇帝位に近づき、曹操の没後にいたり曹丕が簒奪したという結論にもっていこうとするのだが……。

はたして荀彧は曹操に毒殺されたのか。

最初に書かれた、陳寿『魏書』の記述を見てみよう。

荀彧は建安十七年（二一二年）の秋から同十八年（二一三年）の正月までの間に亡くなったと思われるが、『魏書』「武帝紀《そうそうでん》」にその死に関する記述はない。しかしこの二年間の記録は、さきに見た献帝の「魏公九錫文」の詔勅発令とも深い関連があるので、頭にとどめておいたほうがいいと思う。

十七年春正月《ねんはるしょうがつ》、公《そうそう》は鄴《ちょうあんからぎょう》に還《かえ》った。天子《てんし》（献帝）は公《そうそう》に、賛拝不名《なまえをよばれず》、入朝不趨《こばしりせず》、剣履上殿《けんをおびはきものをはくこと》を命《めい》じ、蕭何《しょうか》（漢の祖、劉邦《りゅうほう》の功臣）の故事《ぜんれい》に如《したが》った。馬超余衆《ばちょうざんとう》の梁興《りょうこう》らが藍田《らんでん》に屯《むらが》ったので、夏侯淵《かこうえん》に撃《こうげき》させ、之《かれら》を平《ちんあつ》した。

河内《てんしはかだいぐん》の蕩陰《とういん》、朝歌《ちょうか》、林慮《りんりょ》（など十か所の土地。中略）を割《かつじょう》して、魏郡《ぎのりょうど》を益《ひろ》くした。冬《ふゆ》十月《がつ》、公《そうそう》は孫権《そんけん》を征《うつべくしゅっせい》した。

十八年春正月《ねんはるしょうがつ》、濡須口《じゅしゅこう》に進軍《しんぐん》し、攻《こうげき》して権《そんけん》の江西営《ちょうこうせいがんのじんえい》を破《うちやぶ》り、権《そんけんはいか》の都督公孫陽《ととくこうそんよう》を獲《とらえ》た。乃《そこで》、軍《ぐん》を引《ひきい》て還《きかん》した。詔書《けんていはしょうしょをくだ》して十四州《じゅうしのしゅう》を并《あわ》せ、復《ふたた》び九州《むかしにならってここのつのしゅう》を為《つくっ》た。夏《なつ》四月《がつ》、鄴《ぎょう》に至《かえりつい》た。五月丙申《がつへいしん》（二十二日）、天子《てんし》は御史大夫郗慮《ぎょしたいふちりょ》に節《ししゃのしるし》を持《も》たせ、公《そうそう》に策命《めいれい》して魏公《ぎこう》に為《とりたて》た。……（以下中略。ここにすでに紹介した一二四〇字におよぶ「魏公九錫文」が記録されている。）秋《あき》七月《がつ》、始《はじめ》て魏《ぎ》の社稷《とちがみのやしろ》と宗廟《みたまや》を建《たて》た。天子《てんし》は公《そうそう》の三女《さんにんのむすめ》を聘《むかえ》て貴人《きじん》（皇后に次ぐ身分）に為《とりた》て、少者《とししたのもの》は国《ぎこく》での待年《せいちょうをま》った。九月《がつ》、金虎台《きんこだい》（鄴都の政庁のひとつ）を作《つく》り鑿渠《うんがをほ》って漳水《しょうすい》を引《ひきい》れ、白溝《はくこう》に入《つう》じて以《さら》に河《こうが》に通《つながらせ》た。冬《ふゆ》十月《がつ》、魏郡《ぎぐん》を分《わ》けて東西《とうざい》の部《にぶ》と為《し》、都尉《とい》を置《お》いた。十一月《がつ》、初《ぎにはじめ》て尚書《しょうしょ》、侍中《じちゅう》、六卿《りくけいのかんしょく》を置《お》いた。

（以下、略）

さて、陳寿は「荀彧伝」の建安十七年の記事で、その死についてふれている。

非常に微妙な文体である。献帝と曹操と荀彧の関係をどうとらえ、それを陳寿がどう叙述しているか——の理解の仕方によっては、正反対の意味の訳文になる可能性がある。

まず、わたしの訳文を掲げよう。

（建安）十七年《ねん》、董昭《とうしょう》らは、太祖《そうそう》に宜《すみやか》に国公《ぎこくのこう》の進爵《しゃくいをすす》め九錫《きゅうしゃく》の物《れいぶつ》を備《そな》えて殊勲《とくべつのこうせき》を彰《けんしょうすべきこと》を謂《しんげん》し、密《ないみつ》に彧《じゅんいく》にも諮《そうだん》した。彧《じゅんいく》は、太祖《との》（曹操）は本《もともと》、義兵《ぎへい》を興《おこ》して匡朝《ちょうていをすくい》、寧国《こっかをあんていさせ》、忠貞之誠《ちゅうせいのまごころ》を秉《むねにいだ》き、退譲之実《へりくだってひとにゆずるきもち》を守《まもっ》ておられる、君子《そなたら》が人《くんしゅ》（曹操）を愛《おもいやられ》るなら徳《そなたらのとく》を以《もっ》てすべきで、如此《しゃくいをすすめるようなこと》は不宜《よろしくありますまい》、と以為《いった》。太祖《そうそう》は是《ふたりのいけんのちがい》を由《しっ》て心不能平《おだやかなきもちになれなかった》。会《おりから》、孫権《そんけんとうばつ》の征《ぐんがおこさ》れた。彧《じゅんいく》が譙《しょう》の軍《そうそうぐん》を労《いろうする》よう、請表《ようせいぶんがだされ》た。因輒《こうして》、彧《じゅんいく》を留《とど》め、侍中・光禄《てんしのししゃのしるしをもった》大夫《じちゅう》・持節《こうろくたいふ》と以《し》て、丞相《じょうしょう》（曹操）の軍事《ぐんじ》に参《さんか》させた。太祖《そうそう》の軍《ぐん》は濡須《じゅしゅ》に至《いた》ったが彧《じゅんいく》は疾《びょうき》で寿春《じゅしゅん》に留《とどま》り、憂《なやみ》を以《いだいた》まま薨《なくな》った。時歳《とし》は五十、諡《おくりな》は敬侯《けいこう》と曰《い》う。明年《あくるとし》、太祖《そうそう》は遂《つい》に魏公《ぎこう》と為矣《なった》。

もう少しかみ砕いて説明すれば——

かつて曹操を献帝に引き会わせた後漢の重臣董昭と、その周辺のおもだった大臣らが、丞相《じょうしょう》（最高行政長官）である曹操に進言した。

――殿の、これまでの国家にたいする多大なご功績を顕彰するため、魏の国の公爵（貴族）になられ、天子様から九錫を受けられたらいかがでありましょう。

董昭らはこの件を、同じ重臣の荀彧にも内密に相談した。荀彧は董昭らに言った。

――曹操殿はもともと、朝廷を建てなおし、国家を安定させるために義兵を起された。いまも変らず天子様への至誠、謙譲の美徳を持たれている。心ある人物は、主人への思いやりは自分の徳であらわすという。爵位を勧めて曹操殿を顕彰されるのは、よろしいことではありますまい。

それを聞き知った曹操は、重臣らの意見が分かれていることに気持が落ちつかなかった。たまたま、長江に拠る孫権討伐の大遠征軍が編成された。古代からの征戦の際の例にのっとって、譙郡《しょう》（曹操の故郷）に駐留する軍の慰問を荀彧に要請するよう、表《ひょう》（文書）が上奏された。侍中・光禄大夫の荀彧は献帝の使者として許都から譙にいたり、曹操の軍事に参与した。

遠征軍は船で渦水《かすい》を南下し、寿春を通って長江の北岸一帯にあたる濡須（「武帝紀」では「濡須口」）まで進軍した。しかし荀彧は病気で寿春にとどまり、悩みをいだいたまま死んだ。五十歳、敬侯と諡《おくりな》された。その翌年（建安十八年）、曹操は魏公にとりたてられた。

陳寿が「荀彧伝」を書いたのは荀彧の死後七十年前後のことだから、生存者の聞き書きや伝聞をふくめた先行する歴史史料を取捨選択して記録していることは、改めて言うまでもあるまい。

しかし、それにしても陳寿は語彙や文脈に曖昧さを残した書き方をしている。原文理解で注意すべき点は、おもにふたつあると思う。

——董昭らに言った荀彧のことばの真意。

——「憂《なやみ》を以《いだいた》まま薨《なくな》った。」の真意。

陳寿はなぜ、「荀彧は曹操の魏公就任に異論はなかったが、董昭の推薦の仕方には反対だった。」「荀彧は病死した。」と、はっきり記述しなかったのだろうか。

これらについて考えるまえに、『後漢書』「荀彧伝」建安十七年の項に目を通しておこう。著者の范曄《はんよう》は例によって元《もと》にした陳寿「荀彧伝」に筆を加えつつ、典拠を示さずに裴松之注の文章を取りこんでいる。次の訳文は『全譯後漢書』（渡辺義浩ほか編、汲古書院）

からの引用（傍線は引用者）である。

建安十七（二一二）年、董昭たちは共に曹操に魏国公の爵位と、九錫の礼物を備えることを勧めたいと考え、密かに荀彧に（そのことに対する意見を）訊ねた。荀彧は、「曹公はもともと義兵を起こし、それにより漢朝を助け奮い起こしたのであり、その勲功はすぐれて顕著であるとはいえ、それでもなお（漢朝に対する）忠貞の節義を守っておられる。君子は人を愛するのに徳によりするものである。このようなことはすべきでない」と言った。（曹操の魏公就任の）事はこうして沙汰止みとなった。曹操は心中平静であることができなかった。（曹操は）南に向かって孫権を征討するにあたって、上表して荀彧に請い軍を譙（安徽省亳州市）に慰労させたいとし、そこで上表して荀彧を留めて、「〔引用者注・ここに曹操の上奏文なるものを載せているが、今は省略し後述する。〕」と述べた。この上書は奏されて、献帝はこれに従い、ついに荀彧を侍中光禄大夫として、節を持たせ、丞相の軍事に参加させることにした。（曹操が）濡須に到着すると、荀彧は病となって寿春に留まり、曹操は荀彧に食事を送った。（荀彧が送られた品物を）開いて見ると、空の器であった。そこで（荀彧は）毒薬を飲んで亡くなった。時に五十歳であった。献帝はこれを嘆き惜しみ、祖日でも荀彧のために宴会雅楽を取りやめることとした。諡して敬侯とした。翌年、曹操はついに魏公を称したという。

范曄《はんよう》が筆を加えた目的は、漢の簒奪を目指す曹操が、それに反対する荀彧を死に追いやったという歴史を組みたて、叙述することにある。そのため陳寿原文の語彙をこまめに変えており（名詞・動詞を問わず、「謂→欲共進」「太祖→操」「諮→訪」「疾→病」というふうに）、読者は自然と曹操が厭わしくなり、彼が悪人だと思う感情に誘いこまれてゆく。

そのもっとも意図的な加筆が傍線の部分である。裴松之注を取りこんでいることがはっきりしている個所から見てみよう。

終わり部分の「曹操は荀彧に食事を送った。」から「そこで毒薬を飲んで亡くなった。」までは、陳寿「荀彧伝」建安十七年の項の裴松之注に引かれた『魏氏春秋』の原文をほぼそのまま使っている。

『魏氏春秋』の引用原文を訓み下せば「太祖《たいそ》、彧《いく》に食《しょく》を饋《おく》る、之《これ》を発《ひら》けば乃《すなわ》ち空器《くうき》なり、是《ここ》に於《おい》て薬《くすり》を飲《の》みて卒《しゅっ》す。」だが、范曄は「太祖」を「操《そう》」に、「彧」を「之《これ》」に、「之《これ》を発《ひら》けば」を「発《ひら》き視《み》るに」に変えて、そのまま陳寿の「……彧《じゅんいく》は疾《びょうき》で寿春《じゅしゅん》に留《とど》まり、憂《なやみ》を以《いだいた》まま薨《なくな》った。」（私訳）の原文「以憂薨。」（「憂《うれい》を以《もっ》て薨《こう》ず」）とそっくり入れかえた。

そのため『全譯後漢書』の訳文でもわかるように、「荀彧は病となって寿春に留まり、曹操は荀彧に食事を送った。」という、木に竹を接いだような意味不明に近い文章になっている。

范曄は『魏氏春秋』の記事を取りこんで、曹操が毒殺したと史書に記《しる》したいがために、ひるがえって、曹操が荀彧に強い反感を抱いたように思わせようとして、前半部で「（曹操の魏公就任の）事はこうして沙汰止みとなった。」（「事《こと》、遂《つい》に寝《や》む。」）と加筆し、作意している。この個所も、あるいは他の史料を取りこんだものかも知れない。しかし事実は、曹操に魏公を勧め、取りたてようとする動きは担々と進んでいた。

こうして曹操は無理矢理、献帝に荀彧の譙駐留軍慰問の詔勅を出させ、魏公就任を阻んだ憎い荀彧を軍中にとどめて、遠征の途中、寿春で自殺（毒殺）に追いこみ、その翌年、曹操はついに魏公になった、という筋立てをととのえたのである。

ちなみに、裴松之は『魏氏春秋』のほかに袁暐《えんい》の『献帝春秋』も補注に引いている。

三章でふれた伏《ふく》皇后の書簡を父の伏完が荀彧に見せ、或はそのことを長いあいだ曹操に話さなかった、それがもとで曹操は荀彧を疑うようになったとするもので、「彧《じゅんいく》は寿春《じゅしゅん》に於《おい》て卒《し》んだ。寿春《じゅしゅん》の亡者《とうぼうしゃ》は孫権《そんけん》に、太祖《そうそう》が彧《じゅんいく》に伏后《ふくこうごう》を殺《ころ》させようとしたが彧《じゅんいく》は従《したがわ》ず、故《そのため》に自殺《じさつ》した、と告《つ》げた。」とつづける。

裴松之はこれを「袁暐《えんい》の虚罔之類《でたらめななかでも》、此《これ》が最《もっと》も為甚也《はなはだしい》。」と痛烈に批判している。そのためか、范曄は彼の「荀彧伝」に一行も取りいれていない。

ここで陳寿の「荀彧伝」によって、董昭らが曹操に魏公と九錫を勧めたことに対する荀彧のことばの真意を考えてみよう。

荀彧は董昭らに言う——曹操殿は朝廷を救い、漢王朝を安定させるために兵を起こし、その忠誠と謙譲の気持はずっと一貫しているのに、「君子《そなたら》が人《くんしゅ》（曹操）を愛《おもいやられ》るなら徳《そなたらのとく》を以《もって》すべきで、如此《しゃくいをすすめるようなこと》は不宜《よろしくありますまい》。」と。

原文の「君子《くんし》は人を愛するに徳《とく》を以《もって》し」は『礼記《らいき》』に拠っている。実は、この句の下に「細人《さいじん》は人を愛するに姑息《こそく》を以《もって》す」がつづく。立派な人物は自分の心を養い、その徳で人に働きかけるものだ。つまらぬ人物は一時しのぎの手段（高い地位や恩賞など）で人を釣ろうとする。

当時の知識人なら常識であったに違いない対《つい》の句を省略したことは、かえって強烈な董昭批判の印象を与える。加えて荀彧は「そんな、爵位を勧めるような姑息な手段を弄してはならぬ。」と止《とど》めをさした。

陳寿は『魏書』「董昭伝」で、曹操が魏公・魏王の称号をうけたのは、いずれも董昭が言いだしたことだと記している。おそらくそうだったのであろう。そういう董昭に対する、若いころ「王佐才也。《おうじゃをほさするさいのうがある》」と評されたほどの、名士（名声の高い人物）出身であった荀彧の誇りと憤慨の入り混った口吻を、陳寿は描きだしているように思われる。

献帝はすでに二年前（二一〇年）、曹操に四つの県を合わせた領土と三万戸を封じ、一年前（二一一年）は曹操の長男の曹丕を五官中郎将《ごかんちゅうろうしょう》（宮中諸殿門の宿営長）にとりたて、副丞相として曹操を補佐させ、二一二年（この年の暮れ頃に荀彧他界）の正月には、漢の高祖劉邦の功臣蕭何《しょうか》の先例にならって、曹操に「賛拝不名《なまえをよばれず》、入朝不趨《こばしりせず》、剣履上殿《けんをおびはきものをはく》」という特権を与えている。いずれも「魏公九錫文」を策命する前ぶれと考えられ、そこにうかがわれる献帝の心のうちや董昭らの動向を、荀彧が感じ取らなかったはずはあるまい。臣下らによるあの手、この手の言上や圧力があったに違いないとしても、曹操を魏公に取りたてるか、九錫を加えるかを最終的に決定するのは、ただ一人の皇帝、三十四歳の献帝以外にはあり得ない。そのこと自体を云々することは、荀彧はむろん曹操にも、董昭にも、他の誰にもできないのである。

献帝の禅譲への思い（「魏公九錫文」）については、すでに何度かふれた。

誤解してはならないのは、荀彧が批判し反対したのは董昭らの曹操に対する〝姑息なやり方〟なのであって、曹操が魏公に就任すること、さらに言えば献帝の禅譲する可能性そのものに、反対あるいは否定したわけではないということである。荀彧が曹操に反対し、またそのような考え方の発言をしたという記録は、信頼できる史料としては何も残されていない。

と言うよりもむしろ荀彧は、曹操がその軍功を荀彧についで評価した従弟《おい》の荀攸《じゅんゆう》と同じく、後漢末動乱期の二十年間におよぶ艱難辛苦を共にしてきた曹操の考え方と立場を、誰よりも理解していたはずであり、また献帝の立場とその胸中も身近かに推し量ることができたであろう。あくまで周公の立場で献帝を補佐するという曹操を、荀彧らは支持したのである。

荀攸は献帝の「魏公九錫文」の受諾を曹操にすすめる勧進文の筆頭に名をつらね（荀彧

はすでに他界していた）、四年後、曹操が魏王となり魏国が建国（二一六年）されると、尚書令（国の実権が集中する尚書台の長官）に就任している。病没しなければ荀彧がこの地位についたであろう。

陳寿の「武帝紀」「荀彧伝」「荀攸伝」に記された荀彧の多くの発言・献策からして、荀彧は曹操、董昭、荀攸らとほぼ同様に、ようやく安定しつつある天下の動向の行方を見極めていたと考えるのが順当だと、わたしは思う。後漢の皇帝自身が長年の熟慮のすえ、禅譲に向けて布石を打ちつつあった。

董昭を批判したのは、その動向への対処法が異なっていたからだと言うほかあるまい。晩年の荀彧は、いわばおのれが直接に身命を捧げてきた人物である曹操の政治的進退を、じっくり見ていたのに違いない。その〝徳をもって愛する〟透徹した眼光は、おそらく曹操に注ぐ献帝の眼差しにもっとも近かったのではないか、とわたしは想像する。

そのような荀彧を自殺に追いこむ理由など、曹操にはまったくなかった。むしろ荀彧が董昭を批判した真意を、曹操は理解していたのではないだろうか。

そればかりではない。袁紹の残党を滅ぼしたころ（建安十一年、二〇六年）、曹操は娘の一人を荀彧の長男に嫁がせており、その一族とは縁戚関係にあった。また曹操集団の中核には荀家の一統（荀攸、荀悦《じゅんえつ》など）は言うまでもなく、荀彧の推挙にかかる個性的で君主への諫言を嫌わない鐘繇《しょうよう》、陳羣《ちんぐん》、郭嘉《かくか》、郗慮《ちりょ》といった有能な人物たちが要所を占めていた。

以上のような人間関係のなかで、もし曹操が自分の軍中に荀彧を留めおき空の食器を送って自殺を強要したとすれば、どうなるか。

いかに巧妙に実行したとしても、その事情がいつまでも洩れないということは考えられず、それが事実であれば、一族および荀彧の恩顧をこうむった者のすべてが沈黙するなどということは、まずあり得ないであろう。それは即、明日はわが身の危険に直接つながって来るはずであり、国家中枢の権力分裂への第一歩である。

曹操がそのような稚拙な演出をするとは思えないし、荀彧の没後、彼の死をめぐる疑惑や不穏な動きは、「三書」をはじめとするどの史料にも気配すら記録されていないのである。『魏氏春秋』と、それを取りこんだ『漢書』の記述と、『献帝春秋』のほかには――。

さて、建安十七年（二一二年）の孫権討伐遠征軍に荀彧が参与し、寿春で「憂《なやみ》を以《いだいた》まま薨《なくな》った」ことについてである。

曹操は赤壁で孫権軍に敗れた（二〇八年）のち、屯田や軍事力の養成にいっそう力をいれ、西方の張魯《ちょうろ》、馬超《ばちょう》らを破る（二一一年）と、縁戚関係にある孫権（権の末弟孫匡《きょう》の妻は操の弟の娘。また曹操は曹丕の弟の曹彰《しょう》に孫一族の娘をもらっている）に、和睦して漢室を補佐してほしい旨の書簡を送った（阮瑀《げんう》「曹公のために孫権に与うる書」。『文選《もんぜん》』に収録）。

孫権はそれを無視し、長江に臨む建業（南京）の地に石頭城を築いて応戦の構えをみせた。そこで曹操は漢の軍一〇〇万を動員して譙・寿春・濡須へと南下してゆく軍を主力に、征西将軍夏侯淵《かこうえん》が率いる精鋭五万を中心とする西からの方面軍など、数方向から呉の地に進軍する手はずをととのえた。

大々的な軍事行動においては将兵らの志気を鼓舞させる意味もあって、国家による軍慰問の例は古代からあったようである。すなわち曹操が侍中・尚書令の荀彧に軍慰問を要請したのは、軍事的にまったく自然で必要な行為だったのだ。

そのことはまた、「年月朔日子《ねんげつさくじつし》、尚書令《しょうしょれい》彧《じゅんいく》、江東《こうとう》の諸将校《しょしょうこう》・部曲《ぶきょく》及《およ》び孫権の宗臣《そうしん》中外《ちゅうがい》に告ぐ。」ではじまる陳孔璋《ちんこうしょう》（陳琳《りん》）の「呉《ご》の将校・部曲に檄《げき》する文」（『文選』所収。引用はすべて『国訳漢文大成』文学部第四巻より）が存在することからもはっきりしよう。

「檄する文」は大遠征に先だって、孫権政権下のすべての大臣及び全軍の将校と部隊に、孫権の運命はもはや尽きたので内応して漢に帰順せよ、と呼びかけた檄文であり、その発信者が「漢の尚書令彧」なのである。（彧は攸の訛《か》字、すなわち間違いだという説もあるが、採らない。）作文した陳琳は袁紹の死後、曹操に仕え、名文家として知られた。『漢文大成』の注によると「年月朔日子」は「何年何月何日甲子」を略したもので、古い形式の書き方だという。

この遠征の主力軍に、曹操は後継ぎの曹丕（二十六歳）とその弟の曹植（二十一歳）も従軍させている（二一二頁参照）。

ところで『後漢書』「荀彧伝」には、陳寿の『魏書』「荀彧伝」にはない曹操の上奏文なるものが挿入されている。重臣荀彧を軍に留めて共に進軍し、国家の使命を内外に知らしめつつ、威力で敵を手なづけたいという主旨だが、この文章がわたしには胡散《うさん》臭く思われる。本当に曹操が書いたものなのだろうか。

仮に曹操が上奏した原文があったにしても、曹操が私心で荀彧を軍中に留めおいて寿春で自殺に追いこんだとする文意にもっていくために、范曄が手を入れている可能性が強いと思われるのである。

ここでは具体的な比較は省くけれども、まず文体が異なっている。三章に引用した曹操の詩や布令に見られるような、自信に裏打ちされた語彙・文章構造ではなく、説明的で品位に欠ける。天子への上奏文に「軍禮は迅速に実行することを尊びますので、前もってお願いするのは間に合いませんでした。臣はそこで荀彧を留め、これに依って（臣の監軍という）重任を行なわせたく存じます」（『全譯後漢書』より）などと、曹操が書くだろうか。後漢の朝廷において（当時は献帝の居る許都と曹操の拠る鄴《ぎょう》城の、いわば二重政権に近い状況があったと考えられるが）、謀臣らと協議を重ねた末の孫権遠征の戦略下で、すでに呉に「檄文」を発していた侍中・尚書の荀彧に軍慰問を要請する文体にしては、あまりに格調が低すぎよう。

范曄はこの上奏文を挿入したあとに、寿春で空器を送りつけたという『魏氏春秋』の記事を潜りこませるのである。

朝廷は二年後（建安十九年、二一四年）の七月にも、孫権征討軍を派遣した。この時は荀彧と同格の荀攸が参与し、偶然にもこの遠征の途上で彼もまた亡くなっている。

陳寿は「荀攸伝」の終わりに、「攸《じゅんゆう》は征孫権《そんけんせいとうぐん》に従《したが》い、道《とちゅう》で薨《なくな》った。太祖《そうそう》は言《じゅんゆうのことをはなす》たびに流涕《なみだをなが》した。」と記している。荀攸は五十六歳だったという。

荀彧の死についての、曹操のことばの記録は見あたらないようである。それだけ曹操には、感ずるところが深かったと言うべきかも知れない。

「荀攸伝」の裴松之注（『傅子《ふし》』）には「太祖は『荀令君《じゅんれいくん》（彧）の善を進《おこなうたいど》は不進不休《てっていするまでやめず》、荀軍師《じゅんぐんし》（攸）の悪《あく》を去《とりのぞくたいど》は不去不止《とりさるまでやめなかった》。』と称《の》べた。」という記述が見えるけれども、次にかかげる曹丕の回想文（当時二十六歳）と、曹植（二十一歳）の「誄《るい》」（死者の生前をたたえることば）は、曹操と晩年の荀彧の人間関係を示唆するものがあるように思う。

後《のち》に軍《ぐん》が南征《なんせい》して曲蠡《きょくれい》に次《ちゅうりゅうした》とき、尚書令荀彧《しょうしょれいのじゅんいく》が奉使《てんしのししゃ》として軍《ぐん》を犒《ねぎらっ》た。

余《わたし》と見《あっ》て、談論之末《はなしもいちだんらくしたとき》、彧《じゅんいく》が言《い》った。

「聞《き》けば、君《との》は左右《さゆう》から射《ゆみをいる》のが善《たっしゃでおられる》とか。此《これ》は実《じつ》に難能《むつかしいことでしょうな》。」

余《わたし》は言《こうこたえ》た。

「執事《じゅんいくどの》は未《ま》だ、夫《わたくし》が項発口縦《うなじやくちのあたりまでゆみをひきしぼり》、馬蹄《まと》を俯《みおろ》し、月支《ひょうてき》を仰《あおぎみてあてる》ところを観《ごらんに》なっておられませぬ。」

彧《じゅんいく》が喜笑《にこにこ》して曰《い》った。

「乃爾《おおせのとおり》。」

余《わたし》は曰《つづけ》た。

「埒《しゃげきじょう》には常経《きまったひろさのかこみ》が有《あ》り、的《ひょうてき》は常所《いつもおなじばしょ》に有《あ》ります。毎発輒中《ゆみをひくたびにめいちゅうした》と雖《して》も、至妙《ぜつみょう》とは非也《いえませぬ》。若《も》し平原《へいげん》に馳《うまをはしら》せ、豊草《おいしげるくさ》の赴《なか》で、狡獣《すばしこいけもの》を要《ねら》い、軽禽《とびまわるとり》を截《おとそう》として、弓《ゆみ》を不虚彎《むなしくひきしぼる》ことなく、所中《ねらったところ》を必《かなら》ず洞《つらぬく》ならば、斯則《これこそ》妙矣《このうえなきうでといえましょう》。」

時《そのとき》、軍祭酒《ぐんさいしゅ》（軍師の長老）の張京《ちょうきょう》も坐《ざ》に在《い》たが、彧《じゅんいく》を顧《かえり》み、手《て》を拊《う》って曰《い》ったものだ。

「善《ごもっとも》。」

（『魏書』「文帝紀」裴松之注の曹丕『典論』「自叙」より）

この「自序」は曹丕が受禅して魏王朝の皇帝になって以後に書かれたもので、一種の自伝にもなっている。

建安十七年の南征軍は許都を出発すると、すぐ南西に位置する要地曲蠡《きょくれい》（のち曹丕はここの繁陽亭で受禅した）をへてから、東方の譙県に向かったことがわかる。また陳寿は「初《かつて》、文帝《そうひ》と平原侯植《へいげんこうそうしょく》の並《どちら》を擬論《そうそうのあとつぎにするかのぎろん》が有《あ》ったとき、文帝《そうひ》は礼《れい》を曲《まげ》て彧《じゅんいく》に事《つかえ》た。」と記しており（「荀彧伝」）、この「自序」にも曹丕が荀彧を懐しげに回想しているのが感じられる。

（「光禄大夫荀侯誄《こうろくたいふじゅんこうのるい》」）

氷《こおり》の如《よう》な清《きよらかさ》、玉《ぎょく》の如《よう》な潔《いさぎよさ》、法《どうりをまもっ》て而《しか》も威《いばら》ず、和《なごやか》で而《しか》も褻《なれすぎ》なかった。
百寮《なみいるかんりょう》は欷歔《こえをあげてなき》、天子《てんし》は纓《かんむりのひも》を霑《ぬら》し、機女《はたおりむすめ》は杼《ひ》（緯《よこ》糸を通す木製の道具）を投《な》げだし、農夫《のうふ》は耕《たがやす》のを輟《や》め、輪《しゃりん》は結《とま》って轍《わだち》は転《まわら》ず、馬《うま》は悲鳴《かなしくいなない》て倚衡《ゆかず》。

（『藝文類聚』巻四十九より）

曹植のこの追悼文は、荀彧の葬儀の前後に作られたものと思われる。残されたこれだけの文字からでは全貌はつかめないが、曹植の「武帝誄《そうそうのるい》」「文帝誄《そうひのるい》」などから推しはかるに、原文はこの何倍もの分量があったに違いない。

しかし、このわずかな記録からでも、曹植が荀彧の人柄をどう感じていたか、また荀彧の死が天子から農夫にいたるまで悲しませるものであったことが伝わってこよう。

荀彧の没後、身近かな立場にいた者によって書かれたこれらの史料からも、荀彧が曹操に自殺を強要されて毒を飲んだと推量するのは、難しいのではあるまいか。

〝蜀正統論〟者の解釈

陳寿は「荀彧伝」の建安十七年の項を記すにあたって、のちに裴松之が注に付した孫盛《そんせい》撰『魏氏春秋』と袁暐《えんい》撰『献帝春秋』の〝荀彧自殺説〟の記述を、俗説としてしりぞけた。裴松之注のない「荀彧伝」を素直に読めば——董昭らが曹操に魏公就任を勧めたことに荀彧が異議を唱え、二人の意見が違うことを曹操は心配した。計画されていた大がかりな孫権遠征軍に荀彧は献帝の使者として参与したが、寿春の地で病没。その翌年、曹操は魏公にとりたてられた、という歴史的記事を平静に記録したことになる。

だが曹操が漢を簒奪したという立場に立つなら、『後漢書』が『魏氏春秋』の記事を取りこんだように、荀彧を自殺に追いこんだあと自ら（『後漢書』の記述）帝位にいたる魏公に就任したともとり得るような微妙な書き方でもある。

荀彧が曹操に魏公就任をすすめる董昭らのやり方に反対したこと、それを聞いた曹操は「心不能平。」《おだやかなきもちになれなかった》こと、曹操は荀彧の孫権遠征軍への参与を要請し、荀彧は寿春にいたって病気で「憂《なやみ》を以《いだいた》まま薨《なくな》った。」こと、その翌年に曹操は「遂《つい》に魏公《ぎこう》と為矣《なった》。」ことなど、いくつかの気になる言いまわしを、陳寿はなぜあえてしたのだろうか。「心不能平《おだやかなきもちになれなかった》。」も「憂《なやみ》を以《いだいた》まま薨《なくな》った。」も、陳寿の創作的叙述である。

陳寿は多くの史料を参考にしたうえ、自らの判断で俗説を排除して〝荀彧自殺説〟を否定した。しかしながら、自分の気持ちのうちに政治家曹操を理解する最後の一点において、荀彧を死に追いやらなかったとは確信できないわだかまりがあったのではないかと、わたしは思う。自殺強要を否定する確固とした原史料もなかった。その正直な自分の気持ちを、歴史家としてそのまま後世に伝えたいがために、このような微妙な記述にならざるをえなかったのではないのだろうか。

確信できなかった最後の一点とは——曹操は政治的敵対者を殺すことにおいて非常に慎重だったものの、ひとたび決断すると必ず実行した。陳寿はそのような曹操の性格を知っており、しかもその決断のすべてが肯定できるものかどうかについて疑問を抱いていたのである。

五章でふれるように、曹操は魏王になったあと、信頼していた中尉《ちゅうい》の崔琰《さいえん》を処刑（「死を賜《たまわ》った。」）している。それについて陳寿は、世間では「今《いま》に至《いたっ》ても、之《さいえんのつみ》は冤《えんざいだ》とされている。」（「崔琰伝」）と記述している。

以上のような曹操に対する理解の仕方、それを史書として記録するために文体を推敲する姿勢は、わたしを陳寿の歴史記録（それは当時を生きた人びとの文学でもある）への信頼へと導く。彼は聞き伝えを大袈裟に書いたり、異説にとびつき、取るに足らぬ説を穿鑿《せんさく》して偽りや出鱈目を述べない。改めて引用するけれども、これこそ「文《ないよう》と質《ぶんたい》が辨合《ぴったりあって》いる」（『文心雕龍《ぶんしんちょうりょう》』）歴史記述であろう。

ところが、そのような微妙な書き方は簒奪者曹操像をもくろむ後世の史家たちに、誂《あつら》え向きの付け入るすきを与えた。范曄『後漢書』の歴史捏造の方法をわたしたちはすでに見たが、それが陳寿の『魏書』『蜀書』『呉書』の内容理解に、ひいては後漢以後の歴史理解にどれほどの誤解を与えてきたか、測り知れないものがあると思われる。

そしてさらに『後漢書』成立から約一三〇〇年の後、范曄に輪を掛けた陳寿（曹操）理解者が現われる。清《しん》朝乾隆《けんりゅう》期の歴史考証学者、趙翼《ちょうよく》である。

陳寿「荀彧伝」建安十七年の項の原文を素直に読めば〝荀彧自殺説〟は生まれようがない。そこで范曄は加筆、曲筆して『後漢書』「荀彧伝」を残した。趙翼はそこに眼をつけ、范曄の記述によりながら陳寿の使用する語彙や文体を解釈する。すなわち陳寿の「三国志に廻護《かいご》（引用者注・事実を直接に描写せず、婉曲に表現して身を護る書き方）多」く、そのような記述の仕方は、それ以後の史書の〝書式〟となった、と。

趙翼の言うところを、少しく聞いてみよう。

引用はすべて趙翼著『廿二史劄記《にじゅうにしさっき》』（『続国訳漢文大成』経子史部第一九巻所収・笹川種郎訳）の「巻《まき》の六」（「後漢書と三国志と書法同じからざる処」「三国志の書法」「三国志に廻護多し」「荀彧の伝」など）と「巻の七」（「禅代」「九錫の文」など）による。括弧内は引用者注である。

陳寿が「三国志」の魏紀（「武帝紀」をさす）を書いたのは晋の時代だった。「故《ゆえ》に魏晋の革易《かくえき》の処《ところ》（魏から晋への王朝交替の記述）に於《おい》て、廻護する所多からざるを得ず。」

陳寿は晋に仕えていたので晋を尊ばざるを得なかった（その理由を、趙翼はどこにも示していないが）。ために魏から晋への禅譲の実態（趙翼は『漢晋春秋』『魏氏春秋』『世語』などの記事――それは『後漢書』の記述に重なる――により、司馬昭《しばしょう》が魏の四代皇帝曹髦《そうぼう》（高貴郷公《こうききょうこう》）を殺して帝位を奪った、とする）を、はっきり記述することができなかった。

したがって晋に禅譲した魏が漢から禅譲された実態（曹操・曹丕が献帝から簒奪した、

とする）も明記できず、陳寿は歴史の記述を廻護して婉曲に表記するほかなかった。

たとえば、伏皇后の死については――「華歆《かきん》、曹操の令を奉じ、宮に入りて伏后《ふくこう》を収《おさ》む。后、壁中に蔵《かく》る。歆就《つ》きて后を牽《ひ》きて出《い》で、遂《つい》に后を将《ひき》ゐて暴室に下す。暴《にわか》に崩《ほう》ず。而《しか》して（『魏書』の）歆の伝には（そのような記事を）絶えて（まったく）載せず。」（一三〇～一三一頁参照）

またたとえば、荀彧の死については――陳寿は荀彧を魏の臣下として『魏書』の列伝に入れてはいるが、その「伝末に『彧死《いく》するの明年《みょうねん》、曹公遂《つい》に九錫《きゅうせき》を加ふ』と云《い》ふ。見る可し、彧死せざりせば（死ななかったならば）、操尚《な》ほ僭竊《せんせつ》するを得ざりしならん（曹操は帝位を盗み取ることはできなかった）ことを。」

と、いうふうに。

その陳寿の「廻護の法」を「三国志方《まさ》に行《おこな》はるるの時に于《おい》て（陳寿没後一〇〇余年のころ）」「直書《ちょくしょ》」（事実をはっきり記述すること。しかし趙翼は、それがなぜ事実であるかについてはふれない。）したのが、范蔚宗《はんいそう》（范曄）である。陳寿の魏紀と蔚宗の献帝紀（『後漢書』）をくらべてみよう。

「陳寿の魏紀には、『天子、公（曹操）を以《もっ》て冀州の牧を領《りょう》せしむ』と書し、蔚宗の献帝紀には則《すなわ》ち『曹操自《みずか》ら冀州の牧を領す』と曰《い》ふ。魏紀には、『漢、三公の官を罷《や》め、丞相を置く。公を以て丞相と為す』といひ、献紀には則ち『曹操自ら丞相と為る』と曰《い》ふ。……魏紀には『天子、公の爵位を進めて魏王と為す』といひ、献紀には則ち『曹操自ら号を魏王に進む』と曰ふ。……魏紀には、『漢帝、衆望の魏に在《あ》るを以《もっ》て、乃《すなわ》ち羣公卿士《ぐんこうけいし》を召《め》し、張音《ちょうおん》を使はして璽綬《じじゅ》を奉じて位を禅《ゆず》る』と書し、献紀には則ち『魏王丕《ひ》、天子と称し、帝を奉じて山陽公と為す』と曰ふ。」

そして、以上のほかにも「董承《とうしょう》・孔融《こうゆう》等の誅《ちゅう》せらるが如《ごと》き、（范曄は）皆『操殺《ころ》す』と書す。此《こ》れ史家の正法《せいほう》（歴史家の正しい記述法）なり。」

また范蔚宗は、荀彧を特に漢の臣に編入したが、それは「身を殺して以《もっ》て仁《じん》を成《な》した（自殺して漢の忠臣であることを示した）」からである。

「寿志（陳寿の歴史書）には『九錫の事を阻むを以て、寿春に留まり、憂《うれい》を以て薨ず』と謂《い》ひ、范書（范曄の書）には『彧病《や》みて寿春に留まる。曹操、人を遣《つか》はして之《これ》に食を餽《おく》る。之を発《ひら》けば乃《すなわ》ち空器《くうき》なり。遂《つい》に薬《くすり》を飲みて卒《しゅっ》す』と謂《い》ふ。二書同じからざるは、蓋《けだ》し皆各々《おのおの》、拠《よ》る所有り。固《もと》より其説《そのせつ》を両存す可《べ》し。」……

『廿二史劄記』には以上のような解釈が、微に入り細を穿《うが》つというおもむきで繰り返し述べられている。趙翼が范曄の記述をそのまま援用し、より一層巧妙に牽強《けんきょう》付会《ふかい》して、陳寿の文章から簒奪者曹操像をひねり出そうとしていることは一目瞭然であろう。

しかしながら范曄が『後漢書』の「伏皇后紀」「荀彧伝」に取りこんだ史料の価値とその目的を、わたしたちはすでに知っている。そのことの吟味は埒外《らちがい》に置いたまま、ただ曹操の簒奪ぶりを強調しようがために趙翼は陳寿の歴史記述に対して、自分の主張に都合よく〝迴護〟という言葉をもってきてこじつける。

のみならず趙翼は「寿志には『九錫の事を阻むを以て、寿春に留まり、憂を以て薨ず』と謂ひ」というふうに、「武帝紀」原文のどこにも書かれていない「九錫の事を阻むを以て」という言葉を、あたかも陳寿の記述を引用したかのように記して読者を誑《たぶらか》す。

さらには二書（寿志と范書）の記述が異なっているのは、それぞれが根拠とした史料が違うのであり「固《もと》より其説《そのせつ》を両存す可《べ》し。」（寿と范の両方の説を同等に扱うべきである。）と、あたかも公平な視点に立つかのように思わせる押さえも忘れない。

以上が〝蜀正統論〟者の記述方法なのである。

わたしは裴松之の次の意見を噛みしめたいと思う。

「武帝紀」建安五年（二〇〇年）の項の補注で、陳寿が俗説の多い史料とみなしていた『魏氏春秋』の著者孫盛《そんせい》を批判して、裴松之はいう。

臣《わたくし》 松之《しょうし》が以為《おもいますに》*、史《れきししょ》の言《ことば》の記《きろく》は、既《はじめ》から潤色《ひょうげんをかざること》が多《おおいもの》であります。故《それゆえ》、前載《むかしのきさい》に所述《のべるところ》には非実者《じじつでないことがかかれているもの》が有《あ》り、後《のち》の作者《れきしか》が又《また》、意《さくい》を生《しょう》じて之《それ》を改《あらた》めます。于《ここ》に実《しんじつ》が失《うしなわ》れて也《ゆき》、不亦《でなければまた》、彌遠手《いよいよじじつからとおざかってまいります》。凡《だいたい》 孫盛《そんせい》が書《か》く製《もの》は、多《すくなから》ず左氏《さしのほうほう》**を用《もちい》い以《て》、旧文《もとのぶん》に易《てをいれており》、如此者《そのようなれい》は一《ひとつ》に非《とどまり》ません。嗟呼《ああ》、後《こうせい》の学者《がくしゃ》は、将《いった》い何《なに》を取信《しんじれ》ば哉《よろしいのでしょうか》。

*裴松之の補注は皇帝の命令によるものなので、自分の意見を述べるときは皇帝に対して「臣《わたくし》 松之《しょうし》が以為《おもいますに》」と記す。

**古代の歴史書『春秋』に左邱明《さきゅうめい》（左氏）が補った注。

赤壁　杜牧
折戟沈沙鐵未銷
自將磨洗認前朝
東風不與周郎便
銅雀春深鎖二喬

［戦（Ⅱ）］

49 赤壁秋景　せきへきしゅうけい

人は性懲りもなく戦争を繰り返す。それは過去の戦《いくさ》の原因・実態をよく知らないことも一因ではないだろうか。波静かで閑かな長江ほとりの赤壁に立ったとき、そう思った。今ひとたび、魏・蜀・呉の戦いの跡をたどってみよう。

漢詩は晩唐の詩人、杜牧《とぼく》の「赤壁」。「折戟《せつげき》（折れた戟《ほこ》）、沙《すな》に沈《うずも》るるも、鉄《てつ》未《いま》だ銷《さび》ず……」

50 赤壁前夜　せきへきぜんや

戦火を交えることなく荊州を征した曹操軍は、残党の劉備らを追撃すべく南下した。逃走する諸葛亮らは呉の魯粛と出会い、同盟して曹操と対決しようと意気投合。

曹操南征の報に呉の群臣は不戦・投降に傾いていた。しかし魯粛・周瑜らの抗戦すべしという頑強な主張に若い呉主、孫権は同意し、ただちに長江ぞいに戦艦を結集した。

51　孫権決断　そんけんけつだん

当時、孫権は曹操の推薦により後漢の討虜将軍および会稽《かいけい》太守を兼務し、江東（長江の東）一帯を治めていた。周瑜ら若手の激論が圧《おさ》えられていれば、ことを構えて戦う必要はなかったと言える。

記録によれば、そのころ曹操軍内に疫病が発生し大量の犠牲者が出つつあった。一方、呉軍では短期決戦をいどむ老将黄蓋《こうがい》の偽《にせ》投降作戦を用いて、白旗をかかげ、油をかけた枯枝を満載した快速艇が敵陣突入の機をうかがっていた。

52 戦艦炎上　せんかんえんじょう

両軍は赤壁で激突、曹操船団はたちまち炎に包まれた。画は、赤壁の戦いの見せ場。熱く燃えさかる炎を描きこんだのは、津和野の安野光雅美術館の画室でだった。現地のスケッチから二年経っている。その間ずっと、炎は画家の胸のうちでゆらめいていたのだろう。

53 華容情実　かようじょうじつ

ただ一度の局地戦に曹操軍は敗れ、退却していった。主な敗因が疫病による兵士らの大量死にあったことは、後世の研究者も認めている。

画は、華容道を落ちのびる曹操一隊の行く手を阻む関羽が、情けをかけて逃す場面。明末の小説『三国演義』の筋による。

54 馬超敗走　ばちょうはいそう

〝赤壁の戦い〟から三年、西北方（陝西・甘粛）で馬超らが反乱した。曹操は自ら出陣して大破する。馬超は逃亡し、のち蜀を支配下に置いた劉備に降伏して将軍となった。曹操軍に敗れ、黄河と渭河《いが》が合流する潼関《とうかん》辺りで舟をすて、西方に逃《のが》れゆく馬超の敗残兵たち。

55 雒城攻略《らくじょうこうりゃく》

孫権と連合し、赤壁において曲がりなりにも曹操に勝った劉備らは、その後、荊州で軍備をととのえ、劉璋の招きで蜀に入る。はじめ北上して張魯《ちょうろ》を討つと見せかけ、翌年、劉備軍は成都占領を目ざして南下、涪城《ふじょう》（綿陽）、雒城《らくじょう》（広漢《こうかん》）と落城させてゆき、二年後、成都を占領した。

画は、川を決潰させようとする劉璋軍に襲いかかる劉備軍。『三国演義』による。

56 黄忠奮戦　こうちゅうふんせん

黄忠はもと後漢の部将。劉備にしたがって蜀に入り、成都平定に活躍して将軍に任命された。

張魯を降して漢中に進出した曹操は、劉備軍と数度の攻防戦を繰りひろげる。定軍山《ていぐんざん》の戦いで、曹操軍の大将夏侯淵《かこうえん》を打ち倒す白馬上の黄忠。

眼を細めながら、遠方の定軍山をスケッチしていた安野さんの姿を思い出す。二〇〇六年五月三十一日午前十時半頃のことだった。

57 漢中鶏肋　かんちゅうけいろく

黄忠に殺された夏侯淵は曹操の身内である。自ら弔合戦《とむらいかっせん》に出向いたが、劉備軍は陽平関で抵抗した。曹操は「鶏肋」の布令を出して、長安に帰還する。意味は、鶏の骨は捨てるには惜しいが腹の足しにはならぬ、すなわち漢中は戦略上それほど役立たぬ、と占領をあきらめた。このことは『魏書』「武帝紀」の裴《はい》松之《しょうし》注『九州春秋』に記されている。

58 劉備東征　りゅうびとうせい

蜀漢の帝位に即いた劉備は、腹心関羽の首を曹操に贈り届けた孫権に対し、自ら討伐軍を起こして出征する。

画は、湖北省宜昌《ぎしょう》あたりの長江風景。あたたかい茜空《あかねぞら》に金の雲がたなびき、それを映《うつ》す長江の流れにも金の波がひかる。彼方の水面にはうすく銀が刷《は》かれている。

安野さんは透明感ただよう上品なこの画を、本書の表紙カバーに選んでくださった。機会あればぜひ、安野光雅美術館で原画をご覧いただきたい。

59 陸遜圧勝　りくそんあっしょう

戦略なき劉備の東征は、夷陵《いりょう》に至って呉の名将陸遜《りくそん》の火攻めの反撃にあい、たちまち敗走。劉備は白帝城まで退き、そこで病死した。蜀の政権は諸葛亮にうつり、二代目劉禅《りゅうぜん》が帝位に即く。

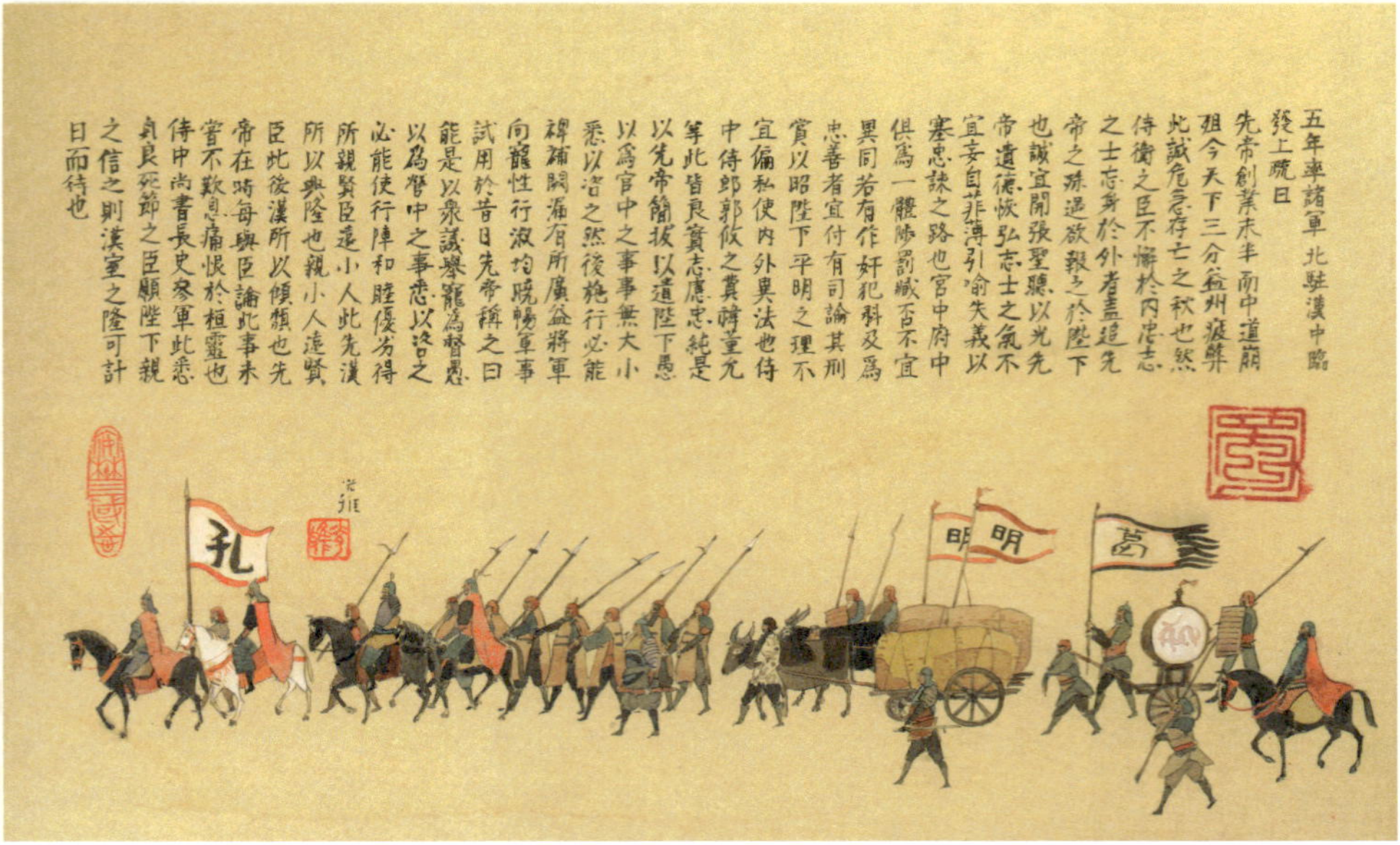

60 危急存亡　ききゅうそんぼう

劉備死後の蜀政権は、政治・経済すべての面において危機に瀕していた。しかし最高権力者の諸葛亮は、若い皇帝を補佐しつつ〝漢室再興〟のスローガンを掲げながら、自らの政権構想に従って魏への進攻を企てる。北伐（一次）の前線基地漢中へと出陣する際、成都に残る皇帝に上書したのが「出師《すいし》の表《ひょう》」である。上段（次頁につづく）が、その原文。

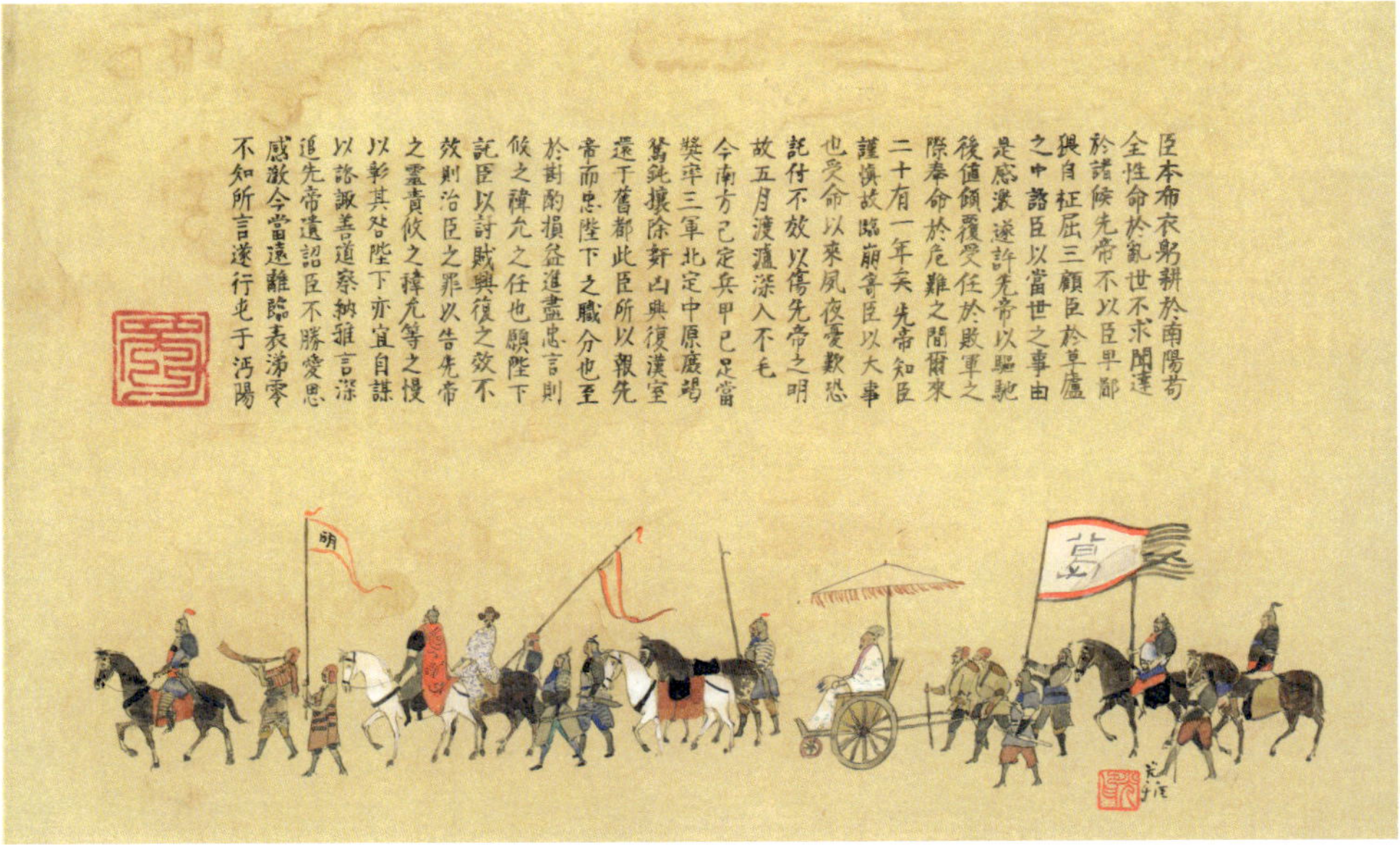

61 遺詔順守　いしょうじゅんしゅ

遺詔とは〝漢室再興〟をさす。「出師の表」は古来、忠臣の鑑《かがみ》として奉《たてまつ》られてきた。しかし虚心に読めば、また異なった諸葛亮の評価が現われてくるかも知れない。中央の車上の人が諸葛亮。一次北伐は街亭の戦いで魏軍に敗れ、先鋒の馬謖《ばしょく》はその責任をとらされて処刑された。

62 秋風布陣　しゅうふうふじん

五度におよぶ北伐の最後は二三四年春のこと。諸葛亮《しょかつりょう》は大軍を率いて漢中から斜谷《やこく》道をぬけ、渭水《いすい》南岸の五丈原《ごじょうげん》に布陣した。だが、対する魏の将軍司馬懿《しばい》は動かない。持久戦の構えである。

今日、五丈原の高台に諸葛亮を祀《まつ》った武侯祠《ぶこうし》が建っている。画は、そこから眺めた遠景。司馬陣営が揺曳《ようえい》する。

63 流星未捷

りゅうせいみしょう

病に冒された諸葛亮は秋八月、司馬懿と一戦も交えることなく陣没した。五十四歳。唐の詩人杜甫は、流星は墜《お》ち「未《いま》だ捷《か》たずして身《み》さきに死《し》す」と詠《よ》んだ。

安野光雅美術館にはプラネタリウムがある。この画に流星を点ずるとき、学芸員の人が西暦二三四年八月の五丈原上の星の位置を調べた。画家は細い絵筆に胡粉《ごふん》をふくませると、北斗七星とともに流れ星をさあっと描いた。

64 蜀漢滅亡　しょっかんめつぼう

諸葛亮の没後二十九年にして、蜀漢政権は魏に滅ぼされた。劉備が成都を制圧してから諸葛亮が死ぬまでの二十年間にくらべれば、蜀の天下はより平和で活気を取りもどした時代だったと言えるだろう。

画は、漢中の山景。

五章『魏書』——短篇小説の味わい

記録文学者、陳寿の誕生

陳寿《ちんじゅ》のまえにはふたりの歴史家があった。司馬遷《しばせん》と班固《はんこ》である。

通説によれば司馬遷は紀元前一四五年に生まれ、同八六年に死んだ。『史記』が完成したのは死の三年前（紀元前八九年）で、本人が残した自伝『太史公自序《たいしこうじじょ》』と獄中の友人任《じん》安《あん》に宛てた書簡「任安に報ずる書」をもとに、班固が『漢書《かんじょ》』の「司馬遷伝」を著わしたのは『史記』完成から一七〇年を経た西暦八二年のころである。班固は三二年に生まれ、九二年に獄死している。

　そして二三三年に生まれた陳寿が『魏書』『蜀書』『呉書』の「三書」を完成したのは『史記』から約三八〇年後、『漢書』から約二〇〇年後の二八五年のことだった。

　ちなみに前章であつかった范曄《はんよう》は三九八年に生まれ、四四五年に大逆罪で殺されたが、『後漢書』を編纂し終わったのは『史記』から五世紀あまり、『漢書』からは約三五〇年あまり、「三書」から一五〇年あまり後（四三七年）のことになる。

　司馬遷と班固について、陳寿は『魏書』と『呉書』のなかでふれている。というより、伝の人物に語らせている。短いながら、そこから陳寿がふたりに、とくに司馬遷の史観や文体に小さからぬ刺激を受けたであろうことがうかがわれて興味深い。

『魏書』「王朗《おうろう》伝」に付された息子王粛《おうしゅく》の伝から、ときの皇帝（魏の明帝。曹操《そうそう》の孫）と秘書監だった王粛とのあいだに交わされた問答を見てみよう。

司馬遷は「李陵《りりょう》の禍《か》」（後述）に遭って宮刑《きゅうけい》（性器切除の刑）を受けたことを「隠切《ひそかにうらみ》」、『史記』を著わして武帝を貶《けな》したが、それを知った者は歯ぎしりするほど許せないでいる、なぜ司馬遷は武帝に誅殺されなかったのか——という明帝の下問に、王粛はこう答えた。

「司馬遷《しばせん》は事《れきし》を記《きじゅつ》するとき、美《ほめること》は不虚《おおげさにせず》、悪《あくじ》は不隠《かくしません》でした。劉向《りゅうきょう》（前漢の学者）と揚雄《ようゆう》（前漢の文章家）は其善叙事《そのただしいきじゅつ》に服《けいふく》し、良史之才《しばせんにはりっぱなれきしかとしてのさいのう》が有《あ》り、之《そのようなきじゅつ》が実録《じつろくというもの》だと謂《いい》ました。漢武帝《かんのぶてい》は其《しばせん》が史記《しき》を述《きじゅつしている》と聞《き》くと、孝景《こうけいてい》（武帝の父）及《およ》び己《じぶん》の本紀《でんき》を取《とりよ》せ、之《それ》を覧《ごらんになられ》ました。於是《そして》、大怒《ひじょうにおいかり》になり、削《さくじょ》して之《そのぶぶん》を投《すて》ました。於今《それゆえいま》、此両紀《このふたつのでんき》は録《きろく》が有《あ》って書《きじゅつ》は無《ないのであり》ます。後《のち》に李陵《りりょう》の事《じけん》（「李陵の禍」をさす）が遭《おこ》り、遂《そのけっか》遷《しばせん》を蚕室《さんしつ》（宮刑を行なう部屋）に下《くだし》ました。此為《ともうしますことは》、隠切《ひそかにうらんだ》のは孝武《ぶてい》で在《あ》って、而《けっし》て史遷《れきしかしばせん》の於《ほう》では不在《ないの》で也《あります》。」

これは漢を漢たらしめたといわれる武帝への批判である。王粛の答えが明帝側にあった記録をもとに作文されたものだとしても、それをあらたに王粛伝に記載したことは、陳寿の司馬遷への思いを明確に示している。

『呉書』第二〇巻「韋曜《いよう》伝」では、司馬遷と武帝の問題を異なった角度から語らせる。明帝の問答から約五〇年後（二七二年）、孫権の孫孫皓《そんこう》が第四代皇帝の座についたばかり（七章参照）。韋曜は呉の太史令《れきしへんさんかん》として『呉書』の撰述にあたっていた。即位した孫皓は、『呉書』に父孫和《わ》の「本紀《ほんぎ》」（皇帝の伝記）を立てたいと思った。しかし韋曜は、孫和は帝位に即《つ》いていないという理由で、たんなる「伝」にすべきだと譲らない。しかも孫皓が催した宴会でも、ただ酒量を競うだけの馬鹿げた酒席だと、韋曜はまともに取り合わなかった。孫皓はそれらを根にもって韋曜を投獄した。

韋曜は獄中から自己の非を謝り、これまでの著作および為残《しのこ》した作品を上呈して赦免を願ったが、かえって草稿が汚れていると詰問される始末だった。孫皓の御目付役ともいうべき老臣の華覈《かかく》は、史家としての韋曜の実力を惜しみ、何度も上疏して救出しようとした。そのひとつに、こうある。

昔《むかし》、李陵《りりょう》は漢《かん》の将《たいしょう》と為《な》りましたが、軍敗《ぐんやぶ》れて不還《かえらず》、而《しか》も匈奴《きょうど》に降《くだ》りました。司《しかし》馬遷《しばせん》は疾悪《それをにく》む不加《ことなく》、陵《りりょう》の為《ため》に遊説《べんごいたし》ました。漢武帝《かんのぶてい》は遷《しばせん》に良史之才《りっぱなれきしかとしてのさいのう》が有《あ》る以《こと》から、所撰《しっぴつちゅうのれきし》を畢成《かきおわ》ら使《せ》ようと欲《おも》い、忍《りりょうをべんごしたことをがまん》して不加誅《ころすことはしませんでした》。書《れきししょ》は卒《こうし》て成立《かんせい》し、之《それ》は無窮《えいえん》に垂《のこされたのであり》ます。今《ただいま》、曜《いよう》は呉《ご》に在《ありまし》ては、亦《また》漢之史遷《かんのれきしかしばせんとおなじたちば》で也《あります》。

韋曜は立派な歴史家であり、彼の編纂になる『呉書』はもう少しで完成すること、わが呉王朝のためにも、かつて班固が著わした典雅な表現をもつ『漢書』のような歴史書を書きあげさせてやっていただきたいと、華覈は「叩頭百下《あたまをじめんにうちつけることひやっかい》」するほど頼んだが、孫晧はついに韋曜を誅殺した。（陳寿が『呉書』を書くときもっとも参照したのが、未完となった韋曜の『呉書』である。）

以上に引用した二例から、陳寿が「李陵の禍」および歴史家としての司馬遷の行蔵《こうぞう》をどう見ていたかが理解されよう。

司馬遷と「李陵の禍」について、ふれておこう。

司馬遷が前漢の歴史編纂官だった父の遺言を継いで、古代中国史の執筆に本格的に取り組んだのは四十歳を過ぎたばかりのころである。すでにそれまで、若年期の大旅行に加えて幾度も武帝の全国巡行に随行し、史書の内容を豊かに色どる幅ひろい知見、体験をそなえていた。

だが武帝の天漢二年（紀元前九九年）、司馬遷の身の上に思いもかけぬ災難が襲いかかる。匈奴《きょうど》討伐のため西域に遠征していた李陵《りりょう》の軍隊が、激戦のすえ捕虜になった。それまで李陵を英雄視していた漢の朝廷の議論が、一斉に批判にかたむく。そのとき司馬遷は、「国士《こくし》の風《ふう》」（「任安に報ずる書」より。以下同）をもつ旧知の李陵が「万死《ばんし》」をもって「一生の計」を顧《かえりみ》ず漢のために戦ったことを信じ、果敢にも李陵の立場にたって弁護した。それが武帝の怒りを買い、司馬遷は死刑を宣告されたのである。

下獄し、死一等を減ぜられて宮刑に処せられ、二年後に出獄、ふたたび中書令として歴史書（すなわち『史記』）を書きつぐ。

「任安に報ずる書」は刑を受けてのち七、八年後に書かれたものだが、わたしは文学史上に数少ない〝極言の書（きわまったことばのてがみ）〟だと思う。

「人《にんげん》には固《いうまでもな》く一死《いちどきりのし》が有《あ》る。死《し》には泰山《たいざん》の於《よう》に重《おも》く、或《あるい》は鴻毛《おおとりのうもう》の於《よう》に軽《かるいもの》が有《あ》る。用《しのいみ》の所趨《とらえかた》が異《ことな》るの也《です》。」と述べ、人の生き方のうちで腐刑《ふけい》（宮刑）を受けることこそ恥辱の極みであると断言する司馬遷は、それにもかかわらず自殺せずに（武田泰淳の言葉でいえば、おめおめと）生きながらえているのは何故《なにゆえ》か、に言い及ぶ。

隠忍《いかりをおしころし》て苟《ともかく》も活《いきの》び、糞土之中《ふんどにまみれたろうごく》に函《とじこめ》られ而《て》も不辞《じさつせ》ぬ所以者《わけは》、私心《こころのうち》に不尽《かきつくしてはいない》という所《おもい》の有《あ》るのが恨《うらめし》く、世《このよ》を没《さったあ》と文采《ぶんしょう》（『史記』をいう）が後世《のちのよ》に不表《うもれてしまう》のを鄙《はずかしくおもう》からなの也《です》。

そして過去の、孔子が『春秋』を作り、屈原が「離騒《りそう》」を賦《うた》い、孫子が兵法をまとめ、韓非《かんぴ》が『説難《ぜいなん》』『孤憤《こふん》』を著わしたのは、自分と同じにいずれも、世に受けいれられずに苦しみ、祖国を追放され、両脚を切断され、囚《とら》われの身となったのちに「発憤《はっぷん》」（憤《いきどおり》を発《はっ》）して、すなわち心中に「鬱結《うっけつ》」するものの「其道《はけぐち》」を求めて、作文したのだと筆を認《したた》める。

ここに司馬遷の、なぜ自殺せずに『史記』を完成させたのかという自問への自答がある。

極言がある。

わたしはこの自答に陳寿がどう対峙したかに、強い関心を持つのである。

陳寿は巴西《はせい》（蜀）の安漢《あんかん》（今の四川省南充市）に生まれた。二十一歳で同郷の譙周《しょうしゅう》に師事する。譙周は諸葛亮《しょかつりょう》が五丈原で病死したとき誰よりも先に現場に駆けつけた学者であり、のち魏の進攻をうけた蜀の後主（二代目劉禅《りゅうぜん》）に降服を説得した重臣だった。「劉氏《りゅうぜん》は虞《みのあんぜんをしんぱいする》こと無《な》く、一邦《しょくのくに》が頼《せんかをうけぬさいわい》を蒙《こうむった》のは、周《しょうしゅう》の謀《さくぼうのおかげ》で也《あった》。」と、陳寿は『蜀書』「譙周伝」に記している。

二十代の半《なかば》に一時、陳寿は蜀政権に仕えたが、ほぼ十年後、蜀が滅びると晋《しん》の著作郎《ちょさくろう》（文書官）となった。諸葛亮の著作の整理を命ぜられ、中心となって『諸葛氏集』を編纂、それからさらに十年ののち（四十九歳のころ）、私的な著作として魏・蜀・呉に生きた人間の記録（「三書」）六十五篇を書きはじめ四、五年で完成をみた。洛陽で病没したとき、六十五歳だった。

なぜ陳寿は『魏書』『蜀書』『呉書』を書き残したのか。

少なくとも『晋書《しんじょ》』と『華陽国志《かようこくし》』（蜀地方の史書）の「陳寿伝」を読むかぎり、司馬遷たちのような劇的な「発憤」の要素は見られない。

滅亡直前の蜀で宦官《かんがん》の不興を買い失脚させられたこと、晋の官職についたあと左遷され、母を故郷に葬らなかったため誹謗中傷をうけて罷免されたこと、などの記述はあるけれども、「鬱結《うっけつ》」の「其道《はけぐち》」を求めて「発憤」を誘発するには根拠がうすい。

とはいえ、なんらの「発憤」なくして『史記』や『漢書』と肩をならべる史書の作文に挺身できるものだろうか。

陳寿を「発憤」させたものはなにか──その在処《ありか》が『魏書』『蜀書』『呉書』のなかに秘められているであろうことは、また想像に難くない。

わたしたちはすでに、人の世の安穏のために禅譲を実践しようとした献帝と曹操（それを受けた曹丕《そうひ》）の物語りが、「三書」の柱として記録されているのを見てきた。その柱を中軸にしながら後漢末の風景を織りなした幾十人もの人物の記録が、すなわち「三書」である。そこにはそれぞれの人格、さまざまな人生が、いくつかの主題のもとに描き出されている。司馬遷につづく陳寿の記録文学が生まれたのである。

陳寿「発憤」の在処を求めて、わたしたちはさらに一歩「三書」の世界に踏み込んでゆかねばならない。

崔琰は冤罪で殺されたのか

陳寿の文体の面白さは、その短編小説的味わいにある。

補注をつけた裴松之《はいしょうし》が「失は《けってん》略《かんけつなきじゅつ》に在《あ》り、」と言った、その欠点こそ陳寿の文章の気であり、求めるところであり、ぎりぎりまで削って整えた文体ゆえに、読者は幾重《いくえ》もの表現を折にふれて多様な次元から堪能できるのである。

これは陳寿が師表として熟読したに違いない『史記』の文体のほぼ対極にある、と言うことができよう。

司馬遷の記述は、中国語が本来そなえている公式論的な類型（四字と六字の組み合わせを積み重ねてゆく四六駢儷体《しろくべんれいたい》のような）とは異質で、つねに口語による発想と表現を背後にもち、人に語り聞かせることばをなるだけ簡潔な文言に置き換えている、と言われる（田中謙二「『史記』における会話その他について」）。

そうだとしても、しかし司馬遷が心中に抱いた、伝説の時代から彼が生きる現代（武帝時代）までの、二〇〇〇年に及ぶ人間の歴史を記録しようとする遠大な意図を示そうとするには、おのずと激しい気の表出、それにともなう華麗で強い形容句の頻出、感情の高まりをねらった同一（あるいは近似した）表現の重複・反復などといった、見せる文体になっていかざるを得ない。一人の生涯を語る分量も中・長篇小説の味わいが濃くなってくる。それにくらべて陳寿が描いたのは、後漢末から晋初までのわずか一〇〇年の間に生きた人間たちの記録である。歴史が『史記』にくらべて極端に短いばかりか、劇的な登場人物も激減する。当然、表現の発想と方法は異なってくる。

司馬遷が大劇場にしつらえられた大舞台での演出を目論んだとするなら、陳寿は小劇場での演出を徹底したと考えていいだろう。舞台は小さく、出演者は少ない。大舞台の雄大さ、華やかさはないが、そのぶん演技の表現の襞はいっそう拡大され、演技者の息遣い、緊迫した応酬の機微まで、体温とともに観客に伝わってくるであろう。

わたしは陳寿の「略《かんけつなきじゅつ》」は、『史記』に対して意識的に採られた手法だったのではないかと思う。『史記』の見せる文体を咀嚼したうえで、考えさせる文体を創り出したのである。そっけないほどの記述の底に流れる奥深い心理描写と、戦争を厭い人の世の平和を求めつづけた陳寿の熱い思いを、見落としてはなるまい。

ところで『漢書』「司馬遷伝」に付した「賛《さん》」（人物評）の最後で、班固はこう嘆息している。

烏《あ》呼《あ》、遷《しばせんほど》の博物洽聞《ちしきおおくけんぶんのひろいじんぶつ》で以《あ》って而《も》、自《みずか》ら全《ぶじにいきとお》す以《ほうほう》を知《しること》は不能《できなかった》。既《すで》に極刑《きょくけい》を陥《せんこくさ》れ、幽《とうごく》され而《て》、発憤《はっぷん》した。……夫唯《まさに》大雅《たいがというし》に「既《ほんらい》明《ことがらにあかる》く且《そのう》え哲《かし》ければ、能《よ》く其身《じぶんのいのち》を保《たも》つ」とあるが、難矣哉《それはなんとむつかしいことか》。

その「難矣哉《それはなんとむつかしいことか》。」を、実は班固自身もまた証明した。

『後漢書』の「班固伝」には、『漢書』を完成させて十年後のこと、市中を巡回中の洛陽長官种兢《ちゅうきょう》の下役人と班固の奴隷が引き起こしたささいな諍《いさか》いに端を発し、それを根にもった种兢は班固を、その後ろ盾だった大将軍竇憲《とうけん》（皇帝暗殺を企てたが失敗）の罪に連坐させて捕え、投獄。班固はあえなく獄死して六十一年の生涯を閉じた、とある。

その「班固伝」を書いた范曄もまた「論」（人物評）の最後に、班固は「博物洽聞《ちしきおおくけんぶんのひろいじんぶつ》」司馬遷が、その知識をもって極刑を免がれることはできなかったと傷《いた》んだが、当の班固本人もまた司馬遷ほどの知識をもちながらも、わが身を守ることはできなかった、と述べている。

そして、さらにここに記しておくなら、因縁と言うべきか、知識や人品において前二者とは異なり、しかも自ら招いた運命とはいえ、その范曄もやはり『宋書』「范曄伝」に記されているように、『後漢書』を完成した八年後、南朝宋の太祖（第三代皇帝、劉義隆《りゅうぎりゅう》）の暗殺を図って告発され、四十八歳で誅殺された。

中国の「前四史《さいしょのよっつのししょ》」の著者で、まともに人生を終えたと言えるのは陳寿ひとりということになる。

さて、その陳寿による、人生をまっとうに生き抜くことの難しさを主題とする列伝を以下にご紹介してゆこう。

最初は『魏書』巻十二「崔《さい》・毛《もう》・徐《じょ》・何《か》・邢《けい》・鮑《ほう》・司馬《しば》伝」のうちの「崔琰《さいえん》伝」である。続けて「毛玠《もうかい》伝」、巻二十三の「和洽《わこう》伝」を読むことによって、連関する短篇小説（伝記）三部作の妙を味わっていただきたい。訳文中の……は訳者による省略があることを示す。

崔琰《さいえん》、字《つうしょう》は季珪《きけい》、清河東武城《せいがこくとうぶじょうけん》の人也《ひとである》。少《しょうねんのころ》から樸訥《かざりけなくむくち》で、撃剣《けんじゅつ》を好《この》み武事《ぶげい》を尚《とうと》んだ。年《とし》二十三にして、郷《よびへい》から移《うつ》って正《せいきのへい》に為《な》った。始《はじめ》て感激《ふんき》して、『論語《ろんご》』『韓詩《かんし》』を読《よ》み、年《とし》二十九の至《とき》、乃《ようや》く公孫方等《こうそんほうら》と結《いっしょ》に鄭玄《じょうげん》に就《つ》いて受学《べんきょう》した。学《まな》んで未朞《いちねんたたぬうち》に徐州《じょしゅう》の黄巾賊《こうきんぞく》が北海《ほっかいぐん》を攻《せ》め破《やぶ》り、玄《じょうげん》は門人《もんじん》と不其山《ふきざん》に到《にげ》て避難《なんをさけ》た。時《そのとき》、穀羅《こくもつのかいおき》が県《けん》に乏《とぼしか》ったので、玄《じょうげん》は諸生《せいとたち》に罷謝《にゅうもんをことわ》った。琰《さいえん》は既《すで》に遣《やめさせら》れた。而《しか》し、寇盗《ごうとう》が充斥《はびこ》り、西道《こきょうへのみち》は不通《つうじない》。于是《かくして》、青《せいしゅう》・徐《じょしゅう》・兗《えんしゅう》・豫《よしゅう》の郊《いなか》を周旋《わたりある》き、東《ひがし》は寿春《じゅしゅん》まで下《くだ》り、南《みなみ》は江《ちょうこう》、湖《どうていこのあたり》まで望《あそん》だ。家《うち》を去《で》て自《か》ら四年《よねん》、帰《かえ》る及《と》、琴《こと》と書《どくしょ》に以《したし》み、自《みずか》ら娯《たのし》んだ。……

崔琰が生まれたのは現在の山東省武城県。省都済南《せいなん》の西北約七〇キロメートルの辺り（漢代の冀《き》州）である。『論語』は孔子と弟子たちの対話集で、礼教の基本書とされる。『韓詩』は漢の韓嬰《かんえい》が伝えた詩の教本のひとつ。「公孫方」は崔琰の同学だったが若死にした。琰は方の遺児をわが子同様に可愛がったという。

「鄭玄」は後漢末の著名な儒学者。北海郡長官だった孔融《こうゆう》（孔子の子孫。不遜だったため罪を得て曹操に殺された。）に尊敬され、高蜜《こうみつ》県で学生らに教授した。「不其山」は高蜜の東方（今の青島《チンタオ》市のすぐ北）の地。

少年時代から黙々と武芸に打ちこんできた崔琰は、二十代の半ばにしてにわかに学問に目覚める。しかし後漢末を襲った黄巾軍反乱の余波を受けて、混迷する世間に放り出された。不其山から西方の故郷に至る山東北部の一帯は、盗賊が横行して帰ることもできない。

それを好機に崔琰は山東周辺の実状を克明に見て歩き、南は（原文の「東」は間違いであろう。）淮水ほとりの寿春まで下り、さらに南下して長江、洞庭湖にいたる山河に游んだ。わたしは「あそぶ（游ぶ）」と訳したが、「望《ぼう》」は大きな目をあげて先方を仰ぎ見る人の象形であり、遠く望むことによってその妖祥《ようしょう》（あやしいさま）を察し、眼の呪力によって敵に圧服を加える儀式をさしている（『字統』）。そこから山や川を遠望して礼を致すことを「望」と言った。崔琰が長江や洞庭湖にまで足をのばして雄大な山川を望んだのは、あちらこちらを巡り歩く（游行）と同時に、他郷に行って学問する（游学）ことでもあったと思う。

こうして乱世の実社会を目撃すること、ほぼ四年、ようやく家に帰りついてからは音楽と読書を楽しむ日々を送った。

その後、冀州の袁紹《えんしょう》に招聘されたが、袁紹は崔琰の献策を聴きいれず、官渡《かんと》の戦いで曹操に敗北した。

太祖《そうそう》は、袁氏《えんいちぞく》を破《やぶ》って冀州《きしゅう》の牧《ちょうかん》に領《とりたてら》れると、琰《さいえん》を辟《よび》せて別駕従事《ちょうかんづきやくにん》に為《つ》け、琰《えん》に謂《こ》う曰《い》った。

「昨《きのう》、戸籍《きしゅうのこせき》を案《しらべた》が、三十万衆《さんじゅうまんにん》は可得《いそう》だ。故《ということ》は、大州《かんおうちょうでもっともおおきいしゅう》と為《いうこと》に也《なるな》。」

琰《さいえん》が対曰《こたえ》た。

「今《こんにち》、天下《よのなか》は分崩《ほうかい》し、九州《こくど》は幅裂《ひきさか》れ、二袁兄弟《えんたんとえんしょう》は親《にくしん》ながら干戈《ぶき》を尋《まじ》え、冀方《きしゅう》の蒸庶《みんしゅう》は骨《ほね》を原野《げんや》に暴《さら》しております。未《それなのに》、王師《おうのぐんたい》の仁声《おもいやりあるおこえ》が、先路《なにごとにもさきんじて》、風俗《みんしゅうのせいかつ》を存問《たずねら》れ、その塗炭《ひじょうなくるしみ》を救《すくわれた》ということを聞《き》きません。而《それどころ》か、甲兵《ぶそうへいのかず》を校計《かぞえ》て唯《ひたすら》此《それ》を先為《ゆうせんされ》る。斯《これ》は豈《いったい》、鄙州《きしゅう》の士女《ひとびと》が明公《との》に所望《のぞむところ》でありましょう哉《か》。」

太祖《そうそう》は容《いずまい》を改《あらた》めて之《はつげん》を謝《あやま》った。于時《このとき》、賓客《どうせきのひとびと》は皆《みな》、伏《うつむ》いたまま色《かおいろ》を失《うしな》った。

……

曹操が献帝から冀州の長官に任命されたのは建安九年（二〇四年）九月のこと。勝てるとは思わなかった袁紹を降《くだ》して、人口も物産ももっとも豊かな冀州の支配者となり、さすがの曹操も気持が高揚したであろう。

その旭日が昇るがごとき勢いをもつ権力者のもとで官僚となった崔琰は、しかし恐れることなく自分の信じるところを直言する。

「九州」は、古代中国で全土を冀州・兗州・青州など九つの州に分けたことから、中国の代名詞として使われる。そのうち冀州はだいたい今日の河北省・山西省・河南省の黄河以北、遼寧省の遼河以西をさしている。

「塗炭」は泥水と炭火、すなわち水と火の災難に襲われる苦しみ。「鄙《ひ》」はへりくだった言い方で、「鄙州」は「わが州」。崔琰は冀州出身。

陳寿は、崔琰の発言に対して曹操が自分の発言の至らなさを謝ったと記している。崔琰三十五、六歳、曹操五十歳のときである。


太祖《そうそう》が丞相《しゅしょう》に為《な》ると、琰《さいえん》はまた東西《とうざい》（丞相府《じょうしょうふ》）の曹掾属《じんじたんとうふくかん》と為《し》て徴事《めしだされ》た。初《はじめ》て東曹《じんじたんとう》に授《にんめい》する時《とき》、教《そうそうはおしえさと》して曰《い》った。

「君《きみ》には伯夷《はくい》（商の君子）の風《けっぱく》、史魚《しぎょ》（春秋、衛《えい》の大夫《たいふ》）の直《ごうちょく》が有《あ》る。貧夫《どんよくなおとこ》は名《きみのな》を慕《した》って清《きよいこころ》になり、壮士《いきさかんなわかもの》は称《きみのな》を尚《とうと》んで厲《いっそうはげ》む。斯《これ》は時《じだい》を率《ひっぱってゆ》く者《もの》と已《い》って可《よ》以《い》。故《よっ》て、東曹《じんじたんとう》に授《にんめい》する。往《がんば》って、厥職《そのしょく》に践《あたら》れよ。」

魏国《ぎのくに》が初建《たてられる》と、尚書《せいけんほさかん》に拝《とりた》てた。時《とうじ》、太子《そうそうのあとつぎ》は未立《まだきまらず》、臨菑侯《おとうと》の植《そうしょく》は才《ぶんさい》の有《ゆえ》に愛《あいされ》た。太祖《そうそう》は狐疑《あにかおとうとかまよ》い、函《ふうしょ》を以《も》って密《ひそか》に外《ほかのもののいけん》を訪《ていしゅつ》させた。唯《ただひとり》琰《さいえん》のみ露板《ふうをしていないしょめん》で答曰《こたえ》た。

「蓋聞《きくところによります》と、『春秋《むかしのれきししょ》』の義《とくところ》では、子《あとつぎ》は長《ねんちょうしゃ》を以《もっ》て立《たて》ております。加《のみなら》ず、五官将《あにのそうひさま》は仁孝聡明《おやこうこうでじんとくをそなえたそうめいなおかた》であり、宜《まさ》に正統《ただしくあとつぎ》に承《なられ》るべきであります。琰《わたくし》は死《し》を以《もっ》て之《そうひさま》を守《おまもり》します。」

植《そうしょく》は、琰《さいえん》の兄《あに》の女婿《むすめむこ》で也《ある》。太《そう》祖《そう》は其《さいえん》の公亮《こうめいせいだいないけん》に貴《かんじい》り、喟然《ふうっ》と歎息《ふかいためいきをつい》た。中尉《さいえんはだいじん》に遷《しょうしん》した。


曹操は建安十三年（二〇八年）、漢の丞相（最高行政長官）となった。二章で見たように、政治の要諦は人材の確保にあると考え、曹操はそのための努力を惜しまなかった。政権を左右するのは人事であり、その責任者のひとりに崔琰を抜擢した。

「露板」の「露」はむき出し、すなわち封をしていない上書。誰が見ても恐れることはない、という意味をこめる。『春秋』は、孔子が編んだとされる魯《ろ》（山東）の歴史書。「五官将」は「五官中郎将」のこと。宮中諸殿門の宿営を統率し、丞相を補佐した。

人生における文学の重要性を認識していた曹操は、後継者を兄曹丕にするか、より文才のある弟曹植にするか、迷った時期があったようである。少なくとも、表面的には。（反曹丕派を浮かびあがらせるための、深慮だった可能性も否定できないのである。）

琰《さいえん》の声姿《こえすがた》は高暢《よくとおってのびやか》、眉目《かおつき》は疏朗《さっぱりしてめいろう》、鬚《あごひげ》の長さは四尺《ひざにとどくほど》で、甚威重《おかしがたいいげん》が有《あ》り、朝士《ちょうていのじんし》の瞻望《せんぼうのまと》だった。而《それ》で太祖《そうそう》も亦《また》、敬憚《いちもくおいていた》焉。

琰《さいえん》は嘗《かつて》、鉅鹿《きょろく》の楊訓《ようくん》を、才《さいのう》は好《じゅうぶん》とは不足《いえな》い雖《ものの》、而《しか》し清貞《こころきよく》、守道《ひとのみちをまもるじんぶつ》として薦《すいせん》した。太祖《そうそう》は即《すぐ》に、礼《れいをつくし》て之《ようくん》を辟《さいよう》した。後《そのご》、太祖《そうそう》が魏王《ぎおう》に為《な》ると、訓《ようくん》は表《ぶんしょ》を発《ていしゅつ》して功伐《そうそうのこうせき》を称賛《しょうさん》し、盛徳《そのさかんなとく》を褒述《ほめたたえ》た。時人《ひとびと》の或《なかに》は、訓《ようくん》は世《しゅっせ》を希《ねが》って浮偽《おもねっている》と笑《あざけ》り、琰《さいえん》は所挙《すいせんするじんぶつ》を為失《あやまった》と謂《いうもの》があった。琰《さいえん》は訓《ようくん》従《か》ら表《ぶんしょ》の草《したがき》を取《とりよ》せ、之《それ》を視《よ》み、訓《ようくん》に書《てがみ》を与《あた》えて曰《い》った。

「表《ぶんしょ》を省《よんでみる》に、事《ないよう》は、佳《とのはすばらしいとほめてい》る耳《だけだ》。時乎《ときのうんだよ》、時乎《ときのうん》。会当《いずれきっと》、変時《かざむきがかわるとき》が有《こ》よう。」

琰《さいえん》の本意《ほんい》は、論《ようくんのぶんしょ》を譏《そし》る者《もの》は譴呵《やりこめようとす》る好《ばかり》で、情理《じょうり》を不尋《つくしていない》というにあった。

琰《さいえん》の此書《このてがみ》は、傲世《せけんをみくだし》怨謗《うらみけなしている》と白《こくはつ》する者《もの》が有《あ》った。太祖《そうそう》は怒《おこ》曰った。

「諺《ことわざ》に『女《おんな》を生《うん》だ耳《だけ》だ』と言《い》うが、『耳《だけ》』は佳語《よいことば》では非《ない》。『会当《いずれきっと》、変時《かざむきがかわるとき》が有《こ》よう』

の意《いみ》する指《ところ》は、不遜《おもいあがって》いる。」

於是《かくして》、琰《えん》を罰《ばっ》して徒隷《ざいにん》に為《おと》し、人《ひと》を使《つかわ》して之《ようす》を視《うかがわ》せたが、辞色《ことばもようす》も不撓《くじけたところはなかった》。

太祖《そうそう》は令《ふれい》して曰《い》った。

「琰《えん》は見刑《けいをうけた》にも雖《かかわら》ず、而《しか》も賓客《きゃくじん》を通《よ》び、門《かどぐち》は市人《いちば》の若《ようなにぎわ》いだ。賓客《きゃくじん》に対《たい》しては虬鬚《もじゃもじゃのひげづら》で直視《ちょくし》し、所瞋《いかりしんとうにはっ》して有《い》る若《よう》である。」

遂《つい》に琰《さいえん》に死《し》を賜《もうしつけ》た。……


前段から八年が過ぎた。ことは、曹操が魏王に就任した建安二十一年（二一六年）五月に急展開する。

崔琰が推薦した楊訓が、曹操の功績を賛美した文書を上書すると、権力者におもねるものだと楊を嘲り、推薦者の崔にまで批判をおよぼす者があった。崔は楊の上書の下書きを読んでみたが、曹操を称賛しているばかりで問題はない。運悪く、やり玉にあげられたが、いずれ風向きが変わるだろうと楊に手紙を書いた。

すると、その内容が世間を馬鹿にする傲慢な態度だと、曹操に告発する者があった。曹操もまたそれを不遜だとし、崔を罪人に落とした。しかし、いっこうに悪びれた様子はない。曹操は崔に死（自殺）を命じた。

「鉅鹿」は東武城の西一〇〇キロメートル（河北省）。後漢末動乱の導火線となった黄《こう》巾《きん》の乱が、最初に蜂起した土地である。「譏」は、けなして非難する。告げ口して陥《おとしい》れる「讒」（讒言《ざんげん》）などと同類。「白」は年長者や上《おかみ》に向かって申す、ここでは暴《あば》き告げる（告発）の意。

陳寿は「笑《あざける》」「譏《そしる》」「白《こくはつする》」などの語を畳みかけるように連ねていって、ある人物（たち）の存在を浮かびあがらせる。名前は明かされず、いわば鵺《ぬえ》とも呼ぶべき彼らの目的は、最初から崔琰の追い落としにあった。理由は表に出てこない。

鵺は崔琰を告発するいっぽう曹操に讒言する。曹操は鵺の正体を知っている。しかし、いかなる思惑があったのか、崔琰の楊訓宛書簡に言い掛かり（としか思えない）をつけ、刑罰を加えた。

陳寿は「於是《かくして》」以下の描写の史料として、魚豢《ぎょかん》の『魏略』を利用している。「崔琰伝」の裴松之注（『魏略』）によると、崔琰を告発した男はふたたび告発して「琰《さいえん》は徒《けいをうけているみ》で為《ありな》がら、虯鬚《もじゃもじゃのひげづら》で直視《ちょくし》し、心《しんちゅう》に不平《いかりをいだいて》いる似《ようで》あります。」と言い、曹操もまたその通りだと思って崔を殺そうと考えた、と記している。

こうして、崔琰を消すという鵺の目的は達せられた。

少なからぬ同時代史料を読んだに違いない陳寿は、『魏略』の記述を曹操の「令《ふれい》」に取りこんだ。それというのも、陳寿は権力者曹操のある一面にこだわらずにはいられなかったのである。

「崔琰伝」を、陳寿はこう締めくくる。

初《もともと》、太祖《そうそう》は忌《うまのあわないものをきら》う性《せいかく》だった。所不堪者《たえられなかったもの》に魯国《ろこく》の孔融《こうゆう》、南陽《なんようぐん》の許攸《きょゆう》・婁《ろう》圭《けい》が有《い》た。皆《いずれ》も旧《むかしからのつきあい》を恃《いいこと》に不虔《けんきょでなかった》ために見誅《つみをえてころさ》れた。而《しか》し、琰《さいえんのし》は世《せけん》が最《もっと》も痛惜《ざんねんにおも》った所《こと》で、今《いま》に至《いた》っても、之《そのつみ》は冤《ぬれぎぬ》だとされている。

孔子二十代目の子孫にあたる孔融は、曹操にことごとく盾突き、皮肉った。（そこには宦官の孫曹操への抜き難い差別意識があった、とわたしは思う。）ために罪を得て殺された。

許攸は、袁紹から寝返って曹操の官渡の戦いでの勝利に貢献したが、それを鼻にかけたために殺され、婁圭もまた曹操との縁故をいいことに思いあがったために始末された。

だが、陳寿は断定はしていないが、崔琰だけは曹操に濡衣《ぬれぎぬ》で自殺に追いやられたのではないかと記録した。

以上が第一話（と、わたしが呼ぶところの）短篇「崔琰伝」である。

崔琰を自殺に追いこんだあとも、鵜は琰につらなる人物たちへの告発と讒言の手をゆるめない。崔の同僚だった毛玠《もうかい》もまた曹操に直言し、信頼された男だったが、巧妙な鵜に追いつめられてゆく。

第二話に移ろう。

毛玠と和洽の場合

毛玠《もうかい》、字《つうしょう》は孝先《こうせん》、陳留《ちんりゅうぐん》平丘《へいきゅうけん》の人也《ひとである》。清《せいれん》公《こうせい》を以《もっ》て称《たたえられ》た。将《ちょう》ど荊州《けいしゅう》に乱《せんらん》を避《さけよう》として、未《ま》だ至《つか》ないうちに、劉表《りゅうひょう》の政令《せいれい》には不明《みとおしがない》と聞《き》き、遂《そこ》で魯陽《ろよう》に往《い》った。太祖《そうそう》は兗州《えんしゅう》を臨《おさめ》ると、辟《まねい》て治中従事《そっきんひしょ》に為《とりたて》た。玠《もうかい》が太祖《そうそう》に語《かた》って曰《い》う。

「今日《こんにち》、天下《てんか》は分崩《ばらばらにくずれております》。国主《てんしさま》は遷移《せいあんにうつら》れ、生民《こくみん》は廃業《しごとにありつけ》ずに饑饉《うえ》て流亡《こきょうをはなれ》、公家《こっか》には経歳之儲《いちねんぶんのたくわえ》も無《な》く、百姓《みんしゅう》には安固之志《しっかりいきようとするきもち》も無《ありま》せん。以《これで》は持久《もちこたえる》のは難《こんなん》でありましょう。今《いま》、袁紹《えんしょう》と劉表《りゅうひょう》は、士民《したいふやじんみん》が衆《おお》く彊《きょうりょく》だ雖《とはいえ》、皆《いずれ》も経遠之慮《えんだいなけいりゃく》は無《な》く、未《いま》だ樹基建本者《きそをうちたてちゅうしんとなるじんぶつ》は有《お》りません。夫兵《せんそうというもの》は義者《なっとくするどうりがあって》こそ勝《しょうり》し、貽《ざいりょく》が以《あって》こそ位《ちい》を守《たも》ます。宜《よろし》く天子《てんしさま》を奉《ようりつ》され以《て》、不臣《したがわぬもの》に令《めいれい》し、耕植《とんでん》を脩《さかんにし》て、軍資《ぐんじゅぶっし》を蓄《たくわ》える。如此《このようになされ》ば、覇王之業《おうじゃとしてのおしごと》は可成也《せいこういたしましょう》。」

太祖《そうそう》は敬《つつし》んで其言《そのことば》を納《うけい》れ、幕府《もうかいをくに》の功曹《やくにん》に転《てんにん》させた。太祖《そうそう》が司空丞相《しゅしょう》の為《と》き、玠《もうかい》は嘗《いちど》、東曹掾《じんじたんとうふくかん》と為《し》て、崔琰《さいえん》と共《とも》に選挙《かんりのせんばつ》を典《うけも》った。其《もうかい》に挙用《えらばれ》た所《もの》は皆《みな》、清正之士《きよくただしかった》が、於時《そのとき》は盛名《にんき》が有《あ》っ雖《て》も、行《おこない》が不由本《ほんしんからのものでなけれ》ば、経《もうかいはけっし》て莫得進《しょうしんさせなかった》。……

曹操に最初に天子奉戴、屯田実施を提言した人物として毛玠は重要である。董卓《とうたく》の乱によって献帝が長安に移住させられた後の初平二、三年（一九一〜二年）のことである。二章でふれたように、皇族の劉邈《りゅうばく》が曹操の存在を献帝に奏上していた可能性もあり、また曹操本人にそのような方策が生まれることは充分に考えられることだが、陳寿の記録によれば、曹操は毛玠のことばを「敬《つつし》んで……納《うけい》れ」た。

ちなみに、のちに参謀として活躍する荀彧《じゅんいく》が袁紹から離れて曹操のもとに身を寄せてきたのが初平二年（一九一年）である。陳寿は、曹操が献帝を許城に迎えるにあたって、すでにそれまで献帝に使者を派遣し王室擁護を実践してきた曹操を、より一層励ます荀彧のことばを記録している。（『魏書』「荀彧伝」）

「陳留郡」は河南省開封の南西。曹操の学問の師にあたる蔡邕《さいよう》の出身地であり、中平六年（一八九年）、曹操は陳留南部の己吾《きご》県で董卓に反旗をひるがえした。「平丘」は北部の地名。「魯陽」は許県の西、今日の魯山。一帯は石炭の産地である。

毛玠は崔琰と同様、官吏を選抜する重要な人事担当の任をまかせられた。

魏国《ぎこく》が初建《たてられる》と尚書僕射《そうむふくちょうかん》に為《とりたて》られ、復《ふたた》び選挙《かんりのせんばつ》を典《うけも》った。時《そのころ》、太子《そうそうのあとつぎ》は未《ま》だ定《きま》らず、而《かえ》って臨菑侯植《おとうとのそうしょく》が寵《かわいがられ》て有《い》た。玠《もうかい》は密《ひそか》に諫《そうそうをいさ》めて曰《い》った。

「近者《ついさきごろ》、袁紹《えんしょう》は嫡《よつぎ》と庶《しょし》を不分《はっきりさせなか》った以《た》めに、宗《いちぞく》を覆《つぶ》し、国《くに》を滅《ほろぼし》ました。廃立《あとつぎのけってい》は大事《じゅうだいじ》であります。宜《みだり》に聞《おもてざたに》する所《ことがら》では非《ございませ》ん。」

後《のち》、群僚《かんりょうたち》の会《あつまり》で、玠《もうかい》が更衣《かわや》に起《た》った。太祖《そうそう》は目《め》で指《かんりょうたちにさししめし》ながら曰《い》った。

「此《このもの》は、古所謂《そのむかしいうところ》の国之司直《くにのばんにん》だ。我《わたし》の周昌也《しゅうしょうである》。」

「臨菑《りんし》」は今日の山東省淄博《しはく》市。曹植《しょく》は二十三歳のとき臨菑侯に国がえされた。当時、曹操は鄴都《ぎょうと》に造った銅雀台《どうじゃくだい》を舞台にして息子たちに文学（詩文の創作）を奨励したが、これが兄曹丕《ひ》派（王粲《おうさん》・徐干《じょかん》・陳琳《ちんりん》ら）と弟曹植派（丁儀《ていぎ》・丁廙《ていい》・楊脩《ようしゅう》ら）を形成し、太子（後継者）擁立の動きに発展してゆく。「司直」は官吏の不正を摘発する検察官。「周昌」は漢初の法務大臣。劉邦《りゅうほう》が後継ぎを変えようとしたとき、敢然と反対した。彼は吃ったが、司馬遷は周昌の会話のなかで、それを写している。（田中謙二「『史記』における会話その他について」に詳しい。）

毛玠もまた崔琰と同じく、曹操の世継ぎは兄の曹丕とすべし、との立場である。崔琰を自殺に至らしめた鵺《ぬえ》たちが、毛玠を標的にして蠢きはじめる。

崔琰《さいえん》が既死《しん》で、玠《もうかい》は内《ないしん》、不悦《ふかいだ》った。後《そのご》、玠《かい》を白《こくはつす》る者《もの》が有《あ》った。「出《でかけ》ましたとき、黥面《かおにいれずみを》して反者《かえってくるもの》に見《あ》いました。其妻子《そのつまとこ》は没《とりあげ》られて官《おかみ》の奴婢《どれい》に為《さ》れましたが、玠《かい》は言《それをみてこ》う曰《い》いました。『天《てん》に不雨《あめをふ》者ら使《せ》ない者《の》は、蓋《きっ》と此《これ》だ』」

太祖《そうそう》は大怒《ひどくおこ》り、玠《もうかい》を収《とらえ》て獄《ろうごく》に付《いれ》た。大理《しほうちょうかん》の鍾繇《しょうよう》が、玠《かい》を詰《きつもん》して曰《い》う。

「……漢《かん》の法《ほうりつ》で所行《おこなわれて》いる黥墨之刑《いれずみのけい》は、古典《こてん》にも存《のっ》ている。……此《それ》が何以《どうして》、神明之意《かみのいこう》に負《そむ》き、而《しか》も当《そのため》に旱《かんばつ》に致《なっ》たというのだ。……玠《おまえ》の譏謗之言《ひぼうしたいいぐさ》は下民《しもじも》に流《つたわ》り、不悦之声《ふまんのこえ》となって聖聴《てんしさまのおみみ》にも上聞《とどいて》いる。……事《じじつ》は已《すで》に発露《あらわれて》おり、隠欺《かくそうとし》ても不得《むだ》だ。具《くわ》しく状《ありのまま》を対《こたえ》よ。」

玠《もうかい》が曰《こたえ》た。

「臣《わたくし》は聞《こうきいて》おります。蕭生《ぜんかんのしょうせい》が縊死《くびをくくってしん》だのは、石顕《せきけん》に困《おとしいれられ》たからであり、賈子《かし》（賈誼《ぎ》）が外《ちほう》に放《ついほう》されたのは、絳《こうこう》（周勃《しゅうぼつ》）・灌《かん》（嬰《えい》）の讒《ざんげん》が在《あった》からだ、と。また白起《しんのはくき》は杜郵《とゆう》（陝西《せんせい》の地）において剣《こうていからけん》を賜《たまわってじさつせしめ》られ、晁錯《ぜんかんのちょうそ》は東市《ひがしのいちば》で致誅《しけいにあい》、伍員《しゅんじゅうのごうん》（伍子胥《ごししょ》）は呉都《ごのみやこ》（蘇州）で絶命《ぜつめい》しました。斯《こ》の数人者《すうにんは》は、或《あるもの》は其前《おおっぴら》に嫉《ねた》まれ、或《あるもの》は其後《かげ》で害《おとしいれられ》ました。臣《わたくし》は齠垂《おさげがみをたれたこどものころ》から執簡《ぶんしょにしたしみ》、累勤《まじめにつとめ》て取官《かんりとなり》、職《しごと》は機近《ひみつをこと》と在《す》る人事《じんじ》に所窴《からんだこと》でした。私《しじょう》を以《も》って臣《わたくし》に属《たのんでき》ても、勢《せいりょくのあるもの》だから不絶《ことわらないということ》は無《な》く、冤《むじつ》を以《も》って臣《わたくし》に語《うったえてく》れば、細《いやしいもの》だから不理《しんりしないということ》は無《ありま》せん。人情《ひとのきもち》は利《りよく》に滔《はしりやすく》く、為《ゆえ》に法《ほうりつ》は所禁《それをきんじて》おります。法《ほう》は利《りよく》を禁《きんじて》いますが、勢《せいりょくのあるもの》は能《あらゆるてをつかっ》て之《じゃまもの》を害《おいおとそうとし》ます。青蠅《あおばえ》が横生《とびまわり》、臣《わたくし》に為《たい》し、謗《ざんげんし》て作《おとしいれようとし》ております。謗臣之人《わたくしをそしったじんぶつ》は勢《せいりょくのあるもの》の他《ほか》には不在《ありません》。昔《しゅんじゅうのじだい》、王叔《おうしゅく》・陳《ちん》生《せい》は王廷《しゅうおうのほうてい》で正《ちいをめぐっ》て争《はくよとあらそ》い、宣子《はんせんし》（晋の范宣子）は平理《しんりする》とき、命《めい》じて其契《りょうほうのしょうこをていしゅつ》させて是《ぜ》と非《ひ》を有宜《はんだん》し、曲《まちがい》と直《ただしいこと》を有所《はっきりさせ》ました。『春秋《しゅんじゅうさしでん》』は焉《それ》を嘉《たた》え、是以《そこ》で之《そのこと》を書《きろく》しました。臣《わたくし》が此《これらのこと》を不言《いままでもうしあげなかった》のは、時人《こんにちじじつをはんだんできるじんぶつ》が無有《いないから》であります。臣《わたくし》に説《ついて》の此言《こくはつ》には、必《かならず》や徴要《よるべきしょうげん》が有《あ》りましょう。乞《どうか》、宣子《はんせんしのようなじんぶつ》の辨《ごはんだん》を蒙《あお》ぎ、而《あわせ》て王叔之対《しょうこをだせずににげさったおうしゅくのこたえ》を求《ようきゅう》いたします。臣《わたくし》が曲聞《うそをもうしあげている》のなら、即刑之日《けいをいいわたされたとき》は、之《それ》を安駟之贈《てんしさまからよんとうだてのばしゃをたまわった》と方《みな》し、賜剣之来《じさつようのけんがとどけられる》なら、之《それ》を重賞之恵《あついほうしょうのおんけいをいただいた》と比《みなす》でしょう。謹《つつしん》で状《ありのまま》を対《おこたえ》いたします。」

時《とうじ》、桓《かん》階《かい》と和《わ》洽《こう》が進《しん》言《げん》して、玠《もうかい》を救《すく》った。玠《かい》は遂《こうし》て免黜《かんしょくをやめさせら》れ、家《いえ》で卒《なくな》った。

太祖《そうそう》は棺器銭帛《そうしきようぐいっしき》を賜《おく》り、子《ちょうなん》の機《もうき》を郎中《じじゅうかん》に拝《とりた》てた。

「鍾繇」は曹操の有能な部下のひとり。陳寿はその伝で、献帝の長安脱出に働きがあったと記す。魏建国後の司法長官。

「黥墨之刑」は顔面に文字や印を入れ墨して、懲らしめる刑罰。古代においては五刑（黥面・

鼻そぎ・宮刑・足切・死刑）の最初にあげられる。「青蠅」は讒言する人物の比喩。すでに『詩経』に、讒言を風刺したこの篇名がある。「青蠅《せいよう》、白《はく》を染《そ》む。」（小人《しょうじん》が君子を譏《そし》ってけがす）という言い方もある。

『春秋』は、孔子と同時代人の左丘明《さきゅうめい》が解説（伝）した『春秋左氏伝』をさす。「襄公《じょうこう》十年」（紀元前五六三年）の伝に、王叔・陳生と伯輿《はくよ》が地位をめぐって争い、范宣子によって裁かれたことが記されている。王叔と伯輿の双方に証拠を出させようとしたところ、王叔は証文を提出できず晋に逃げた。

前段から一転して陳寿は、崔琰の自殺と毛玠が告発された関係に言い及ぶ。お上の刑罰が厳しすぎるから日照りがつづいて旱魃になったのだ、と毛玠が言った——これが告発の理由だが、陳寿は「和洽伝」（後出）で、毛玠は曹操を謗《そし》っただけでなく崔琰のために怨みごとを述べたと、より具体的に記しており、ここはその伏線として読める。

投獄され、尋問される毛玠に、陳寿は春秋戦国時代以来の讒言の歴史を語らせ、青蠅（すなわち鵺）を引きずり出そうとする。告発者の証言を調査して「宣子《はんせんしのようなじんぶつ》の辨《ごはんだん》を蒙《あお》ぎ」たいとは、司法長官鐘繇（ひいては最高責任者の曹操）への挑戦ともとれよう。毛玠は白刃の上を渡っている。

曹操は告発者の言を、単純にそのまま鵜呑みにするような為政者ではなかったと思う。毛玠は一応、司法の手に渡された。が、ひるがえって言えば、崔琰の場合は曹操が早まって自殺を命じたということを、陳寿は暗示しているのだろうか。

いずれにせよ、曹操はつねに告発者と被疑者の間にあって、政治的判断を決定しなければならぬ立場にあった。

同僚の桓階と和洽が弁護したこともあってか、毛玠は罪に陥れられることはなかった。しかし職を解かれたのち、自宅で亡くなった。曹操は柩などを贈って、その死を悼んだ。毛玠の潔白を信じたからであろう。

陳寿は『魏書』第十二巻で崔琰・毛玠をあつかい、和洽は二十三巻に収録した。活躍した時代がずれることと、各人の生き様や思想がやや異なるという単なる分類上の理由によると思われるが、主題からすると「和洽伝」は「崔琰伝」「毛玠伝」につづく第三話にあたる。

「和洽伝」に入ろう。

和洽《わこう》、字《つうしょう》は陽士《ようし》、汝南西平《じょなんぐんせいへいけん》の人也《ひとである》。孝廉《もはんせいねん》に挙《すいせん》され、大将軍《だいしょうぐん》に辟《まねかれ》たが、皆不就《いずれもことわった》。袁紹《えんしょう》が冀州《きしゅう》を在《しはいしてい》たとき、使《ししゃ》を遣《つかわ》して汝南《じょなんぐん》の士大夫《ちしきじん》を迎《むかえ》た。洽《わこう》は独《ひと》り、以《こうおも》った。

「冀州《きしゅう》の土《ちけい》は平《たいら》で民《みんしゅう》は彊《つよ》い。英傑《えいゆうごうけつ》が所利《めをつけ》、四戦之地《しほうからせめこむとち》だ。本初《ほんしょ》（袁紹の字）は資《そのようなとちから》を乗《りようし》て彊大《きょうだい》に能《なった》の雖《だが》、然《しか》し雄豪《ごうゆうたち》は方《いままさ》に起《たちあがって》おり、全《まった》く未可必也《あんぜんだというわけではない》。荊州《けいしゅう》の劉《りゅう》表《ひょう》は他《じぶん》の遠志《えんだいなりそう》は無《もっていない》が、人《みんしゅう》を愛《だいじに》し、士《さいのうあるじんぶつ》を楽《この》む。土地《とち》は険阻《せめにくい》うえ、山《やま》は夷《ひく》く民《みんしゅう》は弱《よわ》い。依倚《みをよせる》には易《つごう》が也《いい》。」

遂《そこ》で、親《しんせき》旧《ちじん》と倶《とも》に南《みなみにむか》って表《りゅうひょうのもと》に従《いた》った。表《りゅうひょう》は上客《じょうきゃく》と以《し》て之《わこう》を待《むかえ》た。

洽《わこう》は曰《おも》った。

「本《ほん》初《しょ》に不従《したがわなか》った所以《わけ》は、争地《せんそうのち》を辟《さけ》た也《から》だ。だが昏世之主《よのなかにくらいおとこ》に黷近《かるがるしくちかづく》のも不可《あぶない》。久《ながく》なれ而《ば》、阽危《きけんこのうえ》ない。必《かなら》ず、讒慝《ざんげん》して其中《あいだ》を間《さ》く者《やつ》が有《あらわれ》る。」

遂《かくし》て、南《さらになんか》して武陵《ぶりょうぐん》に度《わた》った。

「汝南」は、今日の河南省駐馬店《ちゅうばてん》地区一帯。当時、知識人が輩出した。「西平」は許昌の南約八〇キロ。「荊州」（湖北省襄樊《じょうはん》市）には皇族の血をひく劉表が居を構えていた。表は優柔不断で先見の明に欠けていた。「武陵」は湖南省常徳市。

和洽の出身や少年時代は記されない。戦乱の可能性のある土地を避けて荊州に身を寄せたが、劉表に失望、さらに南方に移住した。

太祖《そうそう》は荊州《けいしゅう》を定《へいてい》すると、辟《わこうをめしだし》て丞相掾属《しゅしょうつきひしょ》に為《とりたて》た。時《そのころ》、毛玠《もうかい》・崔琰《さいえん》は並以《ふたりとも》、忠《ちゅうぎ》清幹部《せいれんなかんぶ》だった。其選用《じんざいをえらぶ》には先《ま》ず倹節《むだづかいをしないじんかく》を尚《きほんとし》た。洽《わこう》は言《そうそうにしんげん》して曰《い》った。

「天下《てんか》で大器《もっともたいせつなこと》は位《そのちい》と人《そのじんぶつ》に在《かかってお》り、一《ただ》に節《せつやく》倹《しっそのみ》で不可以《えらんではなりません》也。倹《しっそ》は、素《いうまでもな》く中《ちゅうよう》より過《かたよっ》ております。自以処身《じぶんでこころがける》のは則《まだいいにして》可も、此《それ》を以《きじゅん》にして格物《すべてのことがら》を節《せつやく》すれば、失《うしな》う所《ところ》は或《きっ》と多《おおい》でしょう。今《いま》、朝廷之議《ちょうていのぎろん》では、吏《かんり》に新衣《あたらしいいふく》を着《みにつ》け好車《いいくるま》に乗《の》っている者《もの》が有《あ》れば、之《それ》を不清《せいれんではない》と謂《ひなん》し、長吏《こうきゅうかんり》が過営《しごとにやってくる》とき、形容《がいけん》を不飾《かざらず》に衣《いふく》や裘《かわごろも》が敝壊《ぼろぼろになってい》る者《もの》は、之《それ》を廉潔《せいれんけっぱく》だと謂《い》います。士大夫《かんりょう》は其衣《ふだんぎ》を故《ことさ》ら汚辱《よごし》て其輿服《かんいのとうきゅうをしめすくるまやいふく》は蔵《しまいこ》み、朝府大吏《せいふのだいかんりょう》の或《あるもの》は、自《じぶん》で壺餐《てべんとう》を挈《さげ》て官寺《やくしょ》に入《ゆ》く至《しまつ》であります。夫《いったいに》、教《おしえ》を立《ひろめ》て俗《しゃかい》を観《ただそうとする》とき、貴《だいじなこと》は中庸《かたよりすぎないちゅうようのたちば》に処《い》ることで、可継《それでこそながつづ》き為《す》る也《ものです》。今《いま》、一概《ひとしなみ》に難堪之行《たえがたいせつやく》を崇《とうと》び、以《それ》で殊塗《いやがるもの》を検《しらべ》て勉《むり》に之《せつやく》を為《さ》せれば、必《かなら》ず疲瘁《いきづまり》ます。古《むかし》から大教《おおいなるきょうか》は、務《つとめ》て人情《ひとのじょう》を通《つう》じさせようとする而已《だけ》でした。凡《ものごと》は激詭之行《かげきでひじょうしきなおこない》ほど、則《かなら》ず隠偽《ひみつときょぎ》を容《うむもの》で矣《あります》。」

「裘《きゅう》」は、毛がついたままの熊の皮などでつくった衣。冬に着る。「壺餐《こさん》」は、壺に盛った食物。弁当。「中庸《ちゅうよう》」は、不偏不倚《ふへんふき》（かたよりやへんかがない）の中正《ちゅうせい》の在《あ》り方《かた》をいう。

建安十八年（二一三年）五月、献帝は曹操を魏公となし九錫《きゅうしゃく》を賜《たまわ》った。十一月、魏国にはじめて尚書《しょうしょ》・侍中《じちゅう》・六卿の機構が置かれ国の体裁がととのう。尚書令に荀攸《じゅんゆう》、尚書に毛玠・崔琰ら、侍中に王粲《おうさん》、和洽らがいた。毛玠、崔琰、和洽は、いわば同僚である。しかし和洽は、他のふたりの官吏選抜の基準には批判的だった。偏りすぎた行政は「隠偽《ひみつときょぎ》を容《うむもの》」と曹操に進言する。

曹操が魏王になった建安二十一年（二一六年）の夏、告発された崔琰が自殺に追いやられ、ほどなく毛玠もまた告発された。魏国政権中枢部の分裂を憂慮した（であろう）曹操は、問題を会議にかけた。告発者も同席する近臣たちの前で、曹操と和洽の丁々発止《ちょうちょうはっし》の論争が繰りひろげられる。

魏国《ぎこく》が既建《たてられる》と侍中《わこうはそうそうそっきん》と為《な》った。後《そのご》、毛玠《もうかい》が太祖《そうそう》を誹毀《ひぼうした》と白《こくはつするもの》が有《あ》り、太《そう》

祖《そう》は近臣《きんしん》を見《あつめ》て怒《いかり》を甚《あらわ》にした。洽《わこう》は、

「玠《もうかい》の素《ふだん》の行《おこない》には有本《すじがとおっております》ゆえ、其事《そのこと》の実《しんじつ》を求案《おしらべください》ますよう。」

と陳《の》べた。朝《かいぎ》が罷《おわ》り、太祖《そうそう》が令《しめくく》って曰《い》う。

「今《いま》、言事者《こくはつしたもの》が白《もう》すには、玠《かい》は吾《わたし》を謗《そし》った不旦《ばかり》か、乃《さら》に復《また》、崔琰《さいえん》の觖望《うらみごと》を為《のべ》た。此《これ》は君臣《わたしともうかい》の恩義《おんぎのつながり》を損《そこなうもの》だ。妄《みだり》に死友《さいえん》の為《ため》に怨歎《なげくにいたって》は、殆《もは》や不可忍《がまんならぬ》也。が、昔《かんおうちょうそうぎょうのころ》、蕭《しょう》（何《か》）と曹《そう》（参《さん》）は高祖《こうそ》（劉邦）と与《とも》に微賤《はだかいっかん》から並起《てをとりあってたちあが》り、功《こうせき》を致《あ》げ勲《いさおし》を立《た》てた。高祖《こうそ》が屈窘《なやみやくるしみのうち》に在《あ》る毎《たび》に、二相《ふたり》は恭順《つつしみぶかくしたが》い、臣道《しんかとしてのれいせつ》は益《ますます》す彰《はっき》され、所以《かくして》、祚《ふたりのちい》は後世《のちのせだい》にまで及《およ》んだ也《のである》。和侍中《わこう》は比《しきり》に之《ことのぜひ》を実《あきらかにせよ》と求《もと》めるが、不聴《それをとりあげな》い所以《のは》、之《しょうかとそうさんのれい》を重参《しっかりとさんこう》に欲《した》い耳《から》だ。」

洽《わこう》が対《はつげん》した。

「言事者《こくはつしゃ》の言《い》う如《とおり》でありますならば、玠《かい》の罪過《ざいか》は深重《ひじょうにおもく》、天地《てんち》も覆載《おおいかくすこと》は非《できませ》ん。臣《わたくし》は敢《あえ》て玠《かい》を曲理《きょくかい》し以《て》、大倫《ひとのみち》を枉《ねじまげようとする》のでは非《ないの》で也《あります》。玠《かい》は群吏《かずおおいかんり》の中《なか》から出《とうかくをあらわ》し、特《とく》に抜擢《ばってき》されて首席《さいじょういのしょくせき》に顕《あ》り、歴年《ながねん》、寵《ごおん》を荷《こうむって》おります。剛直《まっすぐでひとにおもねらず》、忠公《しごとにせいじつなこと》は衆《おおくのどうりょう》から所憚《けむたがられ》る為《ほど》であり、此《こくはつされたようなこと》が不宜有《あろうはずはありません》。然《とはもうしまして》も、人情《ひとのこころ》は保《ほしょう》し難《がた》く、考覈《きびしくおしらべ》いただいて、両《りょうしゃ》の其実《しんじつ》を験《はっきりさせる》のが要宜《よろしいとぞんじ》ます。今《いま》、聖恩《へいかのおぼしめし》にて、含垢《はじをしのばれる》という仁《おきもち》を垂《たれたま》い、之《それ》を理《むりやり》に致《つきつめる》に不忍《しのばれず》、更《かつまた》曲直《まちがったこととただしいこと》の分《ちがい》を不明《あきらかになされない》ならば、疑《それでいいのかというこえ》は近《みぢかなところ》から始《おこってまいり》ましょう。」

太祖《そうそう》が曰《い》う。

「不考《ちょうさせ》ぬ所以《わけ》は、玠《もうかい》と言事者《こくはつしゃ》の、両《ふたり》とも全《い》て欲《ほし》い耳《から》だ。」

洽《わこう》が対《くいさが》って曰《い》う。

「玠《もうかい》に上《おかみ》を謗《そし》った言《ことば》が有《あ》りますなら、当《まさ》に之《かれ》を市朝《ちょうてい》で肆《さらしもの》にすべきであります。若《も》し玠《もうかい》に此《そのこと》が無《な》ければ、言事者《こくはつしゃ》に、大臣《もうかい》を誣《そし》って主聴《おかみのおおみみ》を誤《けがしたつみ》を加《くわえる》べきでありましょう。二者《ふたり》の検覈《とりしらべ》を不加《なさらないこと》に、臣《わたくし》は竊《しんちゅう》、不安《ふあん》であります。」

太祖《そうそう》が曰《こたえ》た。

「方《いま》は軍事《せんそう》の有《まっさいちゅう》だ。人言《こくはつ》を受《うけたからとい》って便《すぐ》に之《それ》を考《とりしらべ》て必要《おられ》よう邪《か》。狐射姑《こやこ》（春秋時代、晋の将軍）は朝廷《ちょうてい》で、陽処父《ようしょほ》を刺《さしころさ》せた。此《あれ》は君之誡也《わたしにとってのいましめなのだ》。」

……転《わこうはてんにん》して太常《だいじん》と為《な》った。清貧《せいひん》で約《しっそ》を守《まも》り、田宅《とちやいえ》を売《う》り至《なが》ら自給《せいかつ》した。明帝《めいてい》（曹操の孫、曹叡《そうえい》）は之《それ》を聞《みみにする》と、穀帛《たべものときぬ》を加賜《たまわ》った。薨《し》んで、諡《おくりな》は簡侯《かんこう》と曰《い》う。

陳寿短篇三部作の掉尾《ちょうび》である。まず語彙の説明から。

「言事者」は事を言いつのる者、すなわち告発者。「蕭（何）」と「曹（参）」はいずれも劉邦（漢の高祖）の腹心。『史記』にはふたりの伝（世家《せいか》）がある。それによると二人（劉・蕭・曹）は同じ沛《はい》（江蘇省）の出身で、劉邦が無官のころからふたりはつき従い、ついに漢を創業するに大功があった。蕭何と曹参ははじめ親密な間柄だったが、お互いが重鎮になってくると隙間が生じた。だが蕭何は死にあたって曹参を相国に推薦し、曹参は相国になると蕭何の定めた規則に従って政治をおこなった。曹操は曹参の約四〇〇年のちの後裔にあたる。

「聖恩」は、知徳すぐれて事理に通じた人（曹操をさす）の恩、の意。「市朝」は、市場と朝廷。処刑後、士以下は城内の市場で、大夫以上は朝廷で晒し者にした。

「狐射姑」は春秋時代の晋《しん》の将。「陽処父」は晋の政治家。『春秋左氏伝』の「文公六年（紀元前六二一年）」を見ると、陽処父は軍の将《しょう》だった狐射姑と佐《さ》（位は将より下）の趙盾《ちょうとん》の地位を勝手に入れかえた。趙盾を贔屓《ひいき》にしたのである。狐と趙は国君擁立で対立し、趙盾が狐の擁立者を殺した。狐は陽処父が自分の地位を格下げしたのを怨み、狐鞫居《こきくきょ》を派遣して殺させた。晋は鞫居を殺し、射姑は狄《てき》に逃げた。

さて、和洽は曹操の召集した会議に出席した。毛玠の偏った官吏選抜の方法には反対だったが、その人格には一点の疑念も持っていない。和洽は曹操に、告発者が言った内容の事実を調べるよう発言した。

告発者は、あるいは毛玠や和洽よりいっそう曹操の側近だった可能性がある。曹操は自分と毛玠および告発者の関係を、劉邦と蕭何、曹参になぞらえる。裸一貫のときから劉邦につき従った蕭・曹は後年、互いに親密ではなくなったが、どちらも劉邦にとってはなくてはならぬ存在である。

今の曹操にとっては告発者と毛玠がそうだ。両者は合わないが、それぞれ他にない能力がある。だから和洽は事実をはっきりさせて白黒をつけよと言うが、その意見は取りあげぬ。蕭何と曹参の例を充分に考えてもらいたい――。

しかし和洽は、告発者が讒言したことを確信している。それゆえ、毛玠を徹底して弁護するいっぽう「然《とはもうしまして》も、人情《ひとのこころ》は保《ほしょう》し難《がた》く、考覈《きびしくおしらべ》いただいて」と、自分が絶対的信頼をおいている毛玠でも、あるいは心が変化して告発者が指摘したようなことを口にしたかも知れないと、逆手をとって毛玠も取調べるよう求めた。この問題を解決せずに先送りすれば、将来に禍根を残すことになりましょう……。

献帝から禅譲の意向をうけ、魏国の根幹が固まりつつある今この時、天下の安定を維持しつづけるためにも、毛玠、告発者、ともに失うわけにはゆかない。曹操は席上、ついに本音をはく。

「……両《ふたり》とも全《い》て欲《ほし》い耳《から》だ。」

和洽はしかし、さらに食いさがる。毛玠か告発者か、どちらかを晒し者にすべし……。今ここで告発者（鵁・青蠅）を処分しておかねば必ず第二、第三の崔琰が生まれよう。おのれが投獄・処刑されるのは覚悟のうえ、和洽は権力者に挑戦する。

曹操は追い詰められた。召集された近臣たちは固唾《かたず》をのんで次の発言に息をひそめる。成り行きしだいでは体制にひびが入りかねないこの事態を、一国の宰相としてどう切り抜けるか。

曹操が言う。

――今は、孫権との戦争の真最中だ。告発の真偽をいちいち取り調べている暇はない。……（建安二十一年）〔二一六年〕から翌年にかけて数度にわたり、孫権を討つべく遠征している。）

曹操は問題の焦点を逸《はぐ》らかしたのだ。そして、春秋時代の故事を引く。

——晋を支える臣下らは、私情でいがみ合い、殺し合った。そういうことを、させてはならぬ。宰相のわたしにとっての自戒である。

かくして毛玠も告発者も、それ以上の追及をうけず、和洽にも鴆の手が伸びることはなかった。

建安二十二年（二一七年）春、孫権が降伏してきて修好が結ばれた。その冬に曹操は曹丕を太子に立て、後継者をめぐる曹植派の動きは止まった。

陳寿は「崔琰伝」の「評」（人物評）にこう記した。

崔琰《さいえん》は高格最優《じんかくもっともすぐれ》……而《てはいた》が……其身《そのみ》に不免《ふこうをまぬがれなかった》。『大雅《たいが》』（『詩経』の篇名）は「既明《ほんらいことがらにあかる》く且《そのう》え哲《かしこい》」ことを貴《ほ》め、『虞書《ぐしょ》』（『尚書』の一部）は「直《きもちはまっすぐ》で而《しか》も能温《こころやさしい》」ことを尚《とうとん》だが、自《うまれながら》にして才《それらのさいのう》を兼《かねそなえているもの》で非《なけ》れば、疇《だれ》か、克《どりょくし》て諸《それら》を備《そなえることのできるものが》いようか。

班固が『漢書』「司馬遷伝」の「賛」で使ったのと同じ「大雅」の「既《すで》に明《めい》にして且《か》つ哲《てつ》」のことばを用いて、清廉潔白で知識のある人物でもまっとうに生き抜くことの難しさを嘆いたのだが、しかし陳寿の「崔琰伝」から「毛玠伝」「和洽伝」への展開は、あきらかに漢以後の新たな時代における臣下の生き方の可能性を示唆している。のみならず、それはまた皇帝を頂点とした、臣下の生殺与奪の権を掌握している権力者の側の変化をも暗示していよう。

陳寿が三部作で真に描こうとしたのは、曹操という人物の心の動きだったのではないかと、わたしは思っている。曹操の統率者としての決断の形の移り変わりを、文学的記録として残したのだ。

典章の最後と華佗の刑死

陳寿の「三書」のうち、『魏書』は列伝に取りあげた人物の数がもっとも多い。それだけに前節までにふれた「崔琰伝」「毛玠伝」「和洽伝」以外にも、読者を魅きつける短篇はいくつもある。

しかし本章で、それらのすべてをご紹介するわけにはいかない。選択に迷うけれども、武将典韋《てんい》と医者華佗《かた》の物語り二篇にふれて、次章にうつろう。

中平六年（一八九年）夏、反董卓《とうたく》の旗幟をかかげて齢《よわい》三十五で起兵していらい、曹操はつねに彼をとりまく曹操軍団と共に乱世の中原を疾駆した。

死闘の果てに戦場の露と消えていった部隊長、捕虜となって生きのびた軍師、裏切りのすえ敵に殺された将校――軍人の世界もまた離合集散はさけられないものの、曹操軍団のなかからは幾多の個性的な武将が輩出し、それぞれの人生、物語りを演じた。

父方（夏侯《かこう》氏）の同族出身の夏侯惇《とん》、夏侯淵《えん》、同郷出身の許褚《きょちょ》、各地から集まってきた張遼《ちょうりょう》、楽進《がくしん》、于禁《うきん》、張郃《ちょうこう》……そして典韋らがいた。彼らもまた董昭《とうしょう》、荀彧《じゅんいく》、荀攸《じゅんゆう》、鍾繇《しょうよう》らの参謀と同様に、天下のために理想の政治を求めて自ら指揮をふるう曹操を信じて、われ先に戦場におもむいたのである。

曹操とその中核になる武将たちは、侠気によって結ばれていたと考えられる。それは男気《おとこぎ》（男らしい気質）があり、曇りのない誠実さと一徹な行動力によって、自分を理解し庇護してくれる者のためには命を賭けて恩に報いるといった〝任侠の世界〟に重なる関係と言っていいけれども、すでに司馬遷が『史記』の「游侠列伝」でとりあげたような、民間に隠然たる勢力をもち悪事をもはたらく劇孟《げきもう》や郭解《かくかい》のような、一般に言うやくざのそれとは異なる侠気である。

陳寿が描こうとしたのは曹操が、『史記』の俠気をもった人物（俠客）たちの信義と行動の原動力を、時として民衆の敵となる手ごわい集団（豪党、豪強あるいは賊などと呼ばれた）から解き放って、自らの軍団に取りこんだことだと言えるかも知れない。

ここに訳出した「典韋伝」は、曹操軍団のなかでも典型的な、俠気に散った武将の物語りである。

典韋《てんい》は陳留己吾《ちんりゅうぐんきごけん》の人也《ひとである》。形貌《からだつき》は魁格《みあげるほどたくましく》、旅力《きんりょく》は過人《ずばぬけ》、志《こころざし》節《せっそう》・任俠《おとこぎ》が有《あ》った。襄邑《じょうゆう》（河南の睢《すい》県）の劉氏《りゅうし》は睢陽《すいよう》（河南の商丘）の李永《りえい》と讎《かたきどうし》で、韋《てんい》は之《りゅうし》の為《ため》に報《ほうふくしよう》とした。永《りえい》は故《そのころ》、富春《ふしゅん》（浙江の富陽）の長《けんちょう》をしており、備衛《けいご》は甚《ひじょう》に謹《きびしか》った。韋《てんい》は雞・酒《さけさかな》を載《のせ》た車《くるま》に乗《の》り、候者《ほうもんしゃ》を偽《よそお》う。門《もん》が開《ひら》くや、匕首《あいくち》を懐《ふところ》にして入《とびこ》み、永《りえい》を殺《さしころ》し、并《あわせ》て其妻《そのつま》を殺《あや》めると、徐《ゆっく》り出《もんをで》て車上《しゃじょう》の刀《とう》・戟《げき》を取《てにと》り、歩《あゆ》み去《さ》った。永居《りえいのすまい》は市《いちば》に近《ちかか》った。一市《あたり》は尽駭《おおさわぎ》になり、追者《てんいをおうもの》は数百《すうひゃくにん》にのぼったが、敢《あえ》て近《ちかづこうとするもの》は莫《いなか》った。行四五里《ゆくことしごり》、其伴《りえいのなかま》に遇《ばったりであ》い、転戦《たたかいをくりかえし》つつ得脱《だっしゅつ》した。是《このこと》が由《あって》から、豪傑《ごうけつたち》に所識《しられるようにな》った。……

「陳留己吾」といえば曹操起兵の地。典韋は毛玠と同郷である。「富春」は呉の孫権一族の出身地。今日も、孫氏の子孫たちの住む村が残っている。

「匕《ひ》首」は鍔《つば》のない短剣（合口《あいくち》）。剣先が「匕」（さじ）に似ている。一般に剣は刺し、「刀《とう》」は切り込み、断ち落とすときに用いる。

刀には大刀・短刀・長刀（柄のついたもの。なぎなた）などがある。騎兵が馬上から使用しやすく、また将校が腰に佩《お》びた。「戟《げき》」は「矛《ほこ》」（槍）と「戈《か》」（柄《え》の先端にT字型の鋭利な刃を付けた武器）を組み合わせた形。漢代には殺傷力の高い鉄戟が用いられた。長戟、短戟がある。

「豪傑」は、地方の豪族や大物の游俠の徒をさす。漢代の『淮南子《えなんじ》』という本に、才智武勇が百人にすぐれた者を豪《ごう》、十人にすぐれた者を傑《けつ》という、とある。


太祖《そうそう》が濮陽《ぼくよう》で呂布《りょふ》を討《こうげき》した。布《りょふ》は別《べつ》に、濮陽《ぼくよう》の西《にし》、四《し》、五十里《ごじゅうり》にも屯《ぐんえい》を在《しいてい》た。太祖《そうそう》は夜襲《やしゅうをかけ》て比明《よあけまえ》に之《そこ》を破《うちやぶ》ったが、未《ま》だ及還《へいをひきあげきらぬ》うち、会《おりし》も布《りょふ》の救兵《きゅうえんたい》が至《とうちゃく》、三面《さんぽう》から戦《たたかい》を掉《いどんで》きた。時《そのとき》、布《りょふ》は身自《みずか》ら搏《うってで》て戦《たたか》い、旦《あけがた》自ら日昳《にちぼつ》に至《いたる》るまで、数十合《すうじゅっかい》、相《とも》に持急《はげしいせんとうをくりひろげ》た。太祖《そうそう》が陥陳《とつげきたい》を募《つの》った。韋《てんい》が先《まっさき》に占《なのりで》て、応募者数十人《おうぼしゃすうじゅうにん》を将《ひきい》る。皆《ひとりのこらず》両鎧《よろい》を重衣《かさねぎ》して、楯《たて》を棄《なげす》て、但長矛《ただながいほこ》を持《も》ち、戟《げき》を撩《てにし》た。時《おりもおり》、西面《にしからのこうげき》が又《ふたたび》急《きゅうをつげ》る。韋《てんい》が進《つきすすん》で之《そこ》に当《いど》めば、賊《てき》の弓《ゆみ》弩が乱発《らんしゃ》され、矢《や》が雨《あめ》の如《よう》に至《とんでき》て、韋《てんい》は不視《めをあげることもできな》い。等人《とつげきたいいん》に謂《むか》って曰《どな》った。

「虜《てきへい》が十歩《じゅっぽのところ》に乃《きた》ら、之《そ》う白《い》え。」

等人《たいいん》が曰《さけ》ぶ、

「十歩《じゅっぽ》で矣《あります》。」

又曰《つづけてめいれい》する、

「五歩《ごほ》乃《で》白《い》え。」

等人《たいいん》は懼《ふるえあが》り、疾《たまら》ず言《くちばし》った。

「虜《てき》至《で》矣《す》。」

韋《てんい》は十余戟《じゅうすうほんのげき》を手持《ひっつかむ》なり、大呼《おらびごえ》を起《はりあ》げて所抵《むかうところ》、不応手倒者《なぎたおされないもの》は無《なか》った。布《りょふ》の兵《へい》が退《たいきゃく》する。会《おりから》日《ひ》暮《ぐ》れ、太祖《そうそう》は乃《ようや》く引去《ひきあげること》が得《でき》た。

「濮陽」は河南省の北部（濮陽市）、東北方に向かって流れる黄河の西。「呂布」は群雄のひとりで、董卓を刺殺した。弓馬にすぐれていたが狡猾で裏切りが多く、最後は曹操に捕えられて処刑された。

「両鎧《りょうがい》」は「両当鎧《りょうとうがい》」、すなわち胸当てと背当ての両方がついた鎧《よろい》。前漢から登場した。「楯」には藤のつるや木で作ったものが多い。楯を投げ捨てるとは死を厭わぬ覚悟を示す。「弓弩《きゅうど》」は弓《ゆみ》と弩《ど》。「弩」は弓に引き金を備えて矢を発射させる武器。飛距離、殺傷力、命中率が格段にあがった。「等人《とうじん》」は募集に応じた突撃隊員をいう。同志、同輩。

曹操と呂布は幾度となく闘っているが、濮陽での敗戦は興平元年(一九四年)春のこと。典韋らの突撃隊によって、曹操は救われた。


韋《そうそうはてんい》を都尉《ぶかん》に拝《とりたて》て左右《みぢか》に引置《おき》、親兵数百人《しんえいたいすうひゃくにん》を将《ひきい》て常《つね》に大帳《ばくえい》を繞《じゅんかいさせ》た。韋《てんい》は既《かれじしん》壮武《ゆうそうだった》が、其《そ》の所将《はいかのものたち》も皆選卒《みなえらびぬかれたへいし》であり、戦闘《せんとう》の毎《たび》に常《つね》に先登《せんぽうとな》って陳《てきじん》を陥《かんらくさ》せた。遷《しょうしん》して校尉《しきかん》に為《な》った。性《そのせいかく》は忠至謹重《ちゅうせいでつつしみぶかくおちつきがあ》った。常昼《ひるま》は立《た》ったまま終日《いちにちつか》侍え、夜《よる》は帳《とばり》の左右《そば》で宿《ねむりをと》る。稀《まれ》に帰《かえ》って私寝《じぶんのうちでね》た。酒食《のみくい》が好《す》きで、兼人《すうにんぶん》を飲啗《たいらげ》た。於前《そうそうのまえ》で食《しょくじ》に賜《あずか》る毎《たび》に、大飲長歠《のむことのむこと》、左右《りょうて》を相属《やすめず》、数人《すうにんがかり》で益乃《しきり》に供《すすめ》た。太祖《そうそう》は之《それ》を壮《みごとだとよろこ》んだ。韋《てんい》は大《とくだい》の双戟《いっついのげき》や長刀等《ちょうとうなど》を好《この》んで持《たずさ》えた。軍中《ぐんちゅう》では之《それ》を語《かたりぐさ》に曰《し》た。

「帳下《ばくか》の壮士《そうし》に典君有《りてんあ》り、提《ひっさ》げた一双《いっつい》の戟八十斤《げきしめてごじゅっキロ》。」

「帳」はとばり、幔幕で囲った将軍の居る軍営。「帳下」は、その軍営のなかの意。「双戟」は一対の短い戟（手戟《しゅげき》）のこと。典韋が手にしたのは特に大きく、重く、一つが二十五キロあった。手戟は護身用に適したという。

太祖《そうそう》が荊州《けいしゅう》を征《せいふく》して宛《えん》（河南の南陽）に至《いたる》と、張繍《ちょうしゅう》が迎降《とうこうして》きた。太祖《そうそう》は甚《ひじょう》に悦《よろこ》び、繍及其将師《ちょうしゅうとそのしょうぐんたち》を延《よん》で置酒高会《せいだいなさかもりをひらいた》。太祖《そうそう》が酒《さけ》を行《ついでまわる》あいだ、韋《てんい》は大斧《おおおの》を持《てにし》て後《うしろ》に立《ひかえ》る。刃径一尺《おののはわたりにじゅっセンチ》、太祖《そうそう》が所至之前《さけをついでゆくたび》に、韋《てんい》は輒《さっ》と斧《おの》を挙《かかげ》て之《あいて》を目《うかが》った。酒《さけ》を竟《つぎおわる》まで、繍及其将師《ちょうしゅうおよびそのしょうぐんたち》は敢《じぶん》から仰視《かおをあげててんいをみよう》とは莫《しなか》った。後十余日《それからとおかあまり》、繍《ちょうしゅう》が反《はんぎゃくし》て太祖《そうそう》の営《しゅくえい》を襲《きゅうしゅう》した。太祖《そうそう》は出《そとにで》て戦《たたか》ったが不利《けいせいふり》となり、軽騎《けいそうのきへい》と引《とも》に去《にげさ》った。韋《てんい》が門中《ぐんもんのうち》で戦《おうせんした》ので賊《てき》は不得入《しんにゅうできず》、兵《てきへい》は遂《そこ》で散《ぶんさん》して他《た》の門《もん》から並入《とつにゅうして》くる。時《ときに》、韋《てんい》の校《ぶたい》は尚十余人有《まだじゅうよにんいきのこってお》り、皆《みな》殊死《しにものぐるい》で戦《たたか》い、不一当十《ひとりでじゅうにんをあいてにしないもの》は無《なか》った。賊《てきへい》は前後《じかんとともに》稍多《だんだんふえ》て至《き》た。韋《てんい》は長戟《ちょうげき》を以《ふりまわ》して左右《あたり》の之《てき》を撃《うちたお》し、一叉入《ひとうちすれ》ば輒《たちま》ち十余矛《じゅうよにん》を摧《なぎたお》す。左右《ぶか》の死傷者《ししょうしゃ》は略尽《ほぼつ》きた。韋《てんい》は数十創《すうじゅっかしょにきず》を被《お》い、短兵接戦《はくへいせん》となった。賊《てきへい》が前《つっこんでき》て之《てんい》を捕《とらえよう》とする。韋《てんい》は両賊《ふたりのてきへい》を双挟《りょうわきにかか》え之《とも》に撃殺《うちころ》すと、余賊《ほかのてきへい》は不敢前《ちかづくこともできな》い。韋《てんい》は、復前《もはやこれまで》と突賊《とっしん》して数人《すうにん》を殺《ころ》すや、創《きずぐち》が重《いくえ》にも発《ひら》き、目《まなこ》を瞋《いから》せ、大罵《はげしくののしり》ながら死《は》てた。賊《てきへい》は乃敢《たちま》ち前《むらが》り、其頭《てんいのあたま》を取《おとし》て之《それ》を伝観《まわしみ》、覆軍《われさき》に就《ちかよ》って其躯《りっぱなからだ》に視《みと》れた。太祖《そうそう》は舞陰《ぶいんけん》（河南、泌陽《ひよう》県の西）まで退住《たいきゃくし》たが、韋《そこでてんい》の死《し》を聞《き》き、流涕《な》いた。閒《みってい》を募《つの》って其喪《てんいのしたい》を取《ひそかにとりもど》し、親自《みずから》臨《そうしきにのぞ》んで之《そのし》を哭《いた》み、襄邑《こきょうのじょうゆう》（出身地の己吾は襄邑の一部）に帰葬《ほうむら》せた。子《ちょうなん》の満《てんまん》を郎中《ちゅうおうのやくにん》に拝《とりたて》た。車駕《くるま》が過《はかのそばをとお》る毎《たび》に、常《そうそうはいつ》も中牢《ぶたとひつじのぎせい》をそなえて祠《まつら》せた。太祖《そうそう》は韋《てんい》を思《しのん》で、満《てんまん》を拝《とりたて》て司馬《ぐんじたんとう》に為《つ》け、自近《みぢか》に引《お》いた。

「張繡」は西域、武威郡《ぶいぐん》の出身で、驃騎《ひょうき》将軍・張済《せい》の族子《おい》に当たる。建安二年（一九七年）正月、宛《えん》で投降したとき曹操が、戦死した張済の妻を側妾にしたため、張繡は怨んで宿営を急襲した。曹操は負傷したものの九死に一生を得て脱出、しかし典韋をはじめ息子の曹昂《こう》、弟の子の曹民《みん》らを戦死させた（一三八～一三九頁参照）。のち張繡はふたたび曹操に降伏し、戦功をたてて昇進した。

「斧」は、割ったり断ち切ったりする武器。柄があり、重い。鉞《えつ》（まさかり）、戚《せき》、斤《きん》などと呼ぶ。「門」は軍営の門。象牙の飾りを付けた軍旗を立てたので「牙門《がもん》」という。「殊《しゅ》死《し》」は決死、死にもの狂い。「殊死刑」は死刑をいう。「短兵接戦」は短兵（短い武器、刀剣）が接するほど近づいて戦うこと。白兵戦。「中牢」は祭祀に羊と豚を供えること。牛・羊・豚を供えるのを「大牢」という。

典韋の壮烈な戦死を聞き、曹操は涙を流した。そして死者の霊をなぐさめるいっぽう、遺族の面倒を見つづけた。死後にもつづくこのような、君と臣（あるいは将軍と兵士）との間に結ばれた義侠心の発露は、当然ながら同様の立場にある他の臣（兵）に、さらなる忠誠心と一体感をもたらしたであろう。

毛玠が、曹操を謗《そし》って崔琰の怨みごとを述べたと告発されたとき、曹操は「君臣《わたしともうかい》の恩義《おんぎのつながり》を損《そこなうもの》だ。」と毛玠を非難した（二七三頁参照）。義侠心によるつながりを曹操が大切に思っていたことが、そこにもうかがわれる。

それにしても、曹操はたび重なる戦闘において幾度か死地に落ちいっているが、なかでも張繡の反逆による時がもっとも危険だったにもかかわらず、数人の大切な犠牲者を出しながら、本人はよくも生き延びたものだと思う。それもまた「超世之傑《せだいをこえたえいけつ》」（「武帝紀」

の陳寿評）たる者の要件と言えようか。

陳寿は「武帝紀」に、張繍に敗れた曹操の反省の弁を記している（一三八〜一三九頁参照）。

本章の最後に取りあげる華佗は、曹操に投獄され刑死させられた名医である。

なぜ、そのような事態に立ちいたったのか。

本文を読んでみよう。

華佗《かた》、字《つうしょう》は元化《げんか》、沛国譙《はいこくしょうけん》の人《ひと》で也《ある》。一名《いちめい》を旉《ふ》という。徐土《じょしゅう》に游学《ゆうがく》し、兼《どうじ》に数経《すうしゅのけいしょ》に通じた。沛《はい》の相陳珪《ちょうかんちんけい》が孝廉《もはんせいねん》に挙《すいせん》し、太尉《だいじん》の黄琬《こうえん》が辟《めしかかえよう》としたが、皆《いずれ》も不就《ことわった》。養性之術《ようじょうのじゅつ》に曉《あかる》く、時人《ひとびと》は年《ねんれい》は且百歳《もうひゃくさいになる》と以為《おも》った而《が》、貌《かお》には壮容《そうねんのおもかげ》が有《あ》った。又《また》方薬《びょうきやくすりのしょほう》に精《くわし》く、其《かれ》が疾《やまい》を療《ちりょうする》とき、湯《おゆ》で合《せんじ》るのは数種《すうしゅるいのくすり》に不過《すぎず》、心《めぶんりょう》で分剤《ちょうごう》が解《で》き、復《ふたた》び量《おもさ》を称《はかるひつよう》は不《なか》った。煑熟《よくせんじ》て便《それ》を飲《のま》せ、其節度《びょうにんにちゅうい》を語《あた》え、舎去《しょほうされたぶんをのみおわる》と輒《すぐ》に愈《よくな》った。灸《きゅう》を当《すえ》る若《とき》は、一両処《いちにかしょ》に毎処七《それぞれしち》八壮《はちかい》も不過《すえれば》、病《やまい》は亦応除《いつのまにかとりのぞかれ》た。針《はり》を当《う》つ若《とき》は亦一両処《またいちにかしょ》に不過《すぎず》、針《はり》を下《う》つまえに、

「当《ちょう》ど某許《つぼのところ》に引《さし》て若至《はりがあたった》ら、人《わたし》に語《いいなさ》い。」

と言《い》う。病人《びょうにん》が、

「已到《あたりました》。」

と言《い》うと、応便《ただち》に針を抜《ぬ》く。病《びょうき》は亦行差《たちまちよくな》った。若《も》し病《びょうき》が在内《たいない》に結積《こりかたまって》いて、針《はり》や薬《くすり》が所不能及《やくだたなけれ》ば、刳割《せっかいしゅじゅつ》者を当須《ほどこす》ために便《すみやか》に其麻沸散《ますいやく》を飲《のま》せる。須臾《たちまち》の便《うち》に酔死無所知《でいすいしたようにかんかくがな》く如《な》り、因《そのあいだ》に破《しゅじゅつ》して取《びょうきをとりのぞ》いた。病《びょうそう》が若《も》し腸中《ちょうのなか》に在《あれ》ば、便《ただち》に腸《ちょう》を断《きりと》って湔洗《よくあら》い、腹《ふたたびふくぶ》を縫《ぬいあわ》せて膏摩《こうやくをぬ》った。四五日《しごにち》で差《かいふく》し、不痛《いたむこともなく》、人《ほんにん》も亦不自寤《またびょうきだとかんじない》。一月之間《ひとつきたてば》、即《もは》や平復《きずぐちはもと》に矣《もどった》。……


「沛国譙」は、現在の安徽《あんき》省亳《はく》州市。曹一族の出身地であり、今日その墳墓群も発掘、公開されている。華佗の旧居を利用した記念館（華祖庵《かそあん》）も、観光名所になっている。「徐土」は徐州の土地。江蘇省徐州市。「経」は儒教の経典である『論語』『孟子』や『易経』『詩経』などをさす。

「陳珪」は下邳《かひ》（徐州）の人。名門の出で曹操を支持し、呂布と袁術《えんじゅつ》の連合を阻んだ。「黄琬」は董卓時代の太尉（大臣）、のち獄死。

「養性之術」は、人が自然にもっている性質を害さずに健康を保つ方法。「麻沸散《まふつさん》」は、華佗が発明したという麻酔薬。

太祖《そうそう》は聞《うわさをきく》と而《すぐ》に佗《かた》を召《めしよ》せ、佗《た》は常《いつ》も左右《そば》に在《おかれ》た。太祖《そうそう》は頭風《づつう》に苦《くるし》み、発《いた》む毎《たび》に心乱《こころみだ》れ、目《め》が眩《くらん》だ。佗《た》が鬲《おうかくまく》に針《はりをうつ》と、随《てのうごきにしたが》手って而《すぐ》に差《いたみがとれ》た。……然《しか》し、本作《かたはほんら》い士人《ちしきじん》だったので、医者《いしゃ》と以《し》て業《みと》め見《られ》ることが意《ないしん》常《いつ》も自悔《くやしか》った。後《のち》に太祖《そうそう》は、理《かんおうちょうのせいじ》を親《みるようにな》ったとき、篤重《おも》い病《びょうき》に得《かか》り、専《もっぱ》ら佗《かた》に視使《みさせ》た。佗《かた》が曰《い》った。

「此《このやまい》は近《すぐ》に済《なおる》のは難《むつかし》く、恆事《じみち》に攻治《ちりょうなされ》ば歳月《ながいき》も可延《できましょう》。」

佗《かた》は久《ひさし》く家《いえ》を遠《はなれていた》ので、思帰《かえりたか》った。因《そこ》で曰《こうい》った。

「当《ちょう》ど家《いえからのてがみ》書が得《とどき》ました。方《このきかい》に暫《ちょっ》と還《かえって》こようと耳《おもいま》す。」

家《いえ》に到《つく》と、妻《つま》が病《びょうきだ》以と辞《い》って数《なんど》も期《きゅうか》を乞《ひきのば》し、不反《もどらなかった》。太祖《そうそう》は累《かさね》て書《てがみをだ》して呼《よびもどそうと》し、又郡県《またぐんけん》に敕《めいじ》て遣《かえってくる》よう発《うながし》た。佗《かた》は能《じぶんののうりょく》を恃《たのみにし》て食事《せいふにつかえること》を厭《いと》い、猶《なお》も不上道《もどろうとしない》。太祖《そうそう》は大怒《ついにいか》った。人《やくにん》を往《ゆかせ》て検《しら》べ使《さ》せ、若《も》し妻《つま》が信《たしか》に病《びょうき》なら、小豆四十斛《あずきよんじゅっこく》を賜《あたえ》て假《きゅうか》の限日《きげん》を寛《のば》せ、若《も》し其《それ》が虚詐《うそ》なら、便《ただち》に収《ひっとらえ》て送之《おくりもどせ》、と。

於是《かくして》、伝《とらえ》て許《きょと》の獄《かんごく》に付《つない》だ。考験《とりしらべ》に、首《みずか》ら服《つみをみとめ》た。荀彧《じゅんいく》が請曰《ねがいで》た。

「佗《かた》の術《いじゅつ》は実《まこと》に工《すばらし》く、人《ひと》の命《いのち》が所県《かかっており》ます。宜《なにと》ぞ、之《かれ》を宥《おゆる》し含《くださいます》よう。」

太祖《そうそう》が曰《い》う。

「不憂《しんぱいはいらぬ》、天下《このよ》に此《あん》な鼠輩《こそこそしたやつ》が無《もういない》と当《いうこと》は邪《あるま》い。」

遂《つい》に佗《かた》を考竟《ごうもんにかけ》た。佗《かた》は死《し》に臨《のぞん》で、一巻《いっかん》の書《しょ》を出《とりだ》し、獄吏《ごくそつ》に与《あたえ》て曰《い》った。

「此《このしょ》は可以《きっと》、人《ひと》を活《すく》うだろう。」

吏《ごくそつ》は法《きそく》を畏《おそれ》て不受《うけとらず》、佗《かた》も亦不彊《またむりじいせず》、火《ひ》を索《つけ》て之《それ》を焼《やい》た。佗《かた》の死後《しご》も、太祖《そうそう》の頭風《ずつう》は未除《なおらなか》った。

「佗《かた》なら、此《このいたみ》を能愈《とれ》た。小人《あいつ》は吾《おれ》の病《びょうき》を養《のこして》おいて、以《それ》で自《じぶん》を重《だいじにさせよう》と欲《し》た。然《も》し吾《おれ》が此子《あいつ》を不殺《ころさず》とも、亦終《きっと》、当《あいつ》は我《おれ》の為《ため》に此根原《びょうきのもと》を断《とりのぞくこと》は不《なかった》に耳《ちがいない》。」

後《のち》に愛子《あいじ》の倉舒《そうじょ》（曹冲《ちゅう》）が病《きとく》に困《おちい》った及《とき》、太祖《そうそう》は歎《たんそく》して曰《い》った。

「吾《おれ》は華佗《かた》を殺《ころしてしまったこと》を悔《くや》む。此児《このこ》を彊死《みすみすしなせ》て令《しま》う也《とは》。」

「医者」は当時、一種の賤業とみなされ、卑しめられていた。『論語』「子路」篇に、一定のしっかりした行動のできない人間は巫《ふ》（占い師）や医（医者）にもなれない、という表現が見られる。「斛」は量の単位。一斛は十斗。「鼠輩《そはい》」はねずみの群、とるに足らぬ小者。害をなす君側の臣を指すこともある。

「倉舒」は曹冲の字《あざな》（通称）。曹操と環夫人のあいだの子。とくに聡明だったので曹操は眼をかけたが、建安十三年（二〇八年）五月に十三歳で病死した。

華佗が刑死した年代は、はっきりしない。曹冲が死んだ二〇八年以前、曹操が冀州の長官になった二〇四年以後の間だと思われる。曹操は五十代前半の、壮年の気魄あふれる年頃である。

陳寿は華佗について、人物評をしていない。曹操に殺された、刑死させられた、死に追いやられた、等々の人物については、すでに「崔琰伝」でその一端を見たように、陳寿は慎重に記録しているけれども、華佗についてはいっそう冷静で、しかも文学的な叙述である。

「……亦終《きっと》、当《あいつ》は我《おれ》の為《ため》に此根原《びょうきのもと》を断《とりのぞくこと》は不《なかった》に耳《ちがいない》。」

同じ譙の県内に生まれ育った華佗の心中に、大官僚の家柄だとはいえ、曹家の祖父が宦官であることへの屈折した感情が抜きがたくあることを、曹操は直感していたのである。この曹操の一言を創作した陳寿――ここでもわたしは、『魏書』をはじめとする「三書」は「史書」というより「記録文学」である、と思うのである。

陳寿は司馬遷を師表としていた。それは華佗の伝を収めた「方技伝《ほうぎでん》」最後の「評」にもはっきりしている。「方技」とは医術、薬学、房中術《ぼうちゅう》、神仙術、卜占術《ぼくせん》などの技術をいう。

評曰《ひょうしてい》う、華佗《かた》の医診《しんりょう》、杜夔《とき》の声楽《おんがく》、朱建平《しゅけんぺい》の相術《にんそうじゅつ》、周宣《しゅうせん》の相夢《ゆめうらない》、管輅《かんろ》の術筮《ぼくぜい》、誠《まこと》に皆《いずれ》も玄妙《おくぶか》く殊巧《とくしゅ》な、非常《まねのできな》い絶技《ぎじゅつ》で矣《ある》。昔《そのむかし》、史《れきしか》遷《しばせん》が鵲扁《へんじゃく》（戦国時代の名医）、倉公《そうこう》（漢初の医学者）、曰者《うらないし》の伝《でんき》を著《あらわ》したのは、広《ひろ》く異聞《いろんなことをききあつ》め而《て》、奇事《かわったこと》を表《きろくしようと》した所以《から》で也《ある》。故《そこ》で、存録《わたしもまたここにきろく》した云爾《のである》。

死後、華佗は許都の西北隅（今日の許昌市蘓橋鎮石寨村《そきょうちんせきさいむら》の石梁河《せきりょうが》の畔）に葬られた。墓の東南の村は、いまも哭佗村《こくたそん》（佗を哭《な》く村、哭は死を悼んで大声で泣くこと。）と呼ばれる。伝説によると華佗の処刑後、妻は故郷の譙からこの地まで尋ねきて哭きくずれた。そこで、この名があるという。

わたしは華佗の墳墓を数度訪ずれた。四メートルほどの高さの盛り土の前に、「漢神医《かんのしんい》華公墓」（乾隆十七年、一七五二年建立）の石碑が立っている。訪うたびに、北京から携えてきた二鍋頭《アルクオトウ》（庶民が飲む焼酎）を手向けた。

権力者の心中を思い測れなかった華佗が酒を口にしたかどうか記録はないけれども、曹操と同じに好きだったとわたしは思うのである。

望天門山　李白
天門中斷楚江開
碧水東流至此廻
兩岸青山相對出
孤帆一片日邊來

［呉八］

65 暮霞呉景《ぼかごけい》

長江の東（江東）から南（江南）にかけた一帯、すなわち呉は、気候温暖で食糧も豊かな土地柄である。後漢末、そこに戦国時代の兵法家、孫子《そんし》の血を引くといわれる孫権一族が勢力を張った。

安徽省馬鞍山《ばあんざん》市の太白楼を訪れた。安野さんも二楼まで登り、欄干からこの画を描いた。左手が長江、なだらかな山々は采石鎮《さいせきちん》の景勝地。心が伸びやかになる午前のひと時だった。馬鞍山市に、呉の名将朱然《しゅぜん》の墓（博物館）もある。

66　建業盛春　　けんぎょうせいしゅん

赤壁の戦いのあと、孫権は長江の河口に近い秣陵《ばつりょう》を建業《けんぎょう》と改名、呉の首都とした。今日の南京《なんきん》である。孫権は後漢や、その禅譲をうけた魏王朝に臣従したが、二二九年、群臣に勧められてついに自ら呉の帝位に即く。

画は、紫金山《しきんざん》のふもとにあたる梅花山の春。孫権の墳墓がある。紫金山の中山陵《ちゅうざんりょう》は、中国の国父《こくふ》といわれる孫文《そんぶん》の墓で観光名所（世界遺産）になっている。

67 石頭紅色　せきとうこうしょく

孫権が建業（南京）に築いた石頭城の壁。膨大な数の煉瓦を積み重ねて築造している。今は一廓が残っているに過ぎないが、当時は威容をほこったに違いない。夕陽に映えて、呉王朝の紅《あか》い残照が偲《しの》ばれた。

68　姻家政略　いんかせいりゃく

荊州で実力をたくわえつつあった劉備を警戒して、孫権は妹を娶《めあわ》せ、友好関係を固める。画は劉備と孫夫人の結婚式の道行き。『蜀書』「趙雲《ちょううん》伝」の裴松之注『趙雲別伝』によると、孫夫人は傲慢でしたい放題、のち幼い劉禅を連れて呉に戻ろうとしたが、趙雲に取りもどされたという。

69 甘露風説　かんろふうせつ

江蘇省鎮江《ちんこう》市、北固山《ほくこさん》の春。山頂の甘露寺《かんろじ》で劉備と孫夫人は結ばれた、と風説は伝える。寺の裏手にまわると、眼下に悠然たる長江の流れが望まれる。

鎮江には小説『三国演義』にまつわる伝説が多い。

金陵圖
江雨霏霏江草齊
六朝如夢鳥空啼
無情最是臺城柳
依舊煙籠十里堤
韋荘

70 玄武蕭々　げんぶしょうしょう

玄武湖は南京石頭城の近く。玄武は水神のこと。呉の時代、ここで船戦《ふないくさ》の訓練が行なわれたという。蓮《はす》の葉群《はむれ》に、初夏の風がたわむれわたる。彼方の水上から、ボート部員らの元気なかけ声が聞こえてきた。詩は晩唐の韋荘《いそう》「金陵図《きんりょうず》」。南京の宮城を金陵と言った。

　江雨《ちょうこうのあめ》
霏霏《しとしと》と
江草《かわべのくさ》が斉《はえそろ》う
　六朝《りくちょうのむかし》は夢如《ゆめだった》のか
鳥《とり》が空《むなし》く啼《なく》ばかり……

71 西津度街　せいしんどがい

鎮江の西津度街は宋代の面影を再現している。狭い路地に古物商の店が並び、ぶらぶら歩いて通りをぬけると、鎮江市博物館があった。アヘン戦争時代（一八三九～四二年）のイギリス領事館である（左上の赤レンガの建物）。

72 楓橋夜泊　ふうきょうやはく

蘇州は戦国呉《ご》の時代からの都城。現在では、世界遺産の中国園林（庭園）都市として知られている。

画は、かの名高い寒山寺《かんざんじ》と楓橋《ふうきょう》。詩もまた、よく知られた唐・張継《ちょうけい》の「楓橋夜泊《やはく》」。安野さんは運河の水にラピスラズリを使用した。その青は、清澄な蘇州の夕景に気品をそえた。

73 姑蘇繁華　こそはんか

蘇州はまた白壁の街。立派な庭園が多いのは、昔から富商が繁栄したことの証《あかし》でもあろう。画家の描く、くすんだ黒い屋根瓦の群れは、その下で安隠に暮らす天下《よのなかのひとびと》の生活を連想させる。

74 水郷老街　すいきょうろうがい

水郷の風景のなかに身をおいたとき、安野さんは元気になる。水と古びた家屋、そこに住む人びととしっくり合うのだろうか。太湖《たいこ》近くの烏鎮《うちん》を訪れた時も、そうだった。スケッチの量《はか》がいった。

しかも烏鎮の家並は土産屋、お茶屋、染物屋など、安野さんの気をひかないものはなかった。ここで「清明上河図《せいめいじょうがず》」（北宋の画家張擇端《ちょうたくたん》の作品）の蝋纈染《ろうけつぞめ》を買われた。

75 運河逍遥　うんがしょうよう

小舟に乗って烏鎮を遊覧した。水の上はいわば裏道、舟からひょいと水際の階段をのぼれば家々の勝手口で、土間をぬけると表通りに出る。旅人にとっては、心地よい湿り気と開放的な人情がただよう小さな庶民的異空間。

76 茅盾故居　ぼうじゅんこきょ

土産物屋が軒をつらねる東大街《ひがしたいがい》（と言っても細い路地だが）に、茅盾《ぼうじゅん》の故居があった。彼は魯迅《ろじん》にならぶ中国近代文学の旗手だった。記念館になっていて、生前の机や筆記用具がそのまま展示されていた。代表作の『子《し》夜《や》』（夜明け前）は、日本語に翻訳されている。

77 紹興悠閑

しょうこうゆうかん

三国志の遺跡を巡るかたわら、酒麹の匂いにつつまれた紹興の水郷を訪ねた。たゆたう水の上を小舟がすべり去る。あとに残された時は、いずこに向かって過ぎゆくのか。だが、心配はいらない。呉の歴史はこうして数千年、逝ったのだ。画家の絵筆に止まったこの一瞬が、愛しい。

78 望郷孫氏　ぼうきょうそんし

孫権は魏・蜀につづいて呉王朝を創業し、江南の地で繁栄したが、その疑い深い性格が災《わざわ》いして、孫（孫皓《そんこう》）の時代に滅亡する。孫一族の出身地、富春《ふしゅん》（浙江省富陽市）を訪れたのは二〇〇七年六月の上旬だった。画は、小雨ふる富陽郊外の景色。

79 龍門古鎮　りゅうもんこちん

富陽に呉王孫権の末裔《まつえい》たちが住んでいる。その集落が「龍門古鎮」、すなわち龍（皇帝）が出た古《ふる》い鎮《むら》。直系のお宅の家構えは堂々としていた。

安野さんは、親切な傍系（？）の孫さん宅の屋上から鎮をスケッチした。中央に描かれている橋の上の餅《もち》（ピン）焼きのおばあさんから、わたしたちも熱いのを買って頬ばった。

80　陸遜故里　りくそんこり

陸遜は呉の名将。蜀の劉備を夷陵《いりょう》の戦いで打ち破った。晩年は孫権に諫言したため流罪にあい、憤死した。

江蘇省松江《しょうこう》市は陸遜の故郷。小昆山《しょうこんさん》に、子孫の陸機《き》らの記念館があった。

六章『蜀書』――諸葛亮、是か非か

二つの劉備像の由来

四川《しせん》盆地は七〇〇〇万年の昔、広大な内陸湖だったという。時が逝《ゆ》き湖が涸れて西半分はヒマラヤ山脈に連なる大高原地帯となり、東半分に今日の岷江《みんこう》・嘉陵江《かりょうこう》（長江《ちょうこう》最大の支流）が流れる成都《せいと》平原が生まれた。

平原の北を東西に大巴《だいは》山脈が走る。さらにその北、果てしなくひろがる黄土《こうど》大地を見降すかのごとく、分厚い屏風のように立ち開《はだか》るのが秦嶺《しんれい》山脈。大巴山と秦嶺の峨々たる山塊のはざまに漢水が東流する小さな盆地があり、そこを漢中《かんちゅう》と呼ぶ。

四川盆地に蔵《チベット》族、彝《イ》族、羌《チアン》族、漢《ハン》族などさまざまな民族が住みはじめたのはいつの頃のことだろうか。発掘物は、すでに新石器時代の終わり頃（三五〇〇年~四〇〇〇年以前）には、成都周辺に高度な青銅器文化が存在したことを示しているから、それよりずっと昔のことに違いない。

四川の文化を巴蜀《はしょく》文化とも呼んでいる。古《いにしえ》、平原東南部の長江に沿う重慶《じゅうけい》の一帯を巴といい、西北部の成都一帯を蜀《しょく》といった。すなわち後漢末争乱の舞台となった蜀は、成都を中心としたこの巴蜀の領域をさしていう。

話はのっけから寄り道になるけれども、一九九二年の春、わたしは成都の四川大学文物考古管理所を訪れた。

その六年前（一九八六年）の夏、成都市内から北へ約五〇キロに位置する広漢《こうかん》県（今は市）で数多くの青銅彫刻や仮面などが発掘された、という写真入りの新聞記事を読んだ。彫刻の特異な藝術的表現と制作年代の古さに驚いたわたしは、いつかそれらを直接見てみたいと訪蜀の機会を待っていたのである。

三人の管理人が、それぞれ別の鍵を持つ三重の扉の奥、薄暗い保管室の台や棚に、四〇〇点にのぼる大小の出土品が並んでいた。高さ二・六メートル（青銅台座を含む）の立人像、幅一・三五メートル、高さ六五センチ、一七センチ近くも突き出した眼球をもつ大型縦目《たてめ》仮面、金箔を夜会仮面のように顔面に張りつけ、眼尻の釣りあがる大きな眼と鼻と口を鋳出《いだ》した数々の頭部像――。

沈黙するそれら青銅器のいずれにも、まだ三星堆《さんせいたい》（広漢郊外、三星村の小さな丘）の土垢がこびり付いていた。発掘現場は約三〇〇〇年前（中原《ちゅうげん》は商《しょう》王朝の中期）に数多の青銅器を投棄・破壊して、動物とともに祀《まつ》って焼きはらった祭祀坑《さいしこう》の遺址だった。

四川大学を跡にして、車で広漢に向かった。三星村の馬牧河《ばぼくがわ》ほとり、埋めもどされた小さな丘は一面の菜の花におおわれていた。

前漢の揚雄《ようゆう》（成都出身の学者。『漢書《かんじょ》』に伝あり）に次いで後漢から晋《しん》にかけての譙《しょう》周《しゅう》（陳寿《ちんじゅ》の師。『蜀書』に伝あり）が編集したとされる『蜀王本紀《しょくおうほんぎ》』や、晋の常璩《じょうきょ》撰『華陽国志《かようこくし》』の「蜀志」などによって古代蜀国の姿をおぼろげにたどってみると、次のようになる。

はじめ「其の目、縦なり」と記されている蚕叢《さんそう》が王を称し、柏濩《はくかく》、魚鳧《ぎょふ》、開明《かいめい》とつづく。「蚕叢」の名は、古来知られてきた〝蜀の錦織り〟を生む蚕と深い関係があるようだ。「蜀」の字の成りたちは「葵中《ひまわりのなか》の蚕《かいこ》」の象形（漢時代の辞書『説文《せつもん》』）だという。今日では、「蜀」は牡《おす》の獣の形を示し「虫」は牡器《ぼき》〈牡《おす》の性器〉の象形で、したがって牝《めす》獣と接することのない獣を「獨＝独」という、との説〈白川静『字統』〉もある。

蚕叢の時代から三〜四万年が過ぎた。夏《か》・商《しょう》・周の記録が現われはじめる。『尚書』「牧誓《ぼくぜい》」篇の、周が商を滅ぼした牧野《ぼくや》の戦い（紀元前一〇〇〇年頃）で、周側に従軍した八カ国のうちに蜀もあがっており、以降『史記』『蜀王本紀』『華陽国志』などに登場する。『史記』「秦本紀《しんほんぎ》」の恵《けい》公十三年（前三八七年）の項には「蜀を伐《う》ち、南鄭《なんてい》を取《うば》う」とあり、すでに漢中（南鄭はその要地）も蜀の領内だったことが知られる。やがて漢中郡・巴郡・蜀郡の行政区として漢王朝の支配下に組みこまれてゆく。

しかし右にあげた周より古い時代の記録には、神話や伝説によるものが多かった。それが三星堆「祭祀坑」の発見によって、三〇〇〇年以前の高度な青銅器文化をもった古代蜀国の実在が確認されたわけである。

三星堆を訪れて六年後（一九九八年）、「祭祀坑」から甦《よみがえ》った異形《いぎょう》の青銅器群は日本にやってきた。「驚異の仮面王国展」は東京・京都・広島・福岡と巡回し、日本人に小さからぬ衝撃をもたらした。わたしは化粧直しした仮面たちと再会し、古代蜀人たちの残映とゆっくり過ごした数日を、いま懐かしく思いだす。

さて、冒頭から古代蜀の世界に寄り道したのはほかでもない、本章で扱う『蜀書』の著者陳寿が蜀の人（巴西《はせい》郡安漢《あんかん》県の漢民族）だからである。『蜀書』に登場する人物たちの物語りが、古代蜀国の燦爛たる文化・歴史を地中に抱く成都平原を舞台に繰りひろげられたということを忘れたくないのである。

『史記』『漢書』は言うまでもなく、師の手になる『蜀王本紀』に書かれた古代蜀につながる記憶が、陳寿の歴史・文学観の根底にあり、それは折にふれて蜀人としての自己確認を陳寿に喚起しつづけた。そのことは、ある時ふと、さまざまな表われかたで『魏書』『呉書』の作文のうちに漏らされるのだが、『蜀書』にそれはもっとも多い。

あらかじめ述べておくなら、遠く古蜀の文化と歴史を秘める地理の上に生活してきた蜀人たちにとって、『蜀書』の主人公ともいえる劉備《りゅうび》と諸葛亮《しょかつりょう》が率いる東方軍団の入蜀は、明らかに異邦人の侵入であり、政権略奪に他ならないということである。

すでに蜀における黄巾《こうきん》蜂起のころ（後漢霊帝の末期）から、漢室劉氏の血をひく劉焉《りゅうえん》が益《えき》州（四川行政区）の長として赴任し蜀の有力者や民衆を圧迫したが、それに対する反抗は圧倒的な軍事力で鎮圧された。劉焉が病死すると息子の劉璋《しょう》が継いだものの、蜀人たちの人心を得てはいなかった。曹操の漢中進攻を耳にした劉璋はまず漢中に勢力を張っていた張魯《ちょうろ》を討とうとして、当時、荊州《けいしゅう》を足がかりとしていた外部勢力、劉備の軍を蜀に迎える。

ところが三年も経ずに、劉璋の政権は諸葛亮の戦略によって劉備らに乗っ取られる。蜀人からすればそれは、自分たちの生活空間を踏みにじる漢王族の流れをくむ者同士の（いま劉備が王族の血をひく者かどうかの詮議は、一応置く）、手前勝手な勢力争いにすぎなかった。

陳寿は蜀人であり、歴史家であり、劉備と諸葛亮が蜀の地に打ちたてようとした漢王朝(蜀漢)の末期及び魏の禅譲をうけた晋《しん》王朝の両方に、官僚として出仕したことがあった。幾重にも絡みあった複雑な心境にありながら、彼は『蜀書』をどのように記述していったのだろうか。

そのような意味では、「三書」のうち『蜀書』の物語りがもっとも興味深いとも言える。ふたたびあらかじめ触れておくなら、陳寿は『魏書』の曹操像、『呉書』の孫権《そんけん》像に較べて、劉備と諸葛亮の人物造形にもっとも苦労した跡が現われているのである。正直な(これは良史《りょうし》——立派な歴史家、の必要条件であろう)陳寿の心情がぶれ、文章に心の迷いが散見されるのだ。

陳寿の手になる人物伝のなかで、もっとも人間的魅力の少ない者のひとりは劉備であろう。陳寿は「先主伝《りゅうびでん》」最後の「評」(人物評)で「先主《りゅうび》の弘毅《えんだいなみとおしとつよいいし》、寛厚《ひろくゆたかなほうようりょく》、知人待士《ひとをりかいしさいのうをいかすちから》は、蓋《おもう》に高祖《りゅうほう》の風《ふうかく》が有《あ》り、英雄《えいゆう》の器《うつわ》と焉《いえよう》。」と述べている。しかしこれは、本文に記録された内容にともなわない浮きあがった批評だと言うほかはない。「先主伝」「諸葛亮伝」などに記述された劉備の言動を総合すると、そういう評になりようがないのである。

いま陳寿の記述にしたがって劉備の行動をあらましたどってみよう。

一八四年（24〜25歳）　黄巾討伐で手柄を立てたあと、安喜県《あんき》（河北）で面会に応じなかった郡の督郵《とくゆう》（役人）を縛り、杖で二〇〇回打ちすえたあと、官職をすてて逃亡した。

二〇〇年（40歳）　関羽《かんう》や張飛《ちょうひ》ら少ない私兵を引きつれて戦乱の巷を奔走し、公孫瓚《こうそんさん》、陶謙《とうけん》、曹操《そうそう》と転々と身を寄せていったが〝曹操誅殺密詔事件〟（一一四頁参照）を謀り、曹操に背いて逃亡、袁紹《えんしょう》のもとに走る。

二〇八年（48歳）　荊州で曹操軍に追われ、妻子を捨てて南に逃げた。この前年から諸葛亮が参謀となる。

二一四年（54歳）　荊州を足場にしていた劉備は、劉璋の招きで私兵とともに入蜀する。諸葛亮の策略により、三年後に成都を包囲し、蜀を乗っ取った。

二一五年（55歳）　孫権との荊州返還の約束を果たさなかったため、長沙など三郡を呉軍に襲撃される。

二一九年（59歳）　曹操が献帝から魏王に命ぜられて三年後、劉備は諸葛亮らの強い勧めによって、献帝からの命令や指令は断絶しているけれども、国家に利益があれば勝手な行為も許されるとして、自ら漢中王となった。この年、こころよく思っていなかった蜀軍の張裕《ちょうよく》を処刑した。

二二〇年（60歳）　この年、諸葛亮の進言により、養子だった劉封《りゅうふう》に自殺を命じた。

（三四四頁参照）

二二一年（61歳）　前年、献帝は魏王曹丕《そうひ》に禅譲した。劉備は再び亮らの勧告をうけいれて、曹丕が献帝を殺して神器を奪ったものゆえ自分が二祖（劉邦・劉秀）のあとを継承するとして、自ら帝位に即いた。この年、劉備は関羽を殺された意趣返しとして、私憤に駆られた孫権討伐軍を起こす。翌年、呉軍に大敗した。

二二三年（63歳）　諸葛亮と李厳《りげん》に後事を託して、白帝城で病没。

以上のような、ほぼ事実（記録）に即したと思われる記述からする劉備像は、もしも諸葛亮との出会いがなければ、俠客を配下に集めながら乱世を渡りあるく、大志も戦略ももたない小軍団の統率者風情という印象である。

張裕の処刑について補足しておこう。彼は当時、蜀郡出身の軍事担当官だったが、天文の自然現象による予言に長じていた。あるとき、ひそかに献帝の禅譲と劉備の死期を予言した。そのことを劉備に密告する者があった。

それより以前、劉備が入蜀して劉璋と会見したとき、張裕は劉璋の部下として同席した。顔じゅう鬚だらけの張裕を劉備がからかうと、張裕は即座に、鬚のない劉備を〝潞涿君《ひげのないブタのきみ》〟(涿《たく》は劉備の出身地の名で、豖《ブタ》の字義を含む）とやり返した。「潞《ルー》」は「露《ルー》（つるつる)」と発音が同じ。

劉備はそれを根にもちつづけ、予言のこともあり、理由をつけて張裕を投獄し処刑した。以上は『蜀書』「周群伝」の張裕に関する記述による。

主体性も人徳も感じられない劉備の姿を記す一方で、陳寿はさきの「評」を思わせるような、英雄としての劉備像をも描きだしている。

一六一年（1歳～）　劉備は漢の景帝の子、中山靖王の後裔である。家の庭に大きな桑の木があり、まるで蓋車《がいしゃ》（屋根つきの車）のようだったので、人びとはこの家から貴人が出るだろうとうわさした。幼い劉備は樹の下で「吾《おれ》は必《きっ》と此《こん》な羽葆《はねかざりのつい》た蓋車《がいしゃ》に乗《の》るんだ。」と言った。

（青年時代）劉備は読書が好きでなく、犬や馬と遊び、音楽を楽しみ、衣服を飾るのを喜んだ。背丈《せたけ》は普通（七尺五寸）、腕は膝にとどくほど長く、顧《かえりみ》れば自分でみえるほど耳が大きかった。言葉少なく、人にへり下り、喜怒を表に表わさず、好んで「豪俠《せいりょくのあるあそびにん》」と交わったので、若い者が争ってつき従った。中山県の大商人が劉備を見込んで出資し、それで義兵をあげる仲間を募った。

一九〇年（30歳）公孫瓚のもとにいた頃、刺客に狙われたが、刺客は刺さずに事情を明かして去って行った。「其《そ》の人心《ひとのこころ》を得《つか》むさまは、如此《このようだった》。」

二〇八年（48歳）曹操に荊州を襲われて逃げるとき、「諸葛亮《しょかつりょう》が先主《りゅうび》に、琮《りゅうそう》を攻《せめ》れば荊州《けいしゅう》を可有《りょうゆうできましょう》と説《と》いたが、先主《りゅうび》は『吾《おれ》は不忍也《せわになったりゅうそうにそんなことはできない》』と言った。また戦乱や略奪を恐れて、多くの人びとが劉備につき従ってきた。人びとを振り切らねば曹操軍に追いつかれたら危ない、という意見に、劉備は『夫《いったい》、大事《だいじ》を済《なす》には必《かなら》ず人《ひと》を以《も》って本《きほん》と為《なす》べきだ。今《いま》、人《ひとびと》は吾《おれ》に帰《ついてく》る。吾《おれ》に、何《どう》して棄《かれらをすて》て去《ゆくこと》が忍《できよう》か。』と言った。」このあとすぐ、長阪で妻子を棄てて逃走する。（以上「先主伝」）

二二三年（63歳）危篤の劉備が諸葛亮に後事を託して言った。「君《きみ》の才《さいのう》は曹丕《そうひ》の十《じゅう》倍《ばい》だ。必《かなら》ず国《このくに》を安《あんたい》にし、終《さいご》には大事《かんのふっこう》を定《なしとげること》が能《できよ》う。若《も》し嗣子《わがこ》（劉禅）が輔《たすける》に可《あたいする》なら、之《それ》を輔《たす》け、其《りゅうぜん》に不才《みこみ》が如《なけれ》ば、君《きみ》が自《みずか》ら取《こうていになる》が可《よ》い。」

（「諸葛亮伝」）

右に並べてきたとおり、「先主伝」と「諸葛亮伝」には、矛盾する二つの劉備像が混在している。おのれの覇権のみを求める軍閥の親分に過ぎない劉備と、大きな度量・人格・展望をもつ英雄の劉備である。

どちらがより真実に近いのか。陳寿はどうして、すっきりとした一人の人物として劉備を描けなかったのだろうか。さきに引用した陳寿の「先主伝」「評」は、つづけてこう述べている。

及《また》、其国《くに》を挙《あげ》て諸葛亮《しょかつりょう》に孤《あとつぎ》を託《たく》し、而《しか》も心神《こころのうち》に貳《すこしのうたがい》も無《いだかなか》ったのは、誠《まこと》に君《くん》と臣《しん》の至公《このうえなきかんけい》であり、古今《ここん》の盛軌《みならうべきもはん》である。機権幹略《けんぼうじゅっすう》は魏武《そうそう》に不逮《およばなか》った。是以《そのため》、基宇《りょうど》も亦《また》、狭《せまか》った。然《しか》し折《やぶれ》ても不撓《くっぷくせず》、終《つい》に下《はいか》と不為《ならなか》ったのは、仰《そもそ》も彼《そうそう》の量《どりょう》では、必《きっ》と己《じぶん》を不容《うけいれない》と揆《おも》ったからで、唯《ただ》に利《けんり》を競《あらそう》ばかりで非《な》く、且《さら》に以《そのう》え、害《ころされる》のを避《さけ》たので云爾《あるる》。

歯切れの悪い奇妙な劉備評である。最初「英雄の器」と言っておきながら、一転して小事にこだわる。劉備は臣下を信頼し、後継ぎを託して疑念を抱かなかったという。それが、あえて古今の歴史が模範として見習うべきほどのことだろうか。

すでに『魏書』において、史乗《しじょう》に希有ともいうべき献帝と曹操（曹丕）の禅譲の物語りを記録したではないか。彼らの歴史的行為こそ古今の師表とすべきものであって、それに比べて劉備と諸葛亮の稚拙とも言える演技など批評するに足りないと言ってもいいだろう。

いわんや、それが諸葛亮の脚色によると考えられるにおいてをや――。

（ちなみに裴松之《はいしょうし》は「諸葛亮伝」の注釈で、諸葛亮が魏に臣従しなかったのは、すでに権力が曹操に移行し、漢朝が滅びようとするにあたって、皇族のなかの英雄を補佐して漢を復興させることを自分の任務としたためであります、と述べている。）

さらに曹操の配下に入らなかった劉備の、弁護にもなっていない弁護をするに至っては、歴史家としての陳寿の思考は混乱していたのではないかとわたしは思う。

〝曹操誅殺密詔事件〟を謀り、曹操を裏切って逃走したのは誰だったか。息子のひとりと甥と腹心の武将を殺されたにもかかわらず、張繡《ちょうしゅう》の二度目の降伏を許し、手を取って迎えいれる度量を持っていたのは誰であったか。陳寿はよく知っているはずなのだ。

「先主伝」の劉備像の描出で陳寿がぶれた理由を、以下に考えてみたい。

「先主伝《りゅうびでん》」の冒頭で陳寿は、劉備が漢の景《けい》帝の子、中山靖王劉勝《ちゅうざんせいおうりゅうしょう》の後裔だと書いている。おそらく建安二十四年（二一九年）秋に、蜀の群臣が劉備を漢中王に推挙した上表文中の「臣等《わたくしども》は備《りゅうび》が肺腑枝葉《ていおうしんぞくのこうえい》であり、宗子藩翰《おうしつをまもるたちばにあるもの》と以《おもって》おり……」および、同二十五年（二二〇年）の劉備を蜀漢皇帝に勧進《かんじん》（すすめる）した上奏文に「伏《ふ》して惟《おもい》ますに、大王《だいおう》（劉備）は孝景皇帝中山靖王《こうけいこうていごしぞくのちゅうざんせいおう》の冑《こうえい》にあられ、本支《ほんけとぶんけ》は百世《ひゃくせだいにわたり》……」とあるのに拠ったものと思われる。

しかし、これらの記述は事実を物語っているのだろうか。

劉勝には子供が百二十余人もいたらしいけれども、劉備がその血を引いているかどうか、実のところわからない。そもそも劉備本人がそんなことを気にしていたかどうかも怪しく、彼の口から俺は漢室の出だと言ったという記録も見当たらないのである。

では、いつ頃、誰がそう言いはじめたのか。

『蜀書』で年代的に最初に関連する言葉が出てくるのは、劉備が三度、草廬を訪れてついに諸葛亮が応じたときに説いたとされる、いわゆる「隆中対《りゅうちゅうたい》」である（「諸葛亮伝」）。隆中は、亮の草廬があった荊州郊外の山麓。

いま、その個所だけ抜き出せば「将軍《しょうぐん》（劉備）は既《もとも》と帝室《こうしつ》の冑《こうえい》であられ、信義《しんぎ》は四海《てんか》に著《なりひび》き、英雄《えいゆうたち》を統攬《とうそつ》され……（孫権と手を結び、荊州と蜀を支配下に置けば）則《たちま》ち覇業《ぶりょくによるとういつ》は可成《せいこう》し、漢室《かんおうしつ》は可興《さいこうできるでありましょう》。」となる。「先主《りゅうび》は『善《なるほど》。』と曰《こたえ》た。」と陳寿は記す。建安十二年（二〇七年）、劉備四十七歳、諸葛亮は二十六歳だった。

すなわち陳寿の記述によれば、四十七歳になるまで皇室とのつながりなど思ってみずに戦闘と逃走に明け暮れてきた劉備に、あなたは同姓の漢王室劉氏の後裔であり、それを大いに利用して西方蜀の地に覇を唱えるべきだ、と吹き込む若き諸葛亮——という構図が見えてこよう。

それまで劉備には関羽・張飛といった豪傑的軍人の取り巻きはいたが、頭の切れる策士（参謀）はいなかった。諸葛亮は出会ったとき、劉備、御《ぎょ》しやすしと踏んだに違いない。皇室の血を引いた劉備を戴《いただ》き、自身の手で蜀漢を創業するという台本がたちまち出来あがり、後世に名を残すおのれの生きる道をそこに見いだす……。

たとえば六朝《りくちょう》宋の裴松之《はいしょうし》は、劉備が蜀漢の帝位について諸葛亮が丞相《じょうしょう》（最高行政長官）となり、百官を置き、宗廟を建てて高祖劉邦以下を祭ったという二二一年の項（「先主伝」）の補注で、次のように述べている。

臣松之《わたくしはいしょうし》は以為《こうおもうのであります》。先主《りゅうび》は孝景《けいてい》より出《でた》と云《もうし》ます雖《もの》の、而《しか》し世数《じだい》は悠遠《はるかむかしのこと》であり、昭穆《ごせんぞのみたまやのじゅんい》を明《はっきりさせること》は難《むつかし》く、既《すで》に漢祚《りゅうびはかんのていい》を紀《ついでい》ながら、何帝《いずれのこうてい》を以《も》って元祖《がんそ》と為《な》し、親廟《みたまや》を立《たて》たのか不知《わからないのであります》。于時《とうじ》、英賢《ちえのあるもの》が作輔《ほさ》し、儒生《じゅがくしゃ》も在官《おりました》から、宗廟《みたまや》の制度《じゅんい》にも必《かならず》や憲章《きじゅんとすべきやくそくごと》が有《あった》はずであります。而《それ》が、載記《きさい》が闕《かけ》て略《かんりゃく》なのは良《まこと》に可恨《ざんねんなこと》で哉《あります》。

簡略にしか記述できなかった理由を、実は「後主伝《りゅうぜんでん》」の「評」において、陳寿は明らかにしている。

……又、国《くに》（蜀漢）は史《れきしをとりあつかうぶしょ》を不置《おかず》、注記《きろく》する官《かんり》が無《いなか》った。是以《このため》、行事《ぎょうじのきろく》に遺《もれたことがら》が多《おお》く、災異《さいがいやいへん》も書《さいろく》され靡《なか》った。諸葛亮《しょかつりょう》は為政《せいじ》には達《てなれ》て雖《いた》が、凡此《このよう》な類《ことがら》には猶未周《まだいたらぬところ》が有《あ》った。……

魏・蜀・呉に生きた人々の物語りを書こうとしたとき、漢の禅譲をうけた魏はむろん、王朝国家の体裁をとった呉も史官を置き、その国の現代史を記録していたのでそれを十分に活用できた。しかし、蜀だけは史官も置かず、記録者もいなかったため、まともな蜀漢の歴史史料は残されていない。そのため充分な物語りを描けなかった、と陳寿は暗に言っているのである。

劉備が漢王となり、ついで皇帝の座についたのはいずれも、先行する魏に対抗しようとする諸葛亮の思惑から発したことは間違いなく、丞相の地位におさまった諸葛亮が政権人事はいうまでもなく文書の管理にいたるまで掌握していた。

古来、中国の王や天子には、つねに左史《さし》・右史《うし》と呼ばれる記録係が侍《はべ》っていた。左史は天子の行動を書きとめ、右史は天子の言葉を記録して残した。天子の言行は言うまでもなく、臣下からの上書、天子の返書をはじめとする膨大な文書や記録の整理・保存は、一国を運営していくにも必要欠くべからざる仕事だった。

読書が好きでなかったという劉備はともかく、劉備に曹操・孫権に伍して生きる道（「隆中対」）を説き、その後まがりなりにも蜀漢の経営者となった諸葛亮が、記録の重要さを知らぬとは考えられない。少なくとも数千人の官吏を擁したであろう蜀漢の行政を動かしていくためにも、かなり大量の文書が行きかい、大事な記録は中央政府にも保管されたはずである。

ところが意外にも、実際には蜀漢の国としての重要な記録は残されていないに等しかった。どうしてこんなことになったのか。

晋の史官の立場にもあった作者陳寿は、その疑問を拭い去ることはできず、「後主伝」の「評」で諸葛亮の責任を指摘したのである。

だが、ことの重大さに比して陳寿の諸葛亮評は奇異なほど遠慮がちである。「諸葛亮《しょかつりょう》は……凡此《このよう》な類《ことがら》には猶未周《まだいたらぬところ》が有《あ》った。」とは。

『蜀書』を書いた頃（二八〇年前後）の晋には、あるいは故郷の蜀地方には（諸葛亮の没後四十六年、まだ陳寿の親族や諸葛亮の恩顧をこうむった人々が少なくなかったであろう。）、まともに批判すれば身に危険を感じるほどの、諸葛亮崇拝の空気が存在していたのだろうか。

陳寿の『魏書』『蜀書』『呉書』のうち、『蜀書』の文字量がもっとも少なく（したがって本の厚さはもっとも薄い）、人物伝（物語り）の数も他の二書よりぐんと少ない。左に示した当時の領土や人口の事情からして、当然のこととも言えよう。

（漢代全国十三州のうち）

魏　九州（司州・幽州・冀州・青州・兗州・徐州・豫州・雍州・荊州）人口約
　　四四〇万

蜀　一州（益州）人口約一〇〇万

呉　三州（揚州・広州・交州）人口約二三〇万

（蒙默ほか『四川古代史稿』より）

『蜀書』が薄い理由は、しかしそれだけではなかった。なによりも蜀漢の重要な公的記録の欠除が、決定的な要因だったとわたしは思う。

なんらかの公文書や記録なくして、国家としての機能が成り立ってゆくだろうか。それは存在したはずである。しかし陳寿が参照しようとしたとき、晋が保管していた蜀漢の国庫には「行事《ぎょうじのきろく》に遺《もれたことがら》が多《おお》く、災異《さいがいやいへん》も書《さいろく》さ」れていなかった。

その原因をさらに突き詰めてゆけば――わたしには、当時の最高権力者であった諸葛亮の指示によって、いわばおのれの創り出した台本に合わぬ文書や記録は抹殺・処分された、としか考えようがない。

またそうであって何の不思議もないという確信を、わたしに促す二つの事柄がある。

ひとつは、諸葛亮が台本遂行の邪魔になる生きた史料を陰に陽に、巧妙に処刑・処分・追放していった事実。

もうひとつは、『蜀書』の著述に取りかかる十年前、陳寿は『諸葛氏集』を編纂したが、そこに収録された「表」「書」の文体そのものの内に見られる諸葛亮の稟性《ひんせい》（生まれつきの性質）と人格のありようが、それを裏づけていること。

次節以下で、それらについて詳しく語りたい。

消されてゆく生きた史料

蜀が魏に滅ぼされ（二六三年）、魏が晋に禅譲すると（二六五年）、もと蜀の史官だった陳寿は晋の著作郎《ちょさくろう》（史官。二七〇年頃）に任用された。劉備の長男劉禅《ぜん》に魏への降伏を勧めた譙周《しょうしゅう》(陳寿の師)が、亡くなる頃のことである。

『史記』につづく『漢書』以来(と言っていいであろう)、後続の王朝の歴史家が前王朝の歴史を編纂するという慣習ができつつあった。漢(後漢)から魏への記録文書は保存されていたが、前節でふれたように蜀についての記録は整っていなかった。

晋の武帝(司馬炎《しばえん》)は史官に蜀の歴史記録の収集を命じた。史官たちは懸命に捜したが、驚いたことに集まった記録はほとんどが諸葛亮の手になる「表《ひょう》(上奏文)」「書(手紙)」「令(布令)」の類ばかりだった。そこで武帝は改めて諸葛亮の文集編纂を命じた、と思われる。その担当責任者が陳寿だった。諸葛亮が五丈原《ごじょうげん》に没してから四十年、陳寿が『魏書』『蜀書』『呉書』をまとめるほぼ十年前(二七四年)のことである。

陳寿は編纂した『諸葛氏集』を武帝に奏上するとき、大要、次のように述べた。

――諸葛亮は滅亡に瀕した蜀を輔佐し、秦嶺の険阻をたのんで魏に服従しませんでした。それにもかかわらず魏を継がれた陛下が、亮の言葉を記録して保存されますことは、まことに大晋国の威光と徳の恩沢を領土のすみずみまで行きわたらせるものであります。亮の文章の重複を削除し、類別にしたがって編集いたしました……。

かくして蜀漢の全権を掌握しながら、その公式記録を残さなかった(あるいは台本に副《そ》わぬ文書は隠滅した）諸葛亮の文集が晋の国家によって編纂され、かつ蜀史の基本史料として認められることになった。

言いかえるなら、おのれの発言と行動の解釈に有利な史料のみを保存した諸葛亮の思惑はほぼ達成され、陳寿をもふくめた後世の史家・論者は、おもに諸葛亮の著作によってしか蜀漢について語ることはできないという事態が生まれたのである。

『諸葛氏集』編纂については、それが陳寿の諸葛亮追慕の情から行なわれたものではないことを指摘したうえで、晋朝の呉討伐（『諸葛氏集』編纂の六年後、二八〇年）に向けた輿論形成のためだった、とする見方もある（中林史郎『諸葛孔明語録』「解説」）。すなわち、滅ぼした蜀政権の遺臣や子孫を優遇していると見せることで、呉の人びとの望みを呉政権から離れさせるという、きわめて高度な政治的判断の一環としての編纂だったと見る。

このうがった見方に立てば、『諸葛氏集』の編纂方針は、おのずから武帝の意向にそった諸葛亮称揚の傾向をおびたものにならざるを得なかったであろう。陳寿はまともに諸葛亮を評論することができなかった、と考えられるのだ。そしてそのことは、やがて十年後『蜀書』のなかに、諸葛亮に対する蜀人としての疑問、不満、苛立ち、あるいはその裏返しとしての的を射ていない批評、空疎な礼賛といった表現をとって示されることになる。

『蜀書』「諸葛亮伝」にそって話をすすめていこう。

諸葛亮は通称を孔明《こうめい》といい、徐州《じょしゅう》瑯邪《ろうや》郡《ぐん》（今の山東省臨沂《りんき》市）の出身である。幼いときに父を亡くして叔父の諸葛玄《げん》に連れられ、荊《けい》州の長官劉表《りゅうひょう》のもとに身を寄せた。

劉表は漢の景帝の子の末孫で儒者としても知られた。当時、荊州は経済も安定し、平穏で名士たちが集まってきたが、叔父の没後、亮は畑を耕やして暮らしたという。二十代の初めである。

また陳寿は、若い諸葛亮は自分を春秋時代の斉《せい》の宰相管仲《かんちゅう》、戦国時代の燕《えん》の名将楽毅《がっき》に擬していたと記している。拠るべき史料があったのだろうが、この記述は亮のその後の生き方を理解するうえで暗示的である。

というのも、それぞれの時代における自己認識や政治哲学は異なるにしても、諸葛亮はこの二人の手法に多くを学んだ形跡がうかがえるからだ。

管仲は周王朝の威信を盛りたてることによって、斉の桓《かん》公が天下に覇を成すための大義名分とした。桓公が諸侯をひきいて天下の政道を正そうとしたのは管仲の謀《はかりごと》による、と司馬遷はいう（『史記』「管晏列伝《かんあんれつでん》」）。桓公自身は凡庸といってよく、自力で覇者になり得るほどの素養はなかった。周を漢に、斉の桓公を蜀の劉備に置きかえると、おのずから管仲は諸葛亮ということになろう。

ただし管仲は最初、桓公の兄、糾《きゅう》の臣下だったが、糾が桓公に敗れてのち友人の推薦で桓公に仕えた。そのため〝二君に仕えた〟ということで、儒家はむろん墨子《ぼくし》や荘子《そうし》などからも批判された。しかし、管仲は言う――「糾さまお一人のために死ぬ必要はないのだ。もし死ぬとすれば、それは国が敗れるか、宗廟が滅びるか、先祖の祭りが絶えるかした時だ。この三つの場合でなければ、命をすてようとは思わない。」（『管子《かんし》』徳間書店『中国の思想』⑧）

管仲の書（『管子』）は、儒教を国の基本においた前漢中期以降においては不仁の書とも見なされたが、後述するように諸葛亮にその徹底性はなかった。彼は表面上、あくまで仁者諸葛亮で押し通そうとしたのである。

楽毅についてもほぼ同様の見方ができる。

楽毅は小国燕の昭《しょう》王に、もし燕が大国斉を伐つには趙・楚・魏と連合して共に当たるべきだと説き、自ら総指揮をとって斉の都城を攻め、降伏させていった。蜀と呉が連携して魏に当たる、という構図であろう。

燕の昭王が没した。その子の恵王は楽毅とそりが合わず、楽毅は誅殺を恐れて趙に降る。

後年、楽毅は恵王に、出奔した理由を手紙で答えた。そこに次の一節がある。

臣《わたくし》が竊《ひそか》に先王《せんおうさま》（昭王）の挙《おふるまい》を観《かんさつもう》し也《あげました》ところ、世主《ほかのくんしゅ》に高《ぬきんで》た心《おこころ》を有《おもち》に見《なら》れました。故《そこ》で魏《ぎ》に節《つうこうしょう》を仮《だしてもら》い、以身《わたくしみずから》、燕《えん》に得察《まいったので》あります。先王《せんおうさま》は過《あやま》って挙《わたくしをとりたて》られ、之《しか》も賓客《ひんきゃく》の中《うち》に廁《まじえ》て、之《さら》に群臣《ぐんしん》の上《じょうい》に立《す》え、父兄《ごしんぞくのかた》と不謀《ごそうだんなされず》に、以《わたくし》を亜卿《あけい》（大臣に次ぐ地位）と為《なされ》ました。臣《わたくし》は竊《ないしん》、不自知《じぶんがそのうつわであるかどうかわかりません》でしたが、自《みずか》ら、令《ごめいれい》を奉《たてまつ》り、教《おおしえ》に承《したが》えば、幸《さいわい》に無罪《つみをうることはない》で可《あろう》と以為《おもい》、故《それゆえ》、令《ごめいれい》を受《おうけ》して不辞《おことわりしなかった》のであります。

（『史記』「楽毅伝」）

ここに劉備亡きあとの劉禅に呈した、諸葛亮の「出師《すいし》の表《ひょう》」に通じる文体が見てとれるのである。（三五二頁～三六六頁）

陳寿の「諸葛亮伝」にもどろう。

建安十二年（二〇七年）、この年、劉備と諸葛亮が出会った。劉備四十六歳、諸葛亮二十六歳。その時の様子を陳寿はこう描写する。


時《そのとき》、先主《りゅうび》は新野《しんや》に屯《ちゅうとん》していた。徐庶《じょしょ》が先主《りゅうび》に見《あいにゅ》き、先主《りゅうび》は之《かれ》を器《つかえるおとこ》とみた。先主《じょしょがりゅうび》に請《こ》う曰《い》った。

「諸葛孔明《しょかつこうめいというおとこ》は臥龍《たいへんなじんぶつ》で也《あります》。将軍《しょうぐん》は豈《どう》して之《かれ》に願見《おあいになられない》のです乎《か》。」

先主《りゅうび》は、

「君《きみ》、倶《かれ》を与《つれ》て来《き》たまえ。」

と曰《い》った。庶《じょしょ》が曰《こたえ》る。

「此人《かれ》は就見《いってあうこと》は可《できます》が、屈致《こさせること》は不可《できません》也。将軍《しょうぐん》、宜《どう》ぞ枉《なんと》か駕《おゆきになられ》て、之《かれ》に顧《おあい》ください。」

由是《そこで》、先主《りゅうび》は遂《しかたな》く亮《しょかつりょう》を詣《たずね》た。凡三往《さんどいって》、乃《ようや》く見《あえ》た。


「先主」は国を開いた君主、劉備をいう。「新野」は今の河南省新野市、襄樊《じょうはん》（荊州）の北二十キロ。「徐庶」は諸葛亮の友人だが、のち魏に仕えた。

劉備のいわゆる「三顧《さんこ》の礼《れい》」の場面である。二十歳も若い諸葛亮は、三度目にしてようやく面会に応じた。二人だけになり、備が漢朝復興の方策を問えば、亮が答える。

――皇室の血統をうけられた将軍（劉備）は益《えき》州（蜀）を手に入れ、孫権と手を結んで曹操に対抗すべきであります（「隆中対《りゅうちゅうたい》」）。

二人が急速に親密になると、関羽や張飛がいい顔をしない。備が、孔明との関係は魚と水のようなものだと言ってなだめる……陳寿がこのように展開してゆく物語りの筋が、諸葛亮の「出師《すいし》の表《ひょう》」（二二七年）の記述に依拠しているのははっきりしている。

あとでも触れるが、そこには「先帝《せんてい》（劉備）は臣《わたくし》を卑鄙《みぶんのいやしいもの》と不以《なされず》、猥《あえ》て自《ごじぶん》から枉屈《でむかれ》て、三《み》たび臣《わたくし》を草廬《くさぶきのいおり》の中《うち》に顧《たず》ねられ、臣《わたくし》に当世之事《てんかのじょうせい》について諮《おたず》ねになられました。」とあった。

しかしながら「出師の表」が蜀の二代目劉禅に上奏されたのは、劉備の没後四年目のことである。小なりとはいえ軍閥頭領の劉備が自分から身を屈《かが》めて、それまで会ったこともない若造を三度も訪ねてゆくだろうかという、その頃の年功序列のあり方からしても破格の行為が、そもそも真実だったのかどうか、という問題がある。当時、諸葛亮が劉備のもとを訪れたという、まったく逆の内容の史料も存在したのである。

劉備《りゅうび》は樊城《はんじょう》に屯《ちゅうとん》していた。是時《このとき》、曹公《そうそう》は方《ちょう》ど河北《かほく》を定《へいてい》した。亮《しょかつりょう》は荊《けい》州《しゅう》が次《つぎ》に当《かなら》ず受敵《ねらわれ》ると知《おも》ったが、劉表《けいしゅうちじのりゅうひょう》は性《かん》が緩《にぶ》く、軍事《しかもぐんじ》に不暁《くらか》った。亮《りょう》は乃《すぐ》に北行《ほくじょう》して備《りゅうび》に見《あい》にいった。備《び》は亮《りょう》と非旧《めんしきなく》、又其《またかれ》が年少《としわか》った以《の》で、諸生《ほかのわかもの》と意《おなじ》に之《かれ》を待《とりあつか》った。坐集《あつまり》は既《すで》に畢《おわ》り、衆賓《きゃくじんたち》は皆去《みなかえ》ったが、亮《りょう》は独《ひと》り留《のこ》った。備《び》は亦《しかし》、其《りょう》が所欲言《いいたいこと》を不問《きこうともしなかった》。（魚豢《ぎょかん》撰『魏略』）

諸葛亮は何とか劉備と話すきっかけをつかみ、わずかな軍勢で曹操軍と戦うのは無謀であり、まず荊州の游戸《ゆうこ》（戸籍に未登録の民衆）を兵士に取りたてるのがよいと説く。備はその計に従って軍を補強し、亮が策士であることを知り上客として遇した。司馬彪《しばひょう》撰『九州春秋』にも同様のことが記されている――。

以上の『魏略』の記述を「諸葛亮伝」の注に引用した裴松之は、亮が「出師の表」で、先帝が三たび草廬に自分を訪ねてきたと書いている以上、「則《すなわ》ち亮《りょう》が先《さき》に備《び》を詣《たずね》たのでは非《ない》ことは、明《あきら》かで矣《ある》。」としながらも「聞見《けんぶん》によって辞《ことば》が異《ことな》り、各《それぞれ》の彼此《ひょうげん》が生《うまれ》るとは雖《いうもの》の、然《しか》し乖背《くいちがい》が至是《これほどせいはんたい》になるとは、亦良可怪《まったくおかしなこと》である。」と、最終的には疑問を隠していない。

陳寿は劉備と諸葛亮の出会いを『魏略』の記述に拠らず、「出師の表」の記述を採った。その理由はどこにあるのだろうか。

これは決して小さな問題ではない。

なぜなら、亮が備に会いに出かけたということが事実であれば「出師の表」の記述が嘘ということになる。となると「出師の表」に込められているとされてきた劉備と蜀漢に対する忠臣諸葛亮の偶像が、根本的に揺らいでくるからである。

諸葛亮の記述を信じてその伝を書いたのか、信じてはいないが皇帝の命による『諸葛氏集』の編者であるがゆえに、「出師の表」にそった物語りを組み立てざるを得なかったのか。魚豢と諸葛亮のいずれが真実にもとる記述をしているのか、はっきりさせなければならないが、今は「諸葛亮伝」をさらに読み進めていこう。


劉表が病没すると荊州は曹操に降伏し、寄る辺を失った弱体の劉備軍団は南へ、あるいは東へと逃走する。このとき活躍したのが若き参謀、諸葛亮（二十七歳）だった。夏口《かこう》（武漢）に至った諸葛亮は、長江流域以南を支配していた孫権（二十六歳）の家臣と接触し、魯粛《ろしゅく》（三十六歳）・周瑜《しゅうゆ》（三十三歳）ら血気盛んな参謀らと意気投合、呉の船艦を赤壁に結集して曹操軍の南下をふせいだ。（赤壁の戦い。七章参照）

　こうして孫権との合意のもとで、劉備等は当面、荊州の南四群（武陵・零陵・桂陽・長沙）を足場にすることができた。そしてこれ以後、皇帝の血を引く劉備を戴いて漢室を復興させるという、諸葛亮が創作した台本は着々と実行に移されてゆくことになる。

　まず成都の劉璋が劉備の軍を要請したのを好機に蜀に入り（二一一年）、強引な口実で成都を攻略奪取（二一四年）して蜀を支配下に置く。曹操軍との漢中争奪戦を制するや、劉備に漢中王を自称させ（二一九年）、さらに洛陽で曹操が病没し、漢の献帝が魏王曹丕に禅譲すると、その翌年（二二一年）には劉備を皇帝の地位に押し上げ（国号は漢。後代の通称は蜀漢）、諸葛亮は丞相（最高行政長官）に就いてすべての権力を掌握した。三十九歳の時である。

　そして陳寿の記録によれば、そこにいたるまでの間の劉備政権下において、諸葛亮は少なくとも二人の政敵と一人の反逆者を死に至らしめている。わたしが先に「台本遂行の邪魔になる生きた史料を陰に陽に、巧妙に処刑・処分・追放していった事実。」と書いたことの発端である。

以下「諸葛亮伝」に挿入する形で、それら消されていった生きた史料にふれてゆく。興味深いことに陳寿は、それらの人物の伝を『蜀書』「伝第十」にほぼまとめている。それは何を意味しているのだろうか。「伝第十」の「評」で、劉封《りゅうふう》は疑われる立場にありながら自己防衛意識が足らず、彭羕《ほうよう》や廖立《りょうりつ》、李厳《りげん》らは「其《その》挙措《ことばやおこない》を覧《かんさつ》し、其《その》規矩《よわたりのきじゅん》を迹《たどってみる》と、禍《わざわい》を招《まね》き咎《つみ》を取《えた》のは不自己《ほんにんにげんいんがない》とは無《いえな》い也。《のである》」と、陳寿は諸葛亮が残した史料のみによると思われることばを並べているけれども。

諸葛亮の台本筋書きに最初に抵触したのは広漢郡の蜀人、彭羕である。

身長《しんちょう》は八尺《にメートルちかく》、容貌《かおつき》は甚偉《ひじょうにりっぱ》だったが姿性《うまれつき》驕傲《ごうまん》で、軽忽《けいそつ》な所《ところ》が多《おおか》った。……羕《ほうよう》は州《えきしゅうのやくしょ》に仕《つとめた》が書佐《ぶんしょがかり》に不過《すぎず》、後《のち》に又衆人《またひとびと》が州牧《ちょうかん》の劉璋《りゅうしょう》に誘毀《ほうようのわるくち》を所《い》ったため、璋《しょう》は羕《よう》の髡《かみをそ》り、鉗《くびにくさりを》つけて徒隷《ちょうえきしゅう》に為《おとし》た。……成都《せいと》が既定《あけわたさ》れた。先主《りゅうび》は益州《えきしゅう》の牧《ちょうかん》に領《つく》と、羕《よう》を治中従事《ちょうかんほさ》に抜《ばってき》した。羕《よう》は徒歩《どれい》から一朝《いっちょう》にして州人《やくにんたち》より上《うえのちい》に処《とりたて》られた起《た》め、形色《そのたいどたる》や囂然《いばりちら》し、自矜《うぬぼれ》は遇《たいぐう》が得《よくなるたび》に滋《ますま》す甚《ひどくな》った。諸葛亮《しょかつりょう》は外《がいけん》では羕《よう》と接待《ふつうにせっしてい》た雖《が》、而《しか》し内《ないしん》では不能善《ゆるすことができず》、屢《しばしば》先主《りゅうび》に密《ひそか》に言《ふきこ》んだ。

「羕《ほうよう》は心大志広《なにをかんがえているかわかりません》、可保安《このままで》は難《すみます》まい。」
先主《りゅうび》は既《あたま》から亮《しょかつりょう》を敬信《しんじて》いたので、羕《よう》の行事《うごき》を加察《かんさつ》し、稍疎《だんだんうとまし》く意以《おもい》、羕《よう》を江陽《こうようぐん》の太守《ちょうかん》に為《し》て左遷《させん》した。

（「彭羕伝」）

不満をもった彭羕は、軽率にも同僚の馬超《ばちょう》のところに行って劉備を罵倒したあげく「卿《おぬし》が其外《そと》を為《かた》め、我《わし》が其内《うち》を為《かた》めれば、天下《てんか》は不足《いともかんたん》に定《さだま》まろう。」と口走った。驚いた馬超がことの次第を上奏し、彭羕は捕まる。獄中から諸葛亮に宛てて言い訳の手紙を書いたが、取りあげられるはずもない。三十七歳で「誅死」（死刑）となった。

建安十九年（二一四年）〜二十年（二一五年）ころのこと、諸葛亮は三十二、三歳である。

次に狙われたのは、劉備の養子だった劉封である。

劉封《りゅうふう》は本《もと》、羅《らけん》（湖南省汨羅《へきら》県）の侯《こうしゃく》、寇氏《こうし》の子《むすこ》で、長沙劉氏《ちょうさぐんりゅうし》（不詳）の甥《おい》だった。先主《りゅうび》が荊州《けいしゅう》に至《いた》ったとき、継嗣《あとつぎ》が未有《まだなか》ったので、封《ふう》を子《むすこ》として養《やしな》った。先主《りゅうび》は蜀《しょく》に入《しんにゅうする》に及《およん》で、葭萌《かぼう》から還《ひきかえ》して劉璋《りゅうしょう》を攻《せ》めたが、時《そのとき》、封《ふう》は年二十余《としにじゅうよさい》、武芸《ぶげい》に有《たっしゃ》で気力《きりょく》は人《ひと》より過《すぐ》れ、兵《へいし》を将《ひきい》て諸葛亮《しょかつりょう》、張飛《ちょうひ》らと倶《とも》に泝流《ちょうこうのながれをさかのぼ》って西《にし》へ上《むか》い、戦《いくさ》の在《あ》る所《ところ》、すべて克《しょうりし》た。益州《えきしゅう》（蜀）が既定《へいていされ》ると、封《ふう》は副軍中郎将《ふくしょうぐん》となった。……

（「劉封伝」）

上庸《じょうよう》（湖北省竹山県）に駐留していた武将の孟達《もうたつ》は、劉封と不和だったことが原因で魏に寝返った。しかし孟は劉封に、血のつながりのない劉備には、すでに足下を重視する考えはないと書き送り、危険だから魏に来るよう促す。劉封は相手にしない。上庸で反乱が起き、劉封は敗走して成都に帰った。

封《りゅうふう》が既至《せいとにつく》と、先主《りゅうび》は封《ふう》が達《もうたつ》を侵陵《ぶじょく》し、又《また》羽《そんけんぐんにおそわれたかんう》を不求《きゅうえんしなかった》ことを責《せ》めた。諸葛亮《しょかつりょう》は封《ふう》が剛猛《つよくたけだけし》く、易世之後《りゅうびなきあと》は終《きっ》と難制御《おさえがきかなくなる》と慮《おそ》れ、先主《りゅうび》に、此《そ》れ因《ゆえ》、之《りゅうふう》を除《とりのぞ》くよう勧《すすめ》た。于是《そこで》、封《りゅうびはふう》に死《し》を賜《もうしつ》け、自裁《じさつ》使《さ》せた。封《ふう》は嘆《くやしさのあま》り、曰《もら》した。

「恨《ああ》、孟子度《もうたつ》の言《いうこと》を不用《きかなかったがために》。」

先主《りゅうび》は之《りゅうふう》の為《し》を流涕《かなしん》だ。

（「劉封伝」）

「先主《りゅうび》は之《りゅうふう》の為《し》を流涕《かなしん》だ。」という最後の一行で、陳寿は劉備のどのような心境を伝えようとしたのだろうか。養子ではあったが、二十年近く養い育ててきたわが子を失った悲しみの涙だったのか、それとも、得心のいかぬまま諸葛亮に押し切られて殺してしまった後悔の涙だったのか。

いずれにしても、三十歳直前の劉封は殺されるほどの罪を犯したわけではなかった。翌年（二二一年）四月、劉備は帝位に即き、実子の劉禅（十五歳）が皇太子となり、諸葛亮が丞相におさまった。

呉軍に関羽を殺された怒りから、劉備は閤雲に呉討伐軍をおこして東征し（出陣に際して、張飛が部下に殺された）、陸遜《りくそん》から手痛い反撃をうけたあげく、二二二年の夏、永安の白帝城で病におちいった。それを聞き知った蜀の漢嘉《かんか》太守黄元《こうげん》は、十二月に反劉備の兵を挙げ、成都から七〇キロばかりの臨邛《りんきょう》城を焼きはらった。

陳寿によれば、蜀人の黄元はもともと諸葛亮とそりがあわず、劉備没後の災難を恐れて反乱したという。諸葛亮は臨終の劉備のもとへ向かう一方、黄元討伐軍を派遣して捕え、翌二二三年二月、成都で処刑した。

二か月後、劉備が病没したことはすでに触れた（三二〇頁）。「先主伝」には危篤の劉備が諸葛亮に遺子を託し、尚書令の李厳《りげん》をその補佐にしたとだけ書かれている。その李厳は八年後、諸葛亮の告発によって罪を得、追放される（三六〇頁）。

いっぽう「諸葛亮伝」では、備が口頭で亮に「其《りゅうぜん》に不才《みこみ》が如《なけれ》ば、君《きみ》が自《みずから》取《こうていになる》が可《よ》い。」と言い、「亮《りょう》は涕泣《なきなが》ら『臣《わたくし》が敢《どうし》て、肱股之力《りゅうぜんさまのてあしのちから》となって竭《つく》し、忠貞之節《ちゅじつでただしいきもち》を效《ささ》げないことがありましょうか、継之以死《いのちのあるかぎり》』」と答えた、と記している。

これが陳寿のまったくの創作でなければ、諸葛亮の残した何らかの史料によったとも考えられる。しかし左史・右史による劉備の言行録も存在しない以上、この君臣の受け答えの真偽もまた、今は謎としておくほかはあるまい。

劉備も関羽も張飛も居なくなった。蜀漢の政治は大小となくすべて諸葛亮が決裁した。そして、それから四年後（二二七年）の春、諸葛亮の台本はさらに新たな境地に突き進む。崔嵬《さいかい》たる秦嶺の難所を越えて幾度となく魏に侵攻するという、蜀の民衆・兵士に大きな犠牲を強いた自作自演による北伐の幕が切って落とされるのである。

死に場所を求めて

劉備が他界したあと、十七歳の劉禅が蜀漢の帝位についた。

陳寿の「後主伝《りゅうぜんでん》」の「評」は、「後主《りゅうぜん》は賢相《けんしょう》に任《せいじをまかせ》た則《とき》は循理之君《どうりにしたがうくんしゅ》だったが、閹竪《かんがん》に惑《まどわさ》れて則《から》は昏闇之后《おろかなくんしゅ》となった。伝《むかしのほん》に『素糸《しろいいと》は常《きまったいろ》では無く、唯《ただ》、之《それ》を染《そ》める所《いろ》になる』と曰《い》うが、信矣哉《まったくそうである》。」と手厳しい。以来、劉禅は〝暗愚な君主〟と言われるようになった。しかし、果して劉禅は暗愚だったのか。

賢相（諸葛亮）の功績を際立たせるための、表現だったのではないだろうか。「後主伝」そのものに「昏闇之后《おろかなくんしゅ》」を示す記述は見当たらないし、むしろ『蜀書』の他の所に記された記事からしても、劉禅は静かに事理を見通していた青年だったのではないかとわたしは思う。

戦乱の渦中に生まれ、逃走の日々のうちに育った劉禅は、父と諸葛亮の君臣の実相を見てきたはずである。もはや青年となった蜀漢皇帝が、彭羕《ほうよう》の「誅死」と兄劉封の「自裁」を知らぬということは考えられない。もしも丞相諸葛亮の台本に従わなければ――。

そう心中に疑いと恐怖を懐いたとしても、自然なことではあるまいか。それが後主にほどこしてきた太子大傅丞相《きょういくがかり》の（裴松之は、諸葛亮は教育係になっていないと注に記しているが）、帝王学だったと想像される。証拠のひとつが、後述する「出師《すいし》の表《ひょう》」である。

諸葛亮はただ権力の頂点のみが眼中にある董卓《とうたく》や袁紹《えんしょう》のような人物では、むろんなかった。若い頃、すでに曹操の実力を認識し、その傘下に時代を担う精鋭が雲集しているがゆえに、他におのれの驥足《きそく》を展《の》ばすことのできる天地を求めた。

陳寿が記すように、管仲《かんちゅう》や楽毅《がっき》の立場に立とうとしたとき、漢の皇族と同姓の劉備との出会いはまさに打ってつけだった。献帝を擁する曹操軍団に対抗し、後世におのれの名を残すためには、劉備は必ず王室の血を引いていなければならず、自身の言行は必ず忠義に悖《もと》るものであってはならない。

諸葛亮は日夜、孤独のなかで台本を考えつづけたに違いない。時の運も味方した。赤壁の戦いを契機に、呉の孫権軍団と同盟して曹操軍に当たるという態勢を、まがりなりにも形づくることができた。曹操から見れば、劉備の一党は大自然の要塞とも言える蜀の地に逃げこんだ一軍閥に過ぎなかったが、諸葛亮からすれば劉備を戴いて漢室を復興するという大義に挺身する義軍である。小なるがために、常にその存在を天下に宣揚しつづけねばならない。

それよりも何よりも諸葛亮にとって一層切実だったのは、建国以来、常に蜀政権が内部崩壊の危機にさらされていたことであろう。反劉備・諸葛派の存在である。

たとえば軍事担当官の費詩《ひし》のような人物がいた。彼は諸葛亮らが劉備に帝号を称させようとしたとき、士人・民衆を糾号して逆賊（曹操）を討伐しようとする最中《さなか》に自ら即位するとは――わたしは反対であります、と上疏したため地方に左遷された。（「費詩伝」）

また、たとえば李邈《りばく》のような人物がいた。彼の伝を陳寿は立てていないが、いま裴松之注の『華陽国志』によると――李邈は祝いの席で劉備に面と向かって、蜀を奪ったのはよくないと難詰し、諸葛亮のとりなしで処刑をまぬがれた。しかし諸葛亮が北伐で失敗した馬謖《ばしょく》を殺そうとしたとき、それを諫めて疎んじられる。そして亮が五丈原で病没すると、喪服を身をつけて追悼する劉禅に、李邈は上書して言った。

「亮《しょかつりょう》は身《わがみ》を彊兵《きょうへい》で杖《まもり》ながら、狼顧《おくびょうなおおかみがかえりみる》ように、虎視《とらがおそうきかいをうかがう》ように、国《くに》を奪《うば》う時機《じき》を狙《ねら》っていたのであります。五大《ちからのあるしんか》は不在辺《はなれたとちにおいてはならない》ともうしますが、臣《わたくし》は常《いつ》も之《かんちゅうをあしばにしていたしょかつりょう》を危《きけん》だと思《おも》っておりました。今《いま》、亮《りょう》は殞没《しにまし》た。蓋《おもいます》にこれは、宗族《ごいちぞく》が全《あんたい》を得《てにいれら》れ、西戎《しょくのいみんぞく》は静息《もうせんそうにかりだされることはなく》、大小《こうかんからしょみんにいたる》まで慶《よろこんで》おります。」

劉禅は上書を見て怒り、獄に下して処刑した。ちなみにこの上書は、諸葛亮没後であったから残されたのであろう。

費詩も李邈も劉璋時代からの後漢の地方官吏であり、蜀人だった。彼らは蜀漢政権の本質が、劉備と諸葛亮の台本による虚構にすぎないことを見抜いていた。言い換えれば、政権は諸葛亮らの大義と名誉のために維持され、蜀の山川に生きつづける蜀人たち（天下《よのなかのひとびと》）の生活と幸福などは具体的視野になかったと言っていい。

政権内部には費詩らのような人士が少なからずいたと思われ、諸葛亮にとっての恐怖は劉禅を戴く反諸葛勢力の台頭だったに違いなく、それを阻止するためのあらゆる対策がとられたであろう。

諸葛閥の強化、軍事力の絶対的掌握、情報操作（その一つが、諸葛政権に都合の悪い公文書や記録を残さなかったことで、もし残っていれば陳寿が利用せぬはずはないだろう。五章の曹操と崔琰《さいえん》・毛玠《もうかい》・和洽《わこう》のやりとりを思い出していただきたい。魏に記録が残っていたからこそ、陳寿の短篇小説的史伝三部作となったのである。）、そして外部（魏）へ向けての戦争の強行である。

内政に窮した権力者の十人が十人、自分に向けられた臣下や民衆の批判の眼を国外（その戦争）に逸《そ》らせるのは、古今東西の通例である。諸葛亮はそれを最大限に活用した。まず蜀の南方に多く散在する異民族を制圧し、そこで手に入れた人的・経済的資源を当てて軍事力を安定させた。次いで蜀漢政権を強固にし、かつ魏と孫権に対して大義を宣揚しつづけるために魏国への北伐を強行する。それはまた反諸葛派を炙り出す、踏み絵でもあっただろう。

魏（明帝）の太和元年（二二七年）、諸葛亮は北上して魏に進攻すべく、前戦基地の漢中に向けて出陣する。そのときに成都に居残る劉禅（二十一歳）に上疏したのが「出師《すいし》の表《ひょう》」（師《ぐん》を出《だ》すにあたっての表《ひょうめい》）である。

『文選《もんぜん》』の「表」の注に、表とはことの順序を明らかにして主上を悟らせ、自己の主義や主張を告げて忠を尽くすこと、とある。それは朝廷を通じて君主に奏上され、いわば国家を治めるための公開された重要な文書である。

とくに敵国との戦いをまえにした将軍が君主に「出師の表」を差しだす場合、それは軍の令状と同じあるいはそれ以上の効力をもつ。すなわち「軍中《ぐんちゅう》に戯言《ぎげん》なし」（軍にあっては無責任なことばは存在しない）と言われるように、「出師の表」に表明されたことばが実行されなければ即、敗戦の将と同様に斬罪を覚悟しなければならない。君主を欺いたことになるからである。

本文を読もう。陳寿は引用にあたって、冒頭の「臣亮《わたくしりょう》は言《もうしあげ》ます。」を省略している。（『文選』所収の「出師表一首」との比較による。）

先帝《せんてい》（劉備）は創業《しょくかんのそうぎょう》未半《なかばにいたらず》して、中途《とちゅう》で崩殂《おかくれになり》ました。今《いま》、天下《てんか》は三《みっ》つに分《ぶんれつ》し、益州《えきしゅう》（蜀）は病弊《おとろえきって》おります。此《すなわ》ち誠《じつ》に危急存亡之秋《こっかそんぼうのせとぎわ》なのであります。然《それにもかかわら》ず、侍衛《そっきん》の臣《しんか》が内《きゅうちゅう》で不懈《なまけることなく》、忠志《ちゅうせつ》の士《しんか》が外《やくしょ》で身《み》を忘《こなにしております》のは、蓋《もうしあげるまで》もなく、先帝《せんてい》の殊遇《とくべつのおんぎ》を追《おしたい》し、之《それ》を陛下《へいか》に報《おむくいした》いと欲《ねがっているから》であります。誠宜《おおい》に聖聴《いけんをおききになられ》る開張《きかいをふやさ》れ、以《かくし》て先帝《せんてい》の遺徳《のこされたとく》を光《かがや》かせて、志士《こころざしのあるしんか》の気《きがい》を恢弘《ふるいおこ》されますよう。妄《むやみ》に自《ごじぶん》を菲薄《かるくみられ》て、義《どうり》の失《ないこと》を引喩《もちださ》れ、以《そのため》に忠諫《ちゅうしんのかんげん》の路《みち》を塞《ふさ》いでは不宜《なりません》。宮中《きゅうちゅう》と府中《やくしょ》が倶《とも》に一体《いったい》と為《な》って、陟罰《ぜんはひきたて》臧否《あくはしょばつし》、異同《そこにくいちがい》が不宜《あってはなりません》。若《も》し姦《ふせい》を作《おこな》い、科《ほう》を犯《おか》し、及《あるい》は忠善《ちゅうぎのおこない》を為《し》た者《もの》が有《あれ》ば、宜《ただち》に有司《やくにん》に付《さげわた》して其《そ》の刑賞《けいばつおんしょう》を論《ろんぎ》させ、以《も》って陛下《へいか》の平明之理《こうへいめいはくなせいじ》を昭《あきらか》にされ、偏私《しじょう》をもって内外《きゅうちゅうとやくしょ》で法《ほう》を異《ことなら》せては不宜《なりません》。侍中《すうみつこもん》・侍郎《こもんふくかん》の郭攸之《かくゆうし》・費禕《ひい》・董允《とういん》等《ら》は此皆《いずれ》も良実《ぜんりょう》で志慮《かんがえかた》は中純《じゅんすい》、是以《それゆえ》に先帝《せんてい》は簡抜《ばってきさ》れて、以《も》って陛下《へいか》に遺《のこされ》ました。愚《わたくし》が以為《おもいます》に、宮中《きゅうちゅう》の事《こと》は、事《こと》の大小《だいしょう》に無《かかわら》ず、悉以《ことごとく》、之《かれら》に咨《そうだん》され、然《そ》の後《のち》に施行《じっこうされれ》ば、必《かなら》ず能《よ》く闕漏《けってんやいろう》が裨補《おぎなわ》れ、広《さら》に益《やくだ》つ所《ところ》が有《ありま》しょう。将軍の向寵《しょうちょう》は性行《ひとがら》が淑均《おんわ》で軍事《ぐんじ》に暁暢《せいつうし》ており、昔日《かって》、試《こころみ》に用《もちい》たとき、先帝《せんてい》は之《かれ》を称《ほ》めて、能《よくできる》と曰《もうされまし》た。是以《これによって》、衆議《はなしあ》い、寵《しょうちょう》を挙《お》して督《たいしょう》に為《した》のであります。愚《わたくし》が以為《おもいます》に、営中《ぐんえいちゅう》の事《こと》は悉以《ことごとく》、之《かれ》に咨《そうだん》されれば、必《かなら》ず能《よ》く行陳《ぐんたい》は和睦《わぼく》し、優劣《ぐんじんのゆうれつ》に所《ところ》を得《え》さ使《せ》ることができましょう。賢臣《けんしん》に親《した》しみ小人《しょうじん》を遠《とお》ざける、此《これ》は先漢《ぜんかん》が興隆《さかんになっ》た所以《りゆう》であります。小人《しょうじん》に親《した》しみ賢臣《けんしん》を遠《とお》ざける、此《これ》は後漢《ごかん》が傾頽《かたむきすたれ》た所以《りゆう》であります。先帝《せんてい》が在《あり》し時《とき》、臣《わたくし》と此事《このこと》を論《ろんじ》る毎《たび》に、未嘗《いちどとし》て桓《ごかんのかんてい》・霊《れいてい》について歎息《たんそく》し、痛恨《こころいため》なかったことはありませんでした。侍中《すうみつこもん》（郭攸之）、尚書《かんぼうちょうかん》（陳震）、長史《そうむちょうかん》（張裔《ちょうえい》）、参軍《しょうぐん》（蔣琬《しょうえん》）は此悉《すべてみな》、貞良《せいじつ》で死節之臣《せつぎのためにしぬかくごのあるしんか》であります。願《なにとぞ》、陛下《へいか》には之《かれら》と親《した》しみ、之《かれら》を信《しん》じられますよう。則《そうなされ》ば漢室《かんおうしつ》の隆《りゅうせい》は、日《ひ》を計《かぞえ》て待《ま》つ可《ばかり》でありましょう。

以上が本文の前段である。語注と、いくつかの点について心を止めておきたい。

「桓・霊」は、宦官《かんがん》を重用して後漢を傾けたといわれる桓帝と霊帝（献帝の父）をいう。諸葛亮がこの前段に挙げている郭攸之・費禕・董允・向寵・陳震・張裔・蔣琬は、政権を牛耳る諸葛閥の中心構成員である。彼らによって劉禅の周辺は固められていた。郭攸之（荊州の南陽出身）は軍政務官の廖立《りょうりつ》（蜀人）に「従人者《ひとのいいなりになっているおとこ》に耳《すぎない》。与《とも》に大事《おおきなしごと》を経《する》のに不足《ふそく》なのに、侍中《すうみつこもん》に作《な》っている。」（「廖立伝」）と批判されたことがある。そのこともあって廖立は諸葛亮から上疏され、庶民に落とされて地方に追放された。文中の要所に「先帝」が六回、「不宜」（〜してはいけない）が三回出てくる。

後半を読もう。

臣《わたくし》は本《もと》、布衣《いちへいみん》でありました。躬《みずか》ら南陽《なんよう》で耕《はたけをたがや》しつつ、苟乱世《ただらんせい》に於《あ》って生命《いのち》を全《まっとう》し、諸侯《しょこう》の於《あいだ》で聞達《しられたい》とは不求《おもいもしませんでした》。先帝《ところがせんてい》は臣《わたくし》を卑鄙《みぶんのいやしいもの》とは不以《なされず》、猥《あえ》て自《ごじぶん》から枉屈《でむかれ》て三《み》たび臣《わたくし》を草蘆《くさぶきのいおり》の中《うち》に顧《たずね》られ、臣《わたくし》に当世之事《てんかのじょうせい》について諮《おたずね》になられました。是《そのこと》の由《ゆえ》に感激《かんげきしたわたくし》は、遂《つい》に先帝《せんてい》に駆馳《おつかえすること》を許《しょうち》したのであります。後《のち》に傾覆《そうそうにおそわれてきき》に値《ちょくめん》したとき、軍《わがぐん》が敗《やぶれ》るに際《さい》して任《たいにん》を受《まかさ》れ、危難之間《きけんをかえりみず》に奉命《ごめいれいにしたがい》ました。爾来《あれいらい》、二十有一年《にじゅういちねん》が矣《すぎました》。先帝《せんてい》は臣《わたくし》が謹慎《つつしみぶかいこと》を知《ごぞんじ》でした。故《そのゆえ》に臨崩《おかくれになられるとき》、臣《わたくし》に大事《かんしつさいこうのこと》を寄《たくされた》のであります。受命以来《それいらい》、夙夜《あさはやくからよなかまで》、憂歎《こころをくだ》き、託付《ごしんにんをうけ》ながら不效《こうかがあがらな》い以《ため》に、先帝《せんてい》の明《ごそうめいさ》を傷《きず》つけはしないかと恐《おそ》れ、故《そこ》で五月《このごがつ》、瀘《ろすい》を渡《わた》って不毛《あれたとち》に深《ふか》く入《しんにゅう》いたしました。今《いま》や、南方《なんぽう》は已《すで》に定《へいてい》され、兵甲《ぶき》も已《すで》に足《たりて》おります。当《まさ》に三軍《ぜんぐん》を奨率《はげましひき》い、北《ほくじょう》して中原《ちゅうげん》を定《へいてい》すべきであります。庶《かならず》や駑鈍《このみ》を竭《つく》して姦凶《かんぞく》を攘除《うちはら》い、漢室《かんしつ》を興復《ふっこう》して旧都《らくよう》に還《かえろうとするもの》であります。此《これこそ》、臣《わたくし》が先帝《せんてい》に報《おむくい》し、陛下《へいか》に忠《ちゅうじつ》である所以《ため》の職分《つとめ》であります。

損益《こっかのりがい》を斟酌《かんが》え、進《すす》んで忠言《ちゅうげん》を尽《もうしあげること》に至《つきま》しては、則《すなわ》ち攸之《かくしゅうし》・禕《ひい》・允《とういん》の任《しごと》であります。願《ねがわ》くは陛下《へいか》には、臣《わたくし》に討賊《ぞくをうち》、興復《かんしつふっこう》の效《せきにん》を託《おあたえください》ますよう。不效《そのせいかがなけれ》ば、則《ただち》に臣《わたくし》の罪《つみ》を治《と》われ、以《も》って先帝《せんてい》の霊《みたま》に告《ごほうこく》なさってください。若《も》し興徳《ゆういぎ》な言《しんげん》が無《な》ければ攸之《かくしゅうし》・禕《ひい》・允等《とういんら》の慢《たいまん》を責《せ》め、以《も》って其咎《そのつみ》を彰《あきらかに》なさってください。陛下《へいか》は亦《また》、宜《ただし》く自《ごじぶん》で謀《おかんがえになら》れて、善道《まことのみち》を諮諏《しんかにたずねら》れ、雅言《ただしいことば》を察納《とりあげられ》て、深《よくよ》く先帝《せんてい》の遺詔《ごゆいごん》を追《おもいだされ》ますよう。臣《わたくし》は受恩《ごおんをこおむり》、感激《かんげき》に不勝《たえません》。今《ただいま》、遠《とお》く離《しゅつじん》しようとするに当《あた》って、表《このひょう》をさしあげるに臨《のぞ》み、涕零《なみだながれ》て所言《もうしあげることば》を不知《しりません》。

後段の頭に「草蘆三顧」の話が置かれる。
「傾覆《そうそうにおそわれてきき》に値《ちょくめん》したとき」とは、長阪の戦いで劉備らが敗走し、その後、孫権軍の助けを借りて赤壁で曹操軍の南下を阻止したことをいう。「瀘《ろすい》を渡《わた》って不毛《あれたとち》に深《ふか》く入《しんにゅう》」とは、二二五年に南中（雲南省北部一帯）の異民族を征伐したことをさす。「先帝」が七回（前段・後段合わせて十三回）、繰り返されている。

以上が、諸葛亮が魏への第一次北伐（二二八年春に進攻）に向けて表明した「出師の表」の全文である。

一読して解ることとは「出師の表」が、劉禅と臣下ら（及び反諸葛亮派）に対して成都を留守にしている間の後事を指示した、事務的性格の強い文書だということである。それも強制と脅しを内に秘めた、死人に口なしの「先帝」の威厳を最大限に利用して、自己の功績と権威を控え目に強調し、さらに実力とは遠くかけ離れた忘想に近い軍事行動を、有無を言わさず承認させるための――。

そこに臣下としての真の意味での〝忠〟（天子に尽くすことは、天子たらしめている天下《よのなかのひとびと》のためにに尽くすことである。）は、どこを捜しても見当たらない。

もう少し分析的に読んでみよう。

まず、この「表」には諸葛亮の心中の思いが強く表現されている。出陣後の成都の体制変化への不安――亡父の権威をふりかざして二十一歳の劉禅に教えさとす言い方は、三方向に意味を持つ。ひとつは劉禅に、郭攸之や向寵の意見に従い、その他の者の発言に耳を貸してはならぬとあえて念を押し、もうひとつは諸葛閥の臣下に結束をうながし、さらには反諸葛派に警告を発する。

現代中国の高恩源《こうおんげん》氏は『評説《諸葛亮集》』（二〇〇六年）で、亮が教えさとしていることを、阿斗《あと》（劉禅の幼名）が本当に馬鹿ならむろんどれも遂行できないし、もし馬鹿でなければやはりどれも実行しないだろう、と述べている。前段で「賢臣《けんしん》に親《した》しみ小人《しょうじん》を遠《とお》ざけ」よ、とさとしているが、小人を遠ざけようにも、劉禅の周りは亮の配する賢臣が固めて選択の余地などないではないか、と言うのである。その通りではないだろうか。

ついで、この「表」の作文技術はかなりのものだと思われる。強調すべき個所には「先帝」の語をくり返し冠してたたみかけ、その効果によって読む（聴く）者の多くはそれを信じこまされる。後段では先帝がいかに自分を評価し、信頼し、頼ったかを打ちあけ、またそれに対して自分も応えてきたことを列挙する。巧み、と言えないこともない。

しかしながら、使用された語彙や文体の各処に感得される思惑や作意（人をおのれの台本に引きずり込もうとする）は、諸葛亮の稟性《ひんせい》の実体を隠しようもなく露呈させている。劉備が三度も訪ねてきて天下の情勢を質問したので「遂《つい》に先帝《せんてい》に駆馳《おつかえすること》を許《しょうち》した」、あるいは「先帝《せんてい》は臣《わたくし》が謹慎《つつしみぶかいこと》を知《ごぞんじ》でした。」などとは、真に慎しみ深い人が自ら記すことではないだろう。ここに、楽毅の書簡との類似の文体をわたしは感じる（三三六頁参照）。ましてや先帝を継いだ、その子である皇帝に奉《たてまつ》る表である。

またこの「表」には虚言、もしくはそうとしか考えられないことばが少なくない。後段の「草廬《くさぶきのいおり》の中に顧《たず》ねられ」の内容は諸葛亮の創作ではないか、という疑問にはすでにふれた（三三八頁）。

これについては『孟子』「万章上」に、商《しょう》の湯《とう》王（紀元前十六世紀）が在野の賢人伊尹《いいん》に三度、使者をつかわして招聘したという故事の先例があること、また「諸葛孔明自身が述べているからこそ疑わしい」ことなどから、陳寿が「諸葛亮伝」に記す「三顧」の故事は真実ではないとする指摘もある。（山口久和『「三国志」の迷宮』）

後段後半の「三軍《ぜんぐん》を奨率《はげましひき》い、北上《ほくじょう》して中原《ちゅうげん》を定《へいてい》すべ」く「駑鈍《このみ》を竭《つく》して姦凶《かんぞく》を攘《うち》除《はら》い、漢室《かんしつ》を興復《ふっこう》して旧都《らくよう》に還《かえろうとするもの》であ」る、という記述も本心から出たものではないだろう。当時の領土・人口・軍事力・政治力など、あらゆる点から見て蜀の実力は魏とは比較にならぬほど劣弱だった。秦嶺山脈に阻まれた天然の要塞に逃げこんだのでなかったら、諸葛亮の軍隊は早晩、敗滅の憂き目にあっていただろう。

諸葛亮は言うまでもなく蜀政権の中枢部がそれを知らぬはずはなく、だからこそ亮とその一派は劣勢によって生じる蜀軍の士気の沈滞と戦意喪失、そこから派生してくる亮批判を回避し、政権の分裂をまぬがれるために、群臣・官吏・兵士・民衆らに恒常的な緊張を強い、彼らの不満のはけ口を魏との戦いに導く必要があった。

諸葛亮はさらに「願《ねがわ》くは陛下《へいか》には、臣《わたくし》に討賊《ぞくをうち》、興復《かんしつふっこう》の効《せきにん》を託《おあたえくださ》いますよう。不効《そのせいかがなけれ》ば、則《ただち》に臣《わたくし》の罪《つみ》を治《と》われ……」と宣言する。これは北伐に失敗すれば死刑を……と言ったのに等しい。が、明敏な亮には敗退はとっくに折り込みずみであったろうし、そうなったからといって自分が刑死する心配はほとんどなかった。

蜀漢のすべての権力は、彼が握っていたのだから――。

案の定、翌二二八年春、蜀軍は漢中から祁山《きざん》を経て北上し街亭《がいてい》に布陣したが、魏軍に大敗して撤退した（第一次北伐）。敗因は諸葛亮によって将軍に抜擢された馬謖《ばしょく》が、亮の指示にそむいたからだと陳寿は記している。しかし、わたしにはすっきりと腑に落ちてこない。諸葛亮は馬謖を処刑して兵士に謝罪したとされる。だが、失敗したらわたしの罪を問えと「出師の表」で天子に大見得を切った本人は、みずから「咎《つみ》は皆《すべて》、授任《ぶかのにんよう》に無方《きめられたほうしんをもたなか》った臣《わたくし》に在《ありま》す。臣《わたくし》には不知人《ひとをみるめがなく》、事《ものごと》を恤《かんがえる》ときに闇《いたらぬてん》が多《おおい》と明《わかり》ました。……請《どうか》、自《じぶん》から三等《さんかいきゅう》を貶《さげ》る以《こと》で、厥《わたくし》の咎《つみ》を督《はたさせ》てください。」（「諸葛亮伝」）と奏上し、位が三階級下がっただけだった。権力は微動だにせず、翌年にはもとの地位に復帰している。

馬謖は亮が負うべき北伐敗戦の責任を、一身に転嫁された可能性はないだろうか。それというのも、三年後の第四次北伐進攻においても似たような事例が生じているのである。魏軍との局地戦で勝ったにもかかわらず、軍需輸送を怠ったため撤退せざるを得なかったという理由で、輸送責任者だった重臣の李厳（改名後は李平）が諸葛亮に告発され、庶民に落とされたあげく地方に追放された。

陳寿が利用した史料に李厳が本心を吐露したと思われる記録はなく、諸葛亮に都合のいいものばかりである。

李厳は臨終の劉備から、諸葛亮と共に劉禅の補佐を委嘱された男である。厳を追放して、亮はほとんど独裁者の地位を手に入れたことになる。

さて、以上に見てきたとおり第一次北伐に当たって公表された「出師の表」に述べられている内容は、劉禅らが諸葛亮の言いつけを守り、蜀軍が魏の領土の西端にわずかに侵入して敗退したほかには、なにひとつ実行されなかった。

「出師の表」が、先帝の威光を笠に着て、おのれの作った筋書き通りの忠臣を装う煽動家の文書にすぎないことは、もはや明白ではないだろうか。この敗戦によって七十余人の部将と一千人余りの兵士を失っても（諸葛亮自身による記述。三六五頁「後出師の表」参照）、諸葛亮の心は痛まなかった。「出師の表」に蜀を支えつづけている民衆や兵士らへの思い遣りなど、欠片《かけら》も捜し出すことはできない。

これは同じ丞相であっても、後漢の遺臣だった曹操の政治的言行とは決定的に異なる。北伐の真の目的は、自ら先帝に吹き込んだ漢室再興を標榜しつづける蜀漢政権の維持・強固にあったのである。

だが、この「出師の表」は今日においても「忠誠心あふれる名文」（『大漢和辞典』）とされている。「先帝の恩顧に報い、漢室を復興しようとする至誠の情が、一篇のすみずみにまであふれ、読む者をして感動させる。」（小尾郊一訳『文選』解題）と言い、「古来、名文の誉れ高い」（徳間書店『三国志英傑伝』Ⅲ）と言い、「まるで慈父のごとき気遣いが行間に滲み出た古今の至文である」（山口久和『「三国志」の迷宮』）と言う。

なぜ、そんなことになったのか。

ひとつは『文心雕龍《ぶんしんちょうりゅう》』（五〇〇年頃成立）で、梁の劉勰《りゅうきょう》が「諸葛孔明《こうめい》（亮）が、蜀の後主に別れて出陣する『出師の表』は忠節の志をのべ尽くし、文章は暢達《ちょうたつ》であり、……表の中のすぐれたものである。」（目加田誠訳。省略は引用者）と評したこと。

ふたつは宋の謝枋得《しゃほうとく》（一二二六〜一二八九）が、科挙の参考書として編集した『文章軌範《ぶんしょうきはん》』に収録し（これは室町時代に日本に伝来して広まった）、それを安子順《あんしじゅん》が「孔明出師の表を読みて涙を墜《おと》さざるは、その人、必ず不忠なり」と評して以来、「出師の表」は忠臣たらんとする者の聖典になっていったこと。

かくして「出師の表」は、正確に読み、理解されることがなくなっていった。

〝匹夫《ひっぷ》の勇《ゆう》〟という言い方がある。匹夫は庶民の男、一般に血気にはやる小人の勇気をさす。思慮浅く、感情のたかぶるままに行動して失敗しても責任はとらず、恬《てん》としている。

文章理解にも同様のことがあると思う。さしずめ安子順とそれ以降の「出師の表」の多くの読者の理解は〝匹夫の解《かい》〟とでも呼んでいいのではないだろうか。まともに読み解かず、感覚的に押し戴いているだけなのである。それが一千年近くまかり通ってきた。

第一次北伐（二二八年春）に失敗し、その責任もお茶をにごして果たすことのなかった諸葛亮（四十八歳）に対して、蜀政権内の批判と不満が急激に膨らんだであろうことは想像にかたくない。

おりしもその夏、孫権軍が南方の石亭（安徽省）で魏軍を破った。情報を入手した諸葛亮は機を逃さず、春の敗戦による痛手も回復していない蜀軍に、再度の北伐を宣言する。呉に敗れた魏軍の動揺につけ入り、蜀方面への関心が手薄になっている今こそ侵攻のときである——と。

軍と、反諸葛派と、天下の不満を、自分に向ける余裕を与えてはならないのである。

冬十二月、出陣に先だって、このときも劉禅への上書がなされた。さきの表に対して「後《ご》出師の表」と呼ばれている。

糊塗と、言い訳と、身勝手な信念の吐露に終始したこの「後出師の表」には、諸葛亮の稟性、人格、思惑が「出師の表」よりいっそう鮮明にさらけ出されている。それほど追いつめられていた、と見ていいのではないだろうか。

本文を逐一、追っていきたいところだが、「出師の表」で諸葛亮の本質にはふれたので、ここではその要点を列挙するにとどめたい。

一、原文は六〇〇余字、前表と同じ「先帝」の語が六回出てくる。先帝は、漢（蜀漢）と賊（魏）は両立しないゆえ蜀漢は地方（成都）に安住してはならず、危難をおかしても北伐を敢行せよと言われた。（以上が諸葛亮の作為であるのは、言うまでもない。）臣《わたくし》の才はとぼしく敵は強大かもしれないが「惟《ただ》、坐《ざ》して亡《ほろびるの》を待《まつ》のと、之《てき》に伐《うってでる》のと、孰《どちらがよろしい》でしょうか。」
一、今こそ北伐の絶好の機会なのに、臣《わたくし》に反対する者たちの気持ちが理解できない、として六つの疑問を並べる。
（その一）英知にすぐれた高祖（劉邦《りゅうほう》）ですら、危難に身を挺して安泰を手にされた。それなのに、英知において高祖に及ばぬ陛下（劉禅）と並《なみ》の謀臣らが気の長い戦略をたて、行動もおこさずに天下を定めようとは……。

（その二）かつて後漢の劉繇《りゅうよう》らが長江以東を孫策《そんさく》に占領されたのは、議論ばかりにかまけ、軍を起こして孫策を攻めなかったからであります。それなのに……。

(その三) あの知略に秀でた曹操でさえ、張繡や袁紹などに敗れることもありました。ましてや才能の薄い臣《わたくし》が、危険をおかさずに天下を定めることができましょうか。それなのに……。

(その四) 先帝が有能と認めていた曹操でも、呉や蜀と戦って何度も失敗しており、いわんや愚鈍な臣《わたくし》ごときが常に勝てるわけがありません。それなのに……。

(その五) 一次北伐で部将七十余人、兵士一千余人を失いましたが、この分だと数年で三分の二を失いましょう。そのときは誰が敵と戦うのでしょうか。それなのに……。

(その六) 民も兵も疲れきっておりますが、しかし戦いを休むことはなりません。となれば進軍するのも止まっているのも、労力と費用は同じです。それなのに、わずか一州(益州)の地に拠って強大な魏と持久戦を行なおうとは……。
一、そして最後を次のように結ぶ。
　物事はすべてうまくゆかないものであります。曹操にしても、先帝にしても、孫権にしても、勝ったり敗けたり、あれこれありました。――「凡《およ》そ事《よのなかのできごと》とは如是《そのようなものであります》。可逆見《あらかじめよけんする》のは難《こんなん》なのです。臣《わたくし》は鞠躬《みをかがめ》て力《ちから》を尽《だしつく》し、死《ただし》を後《もとめ》る已《のみ》であります。成敗《せいこうしっぱい》、利鈍《しょうりはいぼく》に至《ついて》は、臣之明《わたくしのちから》では能道観《よけんでき》る所《もの》では非《ない》ので也《あります》。」

（以上『蜀書』「諸葛亮伝」注の張儼《ちょうげん》『默記《もくき》』による。）

要するに、諸葛亮の北伐出征に反対する臣下らを掣肘《せいちゅう》し、前もって自己の敗北を弁護しておくための「表」であった。そしてこの「後出師の表」の最後の数行にこそ、諸葛亮の生き様のすべてが凝縮されているとわたしは思う。史上、軍・政治の最高指導者として、これほど無責任な「表」を残した人物は希であろう。

すでにこの時点で、諸葛亮の胸中に先帝は居なかっただろう。蜀の民衆はむろん蜀漢政権そのものの未来も存在していなかった、と見ていいのではないだろうか。

漢室復興のために先帝の死後も忠義を尽くした諸葛亮――という自作自演の狂言台本を完遂させるべく、一途におのれの死地を求めて北伐しつづけるという意志、以外には。

かくして諸葛亮は二二九年、魏領の武都郡・陰平郡を攻撃（三次北伐）、二三一年、祁山出征（四次北伐）、二三四年、五丈原への大進軍（五次北伐）と、ほとんど休みなく狂ったように出征を繰り返し、ついに八月、五丈原において病没する。五十四歳だった。

蜀人の少なからぬ命と、困窮と、精神的痛苦の犠牲を一切かえりみることなく強行された自作自演の狂言の幕は、ここにようやく降りた。

ところで「後出師の表」には後代の偽作説がある。陳寿編纂の『諸葛氏集』に載っていないこと、『蜀書』「諸葛亮伝」の裴松之注に呉の張儼撰『黙記』から引用されており、内容にもいくつか疑問があることなどが理由のようだが、わたしは偽作ではないと思う。「出師の表」と並べて読んでみると「後出師の表」の語彙・文体は、間違いなく諸葛亮のものと感じられる。陳寿が『諸葛氏集』に収録しなかったのは、晋朝皇帝の意向にそわざるを得なかったためではなかったかと、わたしは思っている。「諸葛亮伝」でも「後出師の表」にはふれていない。

それゆえに陳寿は、蜀の人として諸葛亮にいくつもの異和感を覚えつつも、その実像をとらえそこねたのではないだろうか。したがって確固とした劉備像も描けなかった。なぜなら、劉備にはそもそも本人が発したとする確かな言説はなく、ほとんどが諸葛亮の口から出た先帝のことばなのである。

折にふれて引用してきた六朝梁の劉勰《りゅうきょう》は、歴史家が同時代のことを記録するとき、世間の事情との余儀ない利害関係のためにかえって事実を曲げて書くことが多い、となげいた。そして、こうも記す。

乃《すなわ》ち、尊賢《とうとくかしこいひと》の隠諱《ふめいよなことはかく》す、若《ということ》は固尼父之聖旨《もともとこうしのおかんがえであ》った。蓋《おもう》に、纖瑕《こまかいきず》は瑾瑜《うつくしいぎょく》を玷《おおうこと》は不能《できない》のである。

（『文心雕龍』「史伝」）

だが、諸葛亮の狂言台本の瑕はけっして細かくはなかったし、彼自身、とうてい美しい玉《ぎょく》とは言えなかったのではないだろうか。

わたしは本章で、諸葛亮のことにあまりにこだわりすぎたかも知れない。それだけ、横行する〝匹夫の解〟的諸葛亮像の根が深いのである。

『蜀書』の「先主伝」「諸葛亮伝」において、陳寿は冷厳であるべき史眼に曇った眼鏡をかけてしまった。しかし、それで「三書」のもつ歴史的記録文学としての価値が下がるというものでは、むろんない。

［歴史］

81　蔡倫故紙　さいりんこし

人の歴史は途切れない。画家は山河の彼方《かなた》に過去の歴史を想い、街行《まちゆ》く人々の此方《こちら》に未来の歴史を想い描いているように思われる。安野さんの歴史への想いを、集めた。

後漢の蔡倫《さいりん》（宦官）は紙の発明者である。故郷は陝西省《せんせい》漢中市《かんちゅう》の東、洋《よう》県。立派な墳墓の側に小さな記念館があり、老夫が昔ながらのやり方で蔡倫紙を再生していた。安野さんはその紙に、漢中の山水を描いた。

已矣哉
國無人莫我知兮
又何懷乎故都
既莫足與爲美政兮
吾將從彭咸之所居

82 屈原悲憤　くつげんひふん

安野さんの座右の書に司馬遷《しばせん》の『史記』がある。古代中国の歴史と文学の宝庫である。戦国楚《そ》の忠臣屈原は讒言《ざんげん》にあって祖国を追われ、汨羅《べきら》の淵に身を投げた。それを指さす者、素知らぬ体《てい》で釣りする者。天心岡倉覚三をモデルにした横山大観の「屈原」を参考にした、と画家はいう。

83 李陵窮絶　りりょうきゅうぜつ

西域で匈奴《きょうど》に敗れた漢の李陵、彼を弁護して武帝に死を宣告され、宮刑を受けた司馬遷《しばせん》。〝発憤《はっぷん》〟して完成した『史記』にまつわる最大の悲話である。讒言《ざんげん》と処刑――それは今もなお続く人の世の宿命なのだろうか。

砂漠に雪が降り、李陵一行が落ちのびてゆく先に包《パオ》（遊牧民の住居）が見える。

児前抱我頸
問母欲何之
人言母当去
豈復有還時
阿母常仁惻
今何更不慈
我尚未成人
奈何不顧思
見此崩五内
恍惚生狂癡
号泣手撫摩
当発復回疑
兼有同時輩
相送告離別
慕我独得帰
哀叫声摧裂
馬為立踟躕
車為不転轍
観者皆歔欷
行路亦嗚咽

84 文姫帰漢　ぶんききかん

曹操の学問の師蔡邕《さいよう》は、学者として董卓政権に参与したため、董卓殺害に加担した王允《おういん》に処刑された。その娘が蔡文姫《さいぶんき》。彼女は動乱のまっただ中で匈奴《きょうど》に連れさられ、遠い異郷で二子をなし、のち曹操が彼女の才能を惜しんで漢に連れもどすという、数奇な運命を生きた。

画の上段は、悲惨な体験を吐露した文姫の長詩。下段はわが児《こ》と別れ(次頁)、漢に帰ってゆく文姫。画の流れにしたがって見開きに入れた。

辺荒与華異
人俗少義理
処所多霜雪
胡風春夏起
翩翩吹我衣
粛粛入我耳
感時念父母
哀歎無窮已
有客従外来
聞之常歓喜
迎問其消息
輒復非郷里
邂逅徼時願
骨肉来迎已
已得自解免
当復棄児子
天属綴人心
念別無会期
存亡永乖隔
不忍与之辞

85 望郷別離　ぼうきょうべつり

蔡文姫は「胡笳《あしぶえ》の歌《うた》・十八節」に詩《うた》っている。

あきらめていた残りの人生／帰国する日が来ようとは／胡《えびす》の児《こ》、強く抱きしめ／あふれる涙は衣《ころも》をぬらす（……）親と子、泣き叫べど声にならず／この心中、誰か知りましょう……

86 川劇演義　せんげきえんぎ

成都の夜、四川《しせん》劇（京劇風地方劇）があるというので観に行った。『三国演義』の一段を演じ、そのあとの連続する〝変面《へんめん》〟（役者が立ったままくるっと後ろ向きに回転するたびに、付けている面が変わる）が印象に残った。皆、昼間の旅で疲れていたので、リラックスして劇を楽しんだ。帰国して、安野さんは頭の中にこの画を描いていたことがわかった。

87　妖婦貂蝉　ようふちょうせん

小説『三国演義』で、創作された美女貂蝉《ちょうせん》を董卓が手籠《てごめ》にする場面。左が貂蝉の愛人、呂布《りょふ》。そして、右下の蓮の葉蔭にまぎれ込む男……。画家が隠し絵の大家であることを知る人は少なくない。

蓮池は、隆中臥龍山《りゅうちゅうがりゅうさん》の諸葛亮草廬《そうろ》のまえでスケッチした。

88 黄忠帰順　こうちゅうきじゅん

黄忠はもと後漢の武将だったが、劉備にしたがって蜀に入り、のち将軍になった。『三国演義』では、関羽と黄忠が一騎打ちを繰りかえし、勝負がつかずに黄忠は劉備の配下に入る、という筋立てになっている。

89 回憶大地　かいおくだいち

鎮江市に一泊したとき、小説『大地』の作者パールバックの旧居（記念館）を訪ねた。生《あい》憎《にく》の休館日。瀟洒な洋風建築の裏手にまわると、窓の内に読書する美しい夫人が見えた。問うと、本を伏せて立ちあがり、門を開けてくれた。口数少なく、知性を秘めた清楚な物腰。わたしたちは何度もお礼を言って別れた。明くる朝、安野さんがぽつりと言った。「あそこに行ってよかった。」誰も、あのような中国夫人に会ったのは初めてだった。名は「張です。」とだけしか言わなかった。

画は鎮江の郊外。

90　柯橋再訪　かきょうさいほう

柯橋は紹興北の鄙《ひな》びた水郷。安野さんとは二十三年ぶりの再訪である。周囲の街は巨《おお》きなビルが建って変貌がはげしかった。しかしこの橋の一廓だけは、まるで時が止まっていたかのようにもとのままで、匂いまで懐かしかった。

飲湖上初晴後雨二首　蘇東坡
朝曦迎客艶重岡
晩雨留人入酔郷
此意自佳君不會
一杯當屬水仙王
水光瀲灔晴方好
山色空濛雨亦奇
欲把西湖比西子
淡粧濃抹總相宜

91 酔郷西湖　すいきょうせいこ

杭州の西湖は文人墨客の聖地である。潤いをたたえた風光を、宋の詩人は「酔郷」（酔ったような心地）と表現した。ここに篆刻《てんこく》で著名な西泠印社《せいれいいんしゃ》があり、その世界にも溺れている画家は、興奮冷めやらぬ面持ちに見えた。この画には、少し多めの落款が押してある。詩は蘇東坡《そとうば》。

92　龍門石窟　りゅうもんせっくつ

洛陽の龍門石窟に、最初にご一緒したのも二十三年前のこと。あのころ、安野さんは今より二十三歳若かった。高さ一七・一四メートルの盧舎那《るしゃな》大仏《だいぶつ》をちょうど仰ぐ辺りから、今回も写生された。

帰国して、当時の画集と比べてみて少し驚いた。お顔に色気が増しているのだ。伝説では、モデルは唐の女帝武則天《ぶそくてん》だと言われている。世界遺産である。

93　宋都御街　そうとぎょがい

画家の最も尊敬する画家は北宋の張擇端《ちょうたくたん》。唯一の作品「清明上河図《せいめいじょうがず》」は、故宮博物院蔵する国宝である。殷賑《いんしん》を極める首都汴京《べんけい》（開封《かいふう》）の庶民生活が活写されている。開封に復元された宋都御街の、ホテルの一室から写生した街並がこの画になった。

安野光雅「三国志」画
使用落款印

①

②

③

④

⑤

⑥

⑦

⑧

⑨

①「三國志之印」②「三國志印」③「魏」④「蜀」⑤「呉」⑥「安野三國志」⑦「壮心不已」⑧「光印」⑨「光雅」（いずれも原寸）

印材はすべて寿山石、鈕頭《ちゅうとう》（獅子・怪獣など）は精刻。①③④⑤⑥⑧は孫慰祖刻。②⑦⑨は羅歩臻刻。①は本書中扉にも使用。側款に「安野光雅画伯、三國志を画《えが》きし記念に……時は丙戌《へいじゅつ》（二〇〇六年）に在《あ》り」と刻す。⑦の「壮心、已《や》まず」は曹操の詩句。

七章　『呉書』——〝赤壁の戦い〟の行方

陳寿は戦争を描かなかった

『魏書』『蜀書』『呉書』（「三書」）には、手に汗にぎり血わき肉踊るというような戦争場面の描写は、きわめて少ない。全六十五巻という文字量の多さからいえば、ほとんどないと言ってもいいのではないだろうか。

陳寿《ちんじゅ》は戦争そのものを熱心に描かなかった。

今、すぐに思いうかぶ印象的な戦争場面といえば袁紹《えんしょう》軍と曹操《そうそう》軍の官渡《かんと》（白馬《はくば》を含む）の戦い、劉備《りゅうび》と陸遜《りくそん》の夷陵《いりょう》の戦い、曹操と孫権らの赤壁の戦いくらいなもので、五章でふれた「典韋《てんい》伝」の壮絶な打ち死にの場面など他にもいくつかあるにはあるが、いずれも局地戦であり、ごく短い記述である。

さすが『魏書』に記された官渡の戦いは、後漢最後の政治情勢を決する両雄（袁紹と曹操）の闘争だっただけに袁紹一族の殲滅までふくめると七年に及んでおり、陳寿も「武帝紀」と「袁紹伝」の双方にかなり詳しい経過を記録している。

しかしその文体の冷静さは、けっして戦争を賛美するものでないことを示している。献帝を擁する曹操は劣勢でありながら、優勢な袁紹軍の総攻撃をやむなく受けて立ち反撃・勝利したという歴史的事実にのっとって、むしろ戦中・戦後の民衆の命と生活に対する曹操の政策・政治的主張を、少なくはない曹操自身の布令やことばを引いて記述している。（これについては三章でふれた。）

『蜀書』には劉備が引き起こした夷陵の戦い、および諸葛亮《しょかつりょう》が魏に仕かけた五度に及ぶ北伐が記されている。領土のひろさにしても軍事力にしても格段に劣勢だった蜀漢は、強大な曹操政権と孫権政権の狭間にあって、つねに中国の鼎《かなえ》（三本足をもつ青銅器）の一足であると疾呼しつづけて北伐を敢行したが、その実態が内政確立のためであったことは六章で述べたとおりである。（あえて補注しておけば、「三書」で「鼎《てい》」という語を最初に使ったのは諸葛亮だが、そのときも、それ以後も「三国」という語は使っていない。）

本書では詳しくふれ得なかったけれども、陳寿が『蜀書』で力をこめて記録したことのひとつは、蜀漢滅亡時（二六三年）における魏への降伏派の言辞である。

諸葛亮没してのちに譙周《しょうしゅう》（陳寿の師）が、小諸葛亮ともいうべき大将軍姜維《きょうい》のたび重なる北伐を批判して『仇国論《きゅうこくろん》』を著わし、さらに魏軍の進攻にうろたえる後主劉禅《りゅうぜん》に降伏を説得したことを詳述している。また栄達や名誉に淡白で文学に傾倒した秘書令、郤《げき》正《せい》の「静然《ひっそり》と己《じぶんのいきかた》を守《まも》り、而《そし》て自《みずか》ら寧《それにあまんじ》る。」（『蜀書』「郤正伝」）ことを主張した「釈議《しゃくぎ》」（韻をふんだ問答体の文章）を記録していることからも推しはかれるように、「三書」を通読すれば、陳寿が描こうとしたのは〝天下《よのなかのひとびと》〟のために戦争のない時代を求め行動する（あるいは、それに反した行動をとった）人間たちの記録だったと言えよう。

そのような陳寿の姿勢は『呉書』の叙述の仕方にもうかがえる。

世に知られている〝赤壁の戦い〟の記録を見てゆこう。

〝赤壁の戦い〟は後世よく知られるようになったけれども、戦闘自体はたった一度の局戦地で終わった。陳寿は「武帝紀《そうそうでん》」「先主伝《りゅうびでん》」「呉主伝《そんけんでん》」のそれぞれにおいて、この戦いにふれている。いま、その部分だけ抜き出してみよう。

（建安十三年、十二月）公《そうそう》は赤壁《せきへき》に至《いた》って備《りゅうび》と戦《たたか》ったが不利《けいせいわるく》、於是《しかもこのとき》、大疫《えきびょうがもういをふるい》、吏士《ぐんたいない》に死者《びょうししゃ》が多《あふ》れ、乃《すぐさ》ま引《たいきゃく》して軍《ぐん》を還《ひきあげ》た。備《りゅうび》は遂《かくし》て、荊州《けいしゅう》と江南《こうなん》の諸郡《しょぐん》を有《しはい》した。

（『魏書』「武帝紀」）

……先主《りゅうび》は諸葛亮《しょかつりょう》を遣《はけん》して自《じぶんか》ら孫権《そんけん》と結《てをむす》んだ。権《けん》は周瑜《しゅうゆ》・程普等《ていふら》の水軍数万《すいぐんすうまん》を遣《はけん》し、先主《りゅうび》と力《ちから》を併《あわ》せて曹公《そうそう》と赤壁《せきへき》で戦《たたか》い、大《おお》いに之《そうそうぐん》を破《うちやぶ》り、其舟船《そのぐんせん》を焚《やきはら》った。先主《りゅうび》と呉軍《ごぐん》は水陸並進《すいりくへいこうしてしんげき》し、追《そうそうぐんをお》って南郡《なんぐん》に到《いた》った。時《このとき》、又《ふたたび》疫病《えきびょうにおそわ》れ、北軍《そうそうぐん》に多《おおく》の死《ししゃがで》た。曹公《そうそう》は引《ぐんをひきい》て帰《きかん》した。（『蜀書』「先主伝」）

備《りゅうび》は進《にげ》て夏口《かこう》に住《とどま》り、諸葛亮《しょかつりょう》を権《そんけんのもと》に詣《あいさつにゆか》せた。権《そんけん》は周瑜《しゅうゆ》・程普《ていふ》等《ら》を遣《はけん》して行《りゅうびをたすけ》させた。是時《そのころ》、曹公《そうそう》は新《あらた》に表《りゅうひょう》の衆《ぐんたい》を得《てにい》れ、形勢《いきおい》は甚盛《ますますさかん》だった。諸議者《このだいじんら》は皆《みな》、風《そのいきおい》に望《おされ》て畏懼《おそれおのの》き、多《おおくのもの》が権《そんけん》に之《そうそう》を迎《むかえいれる》よう勧《すすめ》た。惟《ただ》、瑜《しゅうゆ》と粛《ろしゅく》は之《そうそう》を拒《くいとめ》る議《べきだ》と執《しゅちょう》し、意《そのおもい》は権《そんけん》と同《おなじ》であった。瑜《しゅうゆ》と普《ていふ》は左右の督《さぐんとうぐん》《たいしょう》となり、各万人《それぞれいちまんにんのへいし》を領《ひきい》て備《りゅうび》と倶《とも》に進《しんぐん》、赤壁《せきへき》で遇《てきにであ》い、大《おお》いに曹公軍《そうそうぐん》を破《うちやぶ》った。公《そうそう》は其余船《のこったふね》に焼《ひをはな》って引《ひ》き退《しりぞ》いたが、士卒《しそつ》は飢疫《うえとえきびょうにおかされ》、死者《ししゃ》は大半《なかばにのぼった》。備《りゅうび》・瑜等《しゅうゆら》は復《やすまず》に追《ついせき》して南郡《なんぐん》に至《いた》る。曹公《そうそう》は遂《かくし》て北《きた》に還《ひきあ》げ、曹仁《そうじん》・徐晃《じょこう》を江陵《こうりょう》に留《とど》め、楽進《がくしん》に襄陽《じょうよう》を守《まも》らせた。（『呉書』「呉主伝」）

陳寿は赤壁の戦いを魏・蜀・呉三者の立場からきわめて冷静に叙述しているが、『呉書』「周瑜伝」では局地戦の様子が活写されている。おそらく呉の四代皇帝孫晧《そんこう》に殺された韋《い》曜《よう》（二四三頁参照）の手になる未完の『呉書』を、史料として利用したのであろう。

　時《そのころ》、劉備《りゅうび》は曹公《そうそう》に所破《やぶられ》、南《みなみ》に引《にげ》て江《ちょうこう》を渡《わた》ろうと欲《し》た。魯粛《ろしゅく》と当陽《とうよう》で遇《あ》い、遂《そこ》で共《とも》に計《けいりゃく》を図《はか》った。因《すぐ》に進《ひがしにむか》って夏口《かこう》に住《とどま》り、諸葛亮《しょかつりょう》を遣《はけん》して権《そんけん》に詣《あいさつにゆかせ》る。権《けん》は遂《ただち》に瑜及程普等《しゅうゆおよびていふら》を遣《はけん》して備《りゅうび》と与《とも》に力《ちから》を并《あわ》せて曹公《そうそう》を逆《むかえう》たせ、赤壁《せきへき》に於《おい》て遇《であ》った。時《このとき》、曹公《そうそう》の軍衆《ぐんたい》では已《すで》に疫病《えきびょう》が有《はっせいしてい》た。初一交戦《しょせん》で公軍《そうそうぐん》は敗退《やぶれ》、引《しりぞい》て江北《ちょうこうほくがん》に次《ちゅうりゅう》した。瑜等《しゅうゆら》は南岸《なんがん》に在《ふじん》する。瑜《ゆ》の部将《ぶしょう》、黄蓋《こうがい》が曰《しんげん》した。

「今、寇衆《てきのぐんぜいおお》く我《わがぐん》は寡《しょうすう》、与《あいて》との持久《じきゅうせん》は難《きけんであり》ます。然《ところ》が観《みれ》ば、操軍《そうぐん》の船艦《せんかん》は首《あたま》と尾《しり》が相接《たがいにつらな》っております。可焼《やきうちをかけれ》ば走《にげだし》ましょう。」

乃《ただち》に蒙衝闘艦《せんとうかん》数十艘《すうじゅっそう》を取《ようい》し、薪草《まきやかれくさ》を実《つめこ》んで膏油《あぶら》を其中《そこ》に灌《そそ》ぐと、帷幕《まんまく》で裏《おお》い、上《うえ》に牙旗《ぐんき》を建《た》てた。先《まえも》って曹公《そうそう》に書《てがみ》を報《おく》り、欲降《とうこうしたい》と欺《あざむ》く。又《いっぽう》、予《あらかじ》め走舸《だっしゅつようのかいそくせん》を備《ようい》し、各《それら》を大船《せんとうかん》の後《うしろ》に繋《つな》ぎ、倶前《みえないようにかく》して因引次《ひっぱっていった》。曹公軍《そうそうぐん》の吏士《やくにんら》は皆《みな》、延頸《くびをのばし》て観望《のぞみみ》、指《ゆびさし》ながら言《いいあ》った。

「蓋《こうがい》が降《ねがえってき》たぞ。」

とそのとき、蓋《こうがい》が諸船《すべてのせんとうかん》を放《てきじんむけてとっしん》させ、同時に火《それらにひをはなた》せた。

時風《たちまちかぜがまきおこり》、盛《さかん》に猛《ほのおをあお》る。悉《ひはことごと》く岸上《ほくがん》の営落《そうそうじんえい》に延焼《もえうつ》り、頃之《あっというま》に煙炎《かえん》は天《てん》を張《つ》き、人馬《じんば》を焼《な》め、溺死者甚衆《にげようとしておぼれしぬものかずしれず》、軍《そうそうぐん》は遂《なすすべな》く敗退《はいたい》し、還《ひきかえ》して南郡《なんぐん》で保《ひといきつ》いた。備《りゅうび》と瑜等《しゅうゆら》は復《ひるま》ず、共《とも》に追《ついげき》する。曹公《そうそう》は曹仁等《そうじんら》を留《ちゅうりゅう》させて江陵《こうりょう》の城《しろ》を守《まも》らせると、径《まっす》ぐ北《きた》へと帰《かえってい》った。

（『呉書』「周瑜伝」）

「曹公《そうそう》に所破《やぶられ》」とは、曹操軍の不意の攻撃に劉備らが襄陽を脱出して南下したことをさす。「魯粛」は孫権政権内におけるもっとも強力な曹操軍との交戦派で、周瑜・孫権がそれに同調した。

「当陽」の長阪橋《ちょうはんきょう》で曹操軍に追いつかれた劉備は、妻子を棄て諸葛亮ら数十騎と東方の夏口（武漢）に逃げのびた。「赤壁」は、今日の湖北省赤壁市の長江南岸。曹操軍が宿営した北岸が烏林《うりん》である。

「疫病《えきびょう》」は、はげしい伝染病。これまでの研究者によれば、曹操陣営を襲った伝染病は発疹チフスか住血吸虫病、あるいは瘧疾《おこりやまい》（マラリア）の可能性もあるという。

さて、この黄蓋の烏林火攻めが、いわば陳寿の記述による赤壁局地戦の山場だが、先に引用した三つの叙述と同様に冷静な文体の主調は変わらない。

およそ三年後、曹操は縁戚関係にもあった孫権に宛てて、この戦いにふれて書いている。

　かつて赤壁の役では、ひどい疫病に襲われ、船を焼きはらって自ら帰還し、悪条件をのがれた。周瑜の水軍に制せられたのではない。江陵駐留軍の物資・糧食はことごとく尽きはて、やむなく民衆を移動させて軍を撤退させた。これまた、周瑜に敗れたわけではない。

（『文選《もんぜん》』所収、阮瑀《げんう》「曹公のために孫権に与うる書を作る」。尾鷲卓彦『三国志誕生』より引用）

言い訳めいてはいるが、陳寿のいずれの叙述とも大きな齟齬《そご》は見られない。「呉主伝」で「公《そうそう》は其余船《のこったふね》に焼《ひをはな》って引《ひ》き退《しりぞ》いた……」と記しているのも、「船を焼きはらって自ら帰還し」と符合するであろう。

　以上に見てきたとおり、赤壁の戦いといわれるものはごく小さな局戦地であり、大軍団の曹操軍が伝染病の猛威に襲われてやむなく退却していったという事実を、陳寿は繰りかえし記録している。

のみならず陳寿は「呉主伝」で、曹操の大軍に恐れをなした呉の大臣らが、孫権に帰順を勧めたのに対して、「惟《ただ》、瑜《しゅうゆ》と粛《ろしゅく》は之《そうそう》を拒《くいとめ》る議《べきだ》と執《しゅちょう》し、意《そのおもい》は権《そんけん》と同《おなじ》じであった。」と、呉政権内での反戦派と主戦派の確執を書きとめている。孫権の臣下が一枚岩となって曹操軍に当たったわけではなかった。

そのことは「周瑜伝」と「魯粛伝」により詳しく述べられている。

いま概略すれば――。

曹操軍と孫権・劉備合流軍との勢力差は比較にならず、大局的には曹操を迎えいれて戦わないほうがよいとする反戦派の意見が朝廷の大勢を占めた。その中心は、独り立ちしたばかりの孫権を呉主にまで育てあげた重臣、張昭《ちょうしょう》だった。

いっぽう対する主戦派の急先鋒、周瑜と魯粛（ともに三十代半ば）は、漢王室に害をなす曹操を受けいれてはならず、帰順すれば将軍（孫権）の身の置きどころはないと強く主張、勢いにのまれた形の孫権（二十六歳）は張昭らの対策をしりぞけて、周瑜と程普を大将とした援軍を劉備のもとに送った。

ところで陳寿は、主戦派の主張をやや詳しく記録しているのとは裏腹に、反戦派のそれはごく簡単で、しかも肝心の「張昭伝」においても、なぜかあえて（としか、わたしには思えない。)、赤壁の戦いにいたるまでの張昭の反戦・帰順の考え、行動については一切ふれていない。ただ、呉王朝の創業においては第一の功臣ともいうべき張昭を、孫権は丞相《じょうしょう》の地位にもつけず、常にけむたがっていたというようなことを記述するばかりである。

『蜀書』で譙周《しょうしゅう》の『仇国論』を記録したように、郤正《げきせい》の『釈議』を取りあげたように、詳しく記録しなかったのはなぜなのか。

主戦派の主張に多くの筆を割いているのは、「武帝紀」「先主伝」との比較において「呉主伝」の存在を印象づけるためだったのだろうか。それとも他に理由があったのだろうか。

陳寿に対する、そのような不満にも近いわたしの疑問を、痛快にも解いてくれたのは裴《はい》松之《しょうし》だった。かれもまた陳寿の記述に、意に満たぬ思いを抱いていたのに違いない。

裴松之は「張昭伝」の注に虞溥《ぐふ》撰『江表伝《こうひょうでん》』を引いている。帝位にのぼった孫権は、群臣のまえで「張公之計《ちょうしょうのけいりゃく》(帰順をさす)を如《もちいていれ》ば、今《いまごろ》は已《きっ》と乞食《こじきをしている》で矣《あろう》。」と口にし、張昭は冷や汗がでるほど恥をかいた――この注に、裴松之は次のような解釈を付している。

その個所を全文、訳して本節を終えよう。

臣松之《わたくししょうし》が以為《おもいますに》、張昭《ちょうしょう》が曹公《そうそう》を迎《むかえいれる》よう勧《そんけんにすすめ》ましたのは、所存《かんがえるところ》が豈《きっと》不遠《えんだいであった》からで乎《ありましょう》。夫《ちょうしょう》が其正色《そのしょうじきなきもち》を揚休《もって》、孫氏《そんいちぞく》に委質《すべてをうちこみました》のは、誠《じつ》に厄運《かんおうちょうがさいなん》に初《はじ》めて遘《であ》い、塗炭《とたんのくるしみ》が方《まさ》に始《はじまる》ときで、策《そんさく》から権《そんけん》に及《いたって》も才略《そのさいりゃく》は輔《ほさする》に足《た》ると是以《おもったがゆえ》に、誠《せいい》を尽《つく》して弼《いけんをのべ》匡《たす》け、以《かくし》て其業《そのじぎょう》を成《なしとげ》て、上《かみ》は漢室《かんしつをまも》る藩《かきねと》なり、下《しも》は民物《たみのせいかつ》を保《ほしょうしようと》したのであります。鼎《そうそう》峙《りゅうび》之計《そんけんをていりつさせようとするかんがえ》は本《もともと》其志《ちょうしょうのこころざし》では非也《ありませんでした》。曹公《そうそう》は順《ひとのみち》に仗《したがっ》て起《へいをあ》げ、功《こうぎょう》は義《せいぎ》に以《よっ》て立《た》て、清《いつわりのないきもち》を以《もっ》て諸華《ぐんばつたちのちから》を一《ひとつ》にしたいと冀《ねが》って、荊郢《けいしゅういったい》を拓平《へいていしようと》したのであり、大定之機《てんかがおおいにさだまるきかい》は、此会《じつにこのとき》に在《あった》のであります。若《も》し昭議《そんけんがちょうしょうのいけん》に従《したが》って獲《いた》ならば、則《きっ》と六合《ちゅうごくせかい》は為一《とういつされて》おり、豈兵《どうしてぐんたい》を連《つらね》て禍《たたか》い結《あ》い、遂《はて》は戦国之弊《せんそうによるひへい》を為《まね》くことなど有《ありましたでし》ょう哉《か》。孫氏《そんしにたいして》の功《こうせき》は無《な》かったに雖《して》も、大《なにより》も天下《よのなかのひとびと》に当《やくだったはず》で矣《あります》。昔《ごかんのはじめ》、竇融《せいほうのぐんばつとうゆう》は漢《こうぶてい》に帰《きふく》して国《こっか》と与《とも》に升降《うんめいをともに》し、張魯《かんちゅうのちょうろ》は魏《ぎ》に降《くだ》って賞《てあつくもてな》され、世《しそん》は延《いきのび》ました。況《いわん》や権《そんけん》が全呉《ごのすべて》を挙《あ》げて、風《てんかのながれ》を望《みこし》て順《すなお》に服《ふくじゅう》していれば、寵霊之厚《てんしのあついおんちょう》は其可測量《はかりしれないほど》で哉《ありましたでしょう》。然則《そうでありました》なら、昭《ちょうしょう》の人《そんけん》の為《ため》の謀《しんぼうえんりょ》が、豈忠《どうしてちゅうしんからのもの》でなく、且《しか》も正《ただし》く不《なかっ》たなどといえましょう乎《か》。

呉の四代皇帝、孫皓の最期

　呉王朝の創業者孫権は「人之傑《けっしゅつしたじんぶつ》」であり「能《よ》く自《じぶん》で江表《こうなんいったい》を擅《しはい》し、鼎峙之《ぎしょくごさんしゃのていりつ》業を成《なりたたせ》た。」が、「性《せいかく》は多《ひじょう》に嫌忌《うたがいぶかく》、果《ようしゃ》なく殺戮《さつりく》し、末年《ばんねん》に曁《い》臻《た》って弥以《いよいよ》、滋甚《はげしくな》った。」(「呉主伝」の陳寿評)

　孫権の長男、孫登《とう》が病死すると、次弟の孫和《わ》が太子に立てられた。しかし孫権が四男の孫覇《は》を溺愛したため、臣下を巻きこんだ激しい後継者争いが生じる。

　孫権はそのような事態を収拾するため、孫和を廃嫡し孫覇を自殺させ、あらたに末子の孫亮《りょう》を太子に立てた。二年後、孫権が死に孫亮が二代皇帝の地位についた。二五二年のことである。

　ところが孫亮は六年後、大将軍の孫綝《ちん》に廃位させられ、兄の孫休《きゅう》が三代皇帝となる(二五八年)。孫休はその後、孫綝を誅殺したが、ほどなく政治をかえりみなくなり、古典文献の研究に打ちこんだあげく病死した(二六四年)。

　さて、その次、すなわち四代皇帝の座についたのが、孫権に廃嫡された孫和の長男、孫皓《こう》だった。呉王朝はこの皇帝によって半世紀の幕を閉じることになる。

陳寿は孫晧を「其民《みんしゅう》を虐用《ぎゃくたい》し窮淫《いんらんのかぎりをつくし》」た皇帝だと評している。「心ねじけて残忍で、暴虐非情」な董卓《とうたく》から書き起こした『魏書』を、手前勝手な理屈で民衆を戦争にかりたて、その犠牲を意に介さなかった諸葛亮の『蜀書』へと転じ、これまた江南の温和な天下《よのなかのひとびと》を一顧だにせず、虐待と淫乱で政権を滅ぼした『呉書』の孫晧で結ぶのも、史家陳寿の「三書」の意図を誤解することにはならないだろう。

それはいわば「三書」を貫く、献帝、曹操、曹丕から晋の司馬炎（武帝）へと受けつがれていった正の（禅譲の）系譜に対立する、負の系譜の終焉といっていいであろう。

わたしは悪虐の限りをつくした孫晧の最期を見とどけて、本書の逍遙を一段落としたい。

孫晧は孫権の孫、孫和の長男である。二六四年、孫休が他界したとき、その前年に蜀が魏に滅ぼされたばかりで、しかも南方の交阯《こうし》（ベトナム）が支配下から離反したので、呉の人びとはなんとか早く立派な主君を戴きたいと切望していた。

左典軍の万彧《ばんいく》が孫晧と親しかったところから、丞相の濮陽興《ぼくようこう》と左将軍の張布《ちょうふ》の二人に孫晧を勧め、二人は孫休の妃だった太后に推薦した。

かくして孫晧が四代皇帝となった。時に二十三歳、国をあげて彼に期待した。だが、孫権のあとを継いだ孫亮・孫休・孫皓の三人の伝（「三嗣主伝」）で、陳寿は記している。

皓《そんこう》は既《すで》に志《ねがいどおり》に得《こうていのざにつく》と、麤暴《そぼう》で驕盈《きょうまん》になり、多《なにかにつけ》て忌諱《きんれいをだ》し、酒《さけ》と色《おんな》に愛好《おぼれ》た。大小《だいじんからやくにん》にいたるまで失望《しつぼう》した。興《ぼくようこう》と布《ちょうふ》は竊《ひそか》に、之《こうていにしたこと》を悔《くや》んだ。或《あるもの》が以《それ》を皓《そんこう》に譖《みっこく》した。十一月《がつ》、興《こう》と布《ふ》は誅《ころされ》た。

（『呉書』「三嗣主伝」の「孫皓伝」。以下同）

二六五年の十二月、魏の司馬炎《しばえん》が元帝から禅譲《ぜんじょう》を受けて晋《しん》王朝を開いた。その後、呉では各地で散発的に小さな反乱が起こり、いっぽう交阯を再び配下に入れるため、数度にわたって軍を派遣した。

陳寿は、二七三年に生じた次のような事件も記録している。

皓《そんこう》の愛妾《あいしょう》の或《ひとり》が、人《てしたのもの》を市《いち》に至《いかせ》て百姓《みんしゅう》の財物《ざいぶつ》を劫奪《ごうだつ》させた。司市中郎将《いちのかんとくかん》の陳声《ちんせい》は素《もとも》と皓《そんこう》の幸臣《おぼえめでたいしんかだった》也ので、皓《こう》の寵遇《うしろだて》を恃《たのみに》して、之《そのあいしょう》を法《ほう》に以《てらし》て縄《ひっとら》えた。妾《しょう》が以《すぐ》に皓《そんこう》に愬《うったえ》ると、皓《こう》は大怒《げきこう》し、他事《べっけん》に仮《ことよ》せて焼鋸《やいたのこぎり》で声《ちんせい》の頭《くび》を断《たちき》り、其《そ》の身《からだ》は四望《しぼうさん》の下《ふもと》に投《なげすて》させた。

「焼鋸《やいたのこぎり》で……」は酷刑の一種「鋸割《きょかつ》（のこぎりびき）」のこと。この記録は、『史記』「酷吏《こくり》列伝」に「東郡《とうぐん》（河北省）の弥僕《びぼく》が項《くび》を鋸《のこぎりでひい》た。」とあるほかは、古代史書に載っている数少ない例である。「四望」は、今日の江蘇省南京市の郊外にある山。

呉の政治はすでに手がつけられないほど腐敗堕落し、混迷をきわめていた。

二七七年、夏口《かこう》の督の孫慎《そんしん》が汝南に進軍し、住民を略奪した。翌年、桂林で郭馬《かくば》が反乱を起こし、さらに広州を襲った。この機をねらって晋は弱体化した呉王朝を一気に攻め滅ぼそうと、数方向から大軍を進め、長江を渡ろうとする。

孫皓は天命から見離された。その様子を、陳寿は次のように叙述している。

初《そもそも》皓《そんこう》は羣臣《ぐんしん》と宴会《えんかいをひら》く毎《たび》に、不咸《ひとりのこらず》沈酔《でいすいする》まで無《えんをおわらせなか》った。黄門郎十人《かんがんじゅうにん》を置《ようい》し、特《とく》に酒《さけ》を不与《あたえず》、終日《しゅうじつ》侍立《えんかいじょうにたた》せて過《み》之吏《はり》を為司《やらせた》。宴《えん》が罷之後《はてたのち》、各《かんがん》が其《ぐんしん》の闕失《しったい》を奏《そうじょう》する。迕視之咎《うわめづかいにみたもののかしつ》、謬言之愆《くちをすべらせたもののあやまち》など、不挙《やりだまにあげられないもの》は罔有《なかった》。大者《おおきなかしつ》は即《ただち》に威刑《おもいけい》が加《くわえ》られ、小者《ちいさく》とも輒以罪《かならずつみ》を為《あたえ》た。後宮《こうきゅうのじょせい》は数千《すうせんにんにのぼっ》たが、而《それで》も採択《びじんをさがしだ》すのを無已《やめなかった》。又《また》、激水《ながれのはやいやりみず》を宮《こうきゅう》に入《ひきい》れ、宮人《きゅうじょ》に不合意《いにそまぬもの》が有《あ》れば、輒《たちどこ》ろに殺《ころ》して之《そこ》に流《なげこ》んだ。或《あるいはまた》、人之面《かおのかわ》を剥《はぎと》り、或《あるいはまた》、人之眼《めのたま》を鑿《えぐりだ》した。……是以《かくして》、上下《しんかたち》の心《こころ》は離《はなれてゆ》き、皓《そんこう》の為《ため》に尽《ちからをつくそうとするもの》力は莫《いなくな》った。蓋《おもう》に、積悪《あくじ》を已《すで》に極《やりつく》し、復《もは》や命《てんめい》に堪《たえら》れ不《なかっ》た故《から》で也《あろう》。

「迕視《ごし》」は、下の方からさからうように見あげること。孫皓は他人から上目遣いに見られるのを極端に嫌ったという（『呉書』「陸凱伝」）。「激水《げきすい》」は、水流をさえぎって水勢を激しくすること。その流れに屍体を流した。「人之面《かおのかわ》を剥《はぎと》り……人之眼《めのたま》を鑿《えぐりだ》した。」は、いずれも酷刑の一種。「剥皮《はくひ》」「挖眼《あつがん》」（抉眼《けつがん》・抉目《けつもく》）という。

二八〇年正月、晋の大軍が八方から長江を渡って総攻撃を開始、呉軍は各地でなだれをうって崩壊していった。

ついに孫皓は身に佩《お》びた皇帝の印綬を晋の将軍に奉還し、「……委質請命《どのようにもごめいれいくださいます》よう。惟《ただふくじゅうをしんじられ》垂《いんじゅをおうけいただいて》信納《おんこをたれたまい》、以《もっ》て元元《へいみんたるわたくし》を済《おすくいください》ますように。」と書いた降伏文書を臣下に持たせて、命請いした。

二月、孫皓は晋軍に降伏、家族とともに洛陽に護送された。

四月、晋の司馬炎（武帝）が詔勅をくだした。「孫晧伝」（「三嗣主伝」）の最終段落である。

詔《しばえんはみことのり》して曰《い》った。

「孫晧《そんこう》が窮迫《おいつめられ》て帰降《とうこうして》きた。前《さき》に詔《みことのり》して、待之《かれ》を不死《ころさぬ》と以《いっ》たが、今《いま》、晧《こう》が垂至《らくようにとうちゃくしようとして》おり、意《わたしのきもち》に愍猶之《いっそうふびんのおもいがおこる》。其《ゆえ》に号《ごう》を賜《あたえ》て帰命侯《きめいこう》と為《な》し、進《さら》に衣服《いふく》・車乗《くるま》、田三十頃《でんちさんじゅっけい》を給《あた》え、歳《としごと》に穀五千斛《こくもつごせんこく》、銭五十万《せんごじゅうまん》、絹五百匹《きぬごひゃっぴき》、緜五百斤《わたごひゃっきん》を給《あた》えよ。」

晧《そんこう》の太子瑾《たいしだったきん》は中郎《てんしのじじゅう》に拝《とりたて》られ、諸子《しょし》の為王者《おうだったもの》は郎中《じじゅう》に拝《とりたて》られた。（太康《しんのたいこう》五年《ごねん》（二八四年）、晧《こう》は洛陽《らくよう》で死《し》んだ。

「帰命侯」とは、晋王朝の侯（貴族）としての呼び名。「命《てんめい》に帰《したがう》」の意。

右のとおり、陳寿は呉の最後の皇帝、孫晧伝を淡々と締めくくった。

——ように、見える。

が、これまでにも触れたことがあるように、『魏書』『蜀書』『呉書』に記録されている

「紀」「伝」のすべての項目の終わりは、必ず「評《ひょう》して曰《い》う。」という、作者の個々人に対する批評（短い総括）が付されている。

孫皓への評は、他の人物に比してやや長い。本章の最後に、それをご紹介しよう。

そこにはこう書かれている。

皓《そんこう》の淫刑所濫《けいばつのらんよう》によって隕斃《ころされ》、流黜者《りゅうけいをうけたもの》は、蓋《おもう》に不可勝数《かぞえきれぬほどで》あろう。是以《それゆえ》、群下人人《なみいるしんかたち》は惴恐《うれいおそ》れ、皆《だれも》が日日《ひび》以冀《いきのびることだけをねが》い、朝夕不謀《それでもよるまでいきているかどうかわからなかった》。其《いっぽうそんこう》は、熒惑《ほしのいち》や巫祝《うらない》が交《きそっ》て祥瑞《よいきざしがある》と致《でた》ので、以《きっ》と至急《おおきなへんかがくる》と為《おもっ》た。昔《そのむかし》、舜《しゅん》と禹《う》は躬《みずか》ら稼《はたけをたがや》し、至聖之徳《せいじんとしてのとくをそなえておられた》うえ、猶《なお》も、或《あるい》は予《わたし》が違《まちがったことをした》ら女《そなたら》は弼《わたしをたすけ》よ、と衆臣《しんかたち》に矢誓《やくそく》し、或《あるい》は昌言《ただしいいけん》を拝《とりあげ》て、常《つね》に不及《じぶんのいたらなさ》を若《はんせいされた》のである。況《ところ》が皓《こう》は、凶頑《きょうあく》にして残暴《ざんこくなぼうりょく》を肆行《ほしいままにふる》い、忠諫者《いさめるもの》を誅《ころ》し、讒諛者《へつらいこびるもの》を進《しょうしん》させ、其民《みんしゅう》を虐用《ぎゃくたい》し、窮淫《いんらんのかぎりをつく》して侈《はでなせいかつ》を極《きわ》めた。宜《ただち》に腰《そんこうのこし》と首《くび》を分離《きりはな》し、以《もっ》て百姓《みんしゅう》に謝《あやまる》べきであった。既《ところ》が、不死之詔《ころさないというみことのり》を蒙《あたえ》られ、復《そのう》え帰命之寵《きぞくのちいをあたえるおんちょう》まで加《くわ》えられた。豈《なんとこれは》、曠蕩之恩《てんしのおおらかなおんとく》というものでは非《なく》して、過厚之沢《かどのおんたく》と也《いうべき》では哉《あるまいか》。

陳寿の孫晧に対する歴史家としての噴りの激しさは、本伝の終わりを淡々と締めくくった、その数行あとの評だけに、わたしの肺腑を衝く。

しかもその最終行において、明白に晋の皇帝（武帝＝司馬炎）を批判している。

「三書」の最終巻、『呉書』が完成したのは二八五年ごろとされている。皇帝司馬炎は生きていた。

四年後に司馬炎は死に（と言うことは、それ以後に司馬炎批判が加筆された、とも考えられるけれども）、それから八年後の二九七年に陳寿もまた六十五歳でこの世を去った。

そしてさらに四年後、恵帝の永寧元年（三〇一年）に尚書郎范頵《はんきん》らの上奏をうけ、晋王朝の命令により『魏書』『蜀書』『呉書』の筆写が、陳寿の自宅において行なわれたのである。

陳寿の孫晧評を読むとき、わたしは司馬遷が『史記』で、また「任安《じんあん》に報ずる書」で、死を覚悟しつつ漢の武帝の過ちを批判したことを思いだす。

晋の武帝批判に司馬遷《しばせん》の志をついだ陳寿の意志を見るのは、わたしだけだろうか。

安野光雅「三國志」画作品目録

【魏】

1 黄河看戦　こうがかんせん／41頁
2 黄土遼遠　こうどりょうえん／42頁
3 鉅鹿山塊　きょろくさんかい／43頁
4 太行結集　たいこうけっしゅう／44頁
5 露天市場　ろてんいちば／45頁
6 何進暗殺　かしんあんさつ／46頁
7 宦官誅滅　かんがんちゅうめつ／47頁
8 皇帝更迭　こうていこうてつ／48頁
9 曹操出廬　そうそうしゅつろ／49頁
10 天変地異　てんぺんちい／50頁
11 劉伶墓参　りゅうれいぼさん／51頁
12 董卓参上　とうたくさんじょう／52頁
13 潼関風渡　とうかんふうと／53頁
14 街亭涼風　がいていりょうふう／54頁
15 長安夢幻　ちょうあんむげん／55頁
16 英傑逝世　えいけつせいせい／56頁

【戦（Ⅰ）】

17 黄巾蜂起　こうきんほうき／93頁
18 反董同盟　はんとうどうめい／94頁
19 郿塢秋色　びおしゅうしょく／95頁
20 界橋逆襲　かいきょうぎゃくしゅう／96頁
21 呂布脱落　りょふだつらく／97頁
22 白馬先勝　はくばせんしょう／98頁
23 義人関羽　ぎじんかんう／99頁

24 兵站急襲 へいたんきゅうしゅう／100頁
25 三国揺籃 さんごくようらん／101頁
26 烏巣夜襲 うそうやしゅう／102頁
27 袁紹壊滅 えんしょうかいめつ／103頁
28 博望阻止 はくぼうそし／104頁
29 張飛当千 ちょうひとうせん／105頁
30 趙雲奮闘 ちょううんふんとう／106頁
31 趙雲暮景 ちょううんぼけい／107頁
32 百姓随従 ひゃくせいずいじゅう／108頁

【蜀《しょく》】

33 孔明大志 こうめいたいし／169頁
34 草廬三顧 そうろさんこ／170頁
35 劉備入蜀 りゅうびにゅうしょく／171頁
36 涪城交歓 ふじょうこうかん／172頁
37 衆民危急 しゅうみんききゅう／173頁
38 龐統被箭 ほうとうひせん／174頁
39 夷陵茫漠 いりょうぼうばく／175頁
40 白帝望蜀 はくていぼうしょく／176頁
41 長江群青 ちょうこうぐんじょう／177頁
42 剣門古道（Ⅰ） けんもんこどう／178頁
43 剣門古道（Ⅱ） けんもんこどう／179頁
44 漢水流光 かんすいりゅうこう／180頁
45 天水遠望 てんすいえんぼう／181頁
46 張魯王国 ちょうろおうこく／182頁
47 秦嶺故景 しんれいこけい／183頁
48 山峡静淵 さんきょうせいえん／184頁

【戦（Ⅱ）】

49 赤壁秋景 せきへきしゅうけい／223頁

50 赤壁前夜 せきへきぜんや／224頁
51 孫権決断 そんけんけつだん／225頁
52 戦艦炎上 せんかんえんじょう／226頁
53 華容情実 かようじょうじつ／227頁
54 馬超敗走 ばちょうはいそう／228頁
55 雒城攻略 らくじょうこうりゃく／229頁
56 黄忠奮戦 こうちゅうふんせん／230頁
57 漢中鶏肋 かんちゅうけいろく／231頁
58 劉備東征 りゅうびとうせい／232頁
59 陸遜圧勝 りくそんあっしょう／233頁
60 危急存亡 ききゅうそんぼう／234頁
61 遺詔順守 いしょうじゅんしゅ／235頁
62 秋風布陣 しゅうふうふじん／236頁
63 流星未捷 りゅうせいみしょう／237頁
64 蜀漢滅亡 しょくかんめつぼう／238頁

【呉《ご》】

65 暮霞呉景 ぼかごけい／295頁
66 建業盛春 けんぎょうせいしゅん／296頁
67 石頭紅色 せきとうこうしょく／297頁
68 姻家政略 いんかせいりゃく／298頁
69 甘露風説 かんろふうせつ／299頁
70 玄武蕭々 げんぶしょうしょう／300頁
71 西津度街 せいしんどがい／301頁
72 楓橋夜泊 ふうきょうやはく／302頁
73 姑蘇繁華 こそはんか／303頁
74 水郷老街 すいきょうろうがい／304頁
75 運河逍遙 うんがしょうよう／305頁
76 茅盾故居 ぼうじゅんこきょ／306頁
77 紹興悠閑 しょうこうゆうかん／307頁
78 望郷孫氏 ぼうきょうそんし／308頁

79 龍門古鎮 りゅうもんこちん／309頁
80 陸遜故里 りくそんこり／310頁

【歴史】

81 蔡倫故紙 さいりんこし／369頁
82 屈原悲憤 くつげんひふん／370頁
83 李陵窮絶 りりょうきゅうぜつ／371頁
84 文姫帰漢 ぶんききかん／372頁
85 望郷別離 ぼうきょうべつり／373頁
86 川劇演義 せんげきえんぎ／374頁
87 妖婦貂蝉 ようふちょうせん／375頁
88 黄忠帰順 こうちゅうきじゅん／376頁
89 回憶大地 かいおくだいち／377頁
90 柯橋再訪 かきょうさいほう／378頁
91 酔郷西湖 すいきょうせいこ／379頁
92 龍門石窟 りゅうもんせっくつ／380頁
93 宋都御街 そうとぎょがい／381頁

※作品を六つのテーマに分け、作品番号・画題・読み仮名・頁の順に記した。
※作品の画材は、復元された蔡倫紙に描かれた三点を除いて、すべて中国製絵絹を使用しています。
※本書に作品を収録させて頂くにあたり、安野光雅美術館・株式会社ＪＡＬＵＸ・朝日新聞出版の方々のお世話になりました。記して感謝申しあげます。

あとがき

本書は、安野光雅画伯の画とわたしの文による共同作業で出来上がりました。（と記すのは、おこがましいのですが。）

安野さんは二〇〇五年春から四度におよぶ三国志の旅に出かけられ、中国の大地に立って九十三枚の画を描かれました。その旅にわたしもお誘いを受けたのが機縁となり、本書が誕生したのです。

いま改めて思い返しても、安野さんとの旅は楽しく、わたしにとっては有意義な時空間でした。中国人の案内人や旅を企画した株式会社ＪＡＬＵＸのスタッフもふくめて、いつも四、五人の人数で、心のおもむくままに三国志の舞台を巡りました。

そのおり、たとえば秦嶺《しんれい》山脈（陝西《せんせい》省漢中《かんちゅう》市）の定軍山《ていぐんざん》古戦場に腰をすえて写生される安野さんを、現地調査の名目で辺りの山野を逍遙しつつ彼方から遠望していると、安野さんとわたしのあいだにひろがる澄みきった天空から、ふいに鬨《とき》の声が響きわたり、甲冑《かっちゅう》に身をかため武器を振りかざす魏軍と蜀軍の将兵たちの幻影が、入り乱れてはかき消えてゆく——というような気分に、わたしは幾度かひたったのです。

今回、一枚一枚の画に説明をそえていて、ああ、あのときは、安野さんも同じような気持ちだったんだなあ、と思うことがありました。

書名につけた「逍遙」は、『荘子《そうし》』「内篇」の「逍遙遊《こころまかせのあそび》」から借りました。過去の言説や社会的権威は言うまでもなく、あらゆる束縛から離れて絶対的自由の精神世界に遊ぶこと、とわたしは理解しています。

そんなふうな心持ちにあこがれ、ゆったりと陳寿《ちんじゅ》の『魏書《ぎしょ》』『蜀書《しょくしょ》』『呉書《ごしょ》』(「三書」)の行間や、奥深い中国の大地を実際に歩きはじめてから、かなりの年月が過ぎてゆきました。

ある時期から、裴松之《はいしょうし》の注釈にわずらわされることなく陳寿の原文のみを読み込んでゆくうちに、わたしの三国志観は大きく変化していったようです。そのことは本文に詳しくふれました。

同じ風景でもいくたびか逍遙していると、思わぬ角度からの新鮮な景観を発見することがあります。その時の嬉しさは格別です。

わたしの三国志逍遙は、まだ当分は止みそうにありません。

去年の暮れも押しつまった十二月二十七日、わたしは本書執筆の追い込みにかかってい
ました。午前三時ごろ、何げなくコンピューターの電源を入れ、ニュースを見てあっと声
をあげました。河南省安陽県で魏王曹操の墓、高陵が発見されたと言うのです。（河南省
文物局発表）

曹操は二二〇年一月二十三日に洛陽で病死（六十六歳）していますから、約一八〇〇年
の時を経ています。その間、後世の史家の関心の的だったにもかかわらず、彼の陵墓のあ
る場所は不明でした。それが、曹操と献帝のことに多くのページを割いた本書が、書き上
がろうとする矢先に発見されるとは——。

年が明けると、中国社会科学院も九つの理由をあげて、この陵墓の主が曹操であること
は間違いないと改めて公布しました。盗掘で荒らされてはいますが、曹操だと思われる男
性の頭蓋骨まで写真に載っています。

この本を携えて、一日でも早く高陵に参りたいと願っています。

本書の出版についてはいろいろな方のお世話になりました。明治大学図書館には、関連する中国書・日本書を自由に利用させていただきました。皆様に心より感謝申しあげます。

とりわけ、三国志の旅で描かれたすべての画を掲載させていただいたうえ、本書の装丁まで手がけてくださった安野さんには、お礼の申しようもありません。本当に難有《ありがたい》ことであります。

また編集担当者の方をはじめ、山川出版社の皆様には一方ならぬお世話になりました。深くお礼申しあげます。

二〇一〇年正月の曹操忌に

中村　愿

中村　愿（なかむら すなお）

一九四七年、福岡県京都郡豊津町に生まれる。著書に『美の復権─岡倉覚三伝』（邑心文庫）、『岡倉天心アルバム』（中央公論美術出版社）、『中国故景』（共著・岩崎美術社）、『宦官』『酷刑』『厚黒学』（いずれも徳間文庫、筆名尾鷲卓彦翻訳）などがある。

安野光雅（あんの みつまさ）

一九二六年、島根県津和野町に生まれる。一九八八年紫綬褒章、二〇〇八年菊池寛賞を受賞。故郷津和野に安野光雅美術館が開館（二〇〇一年）。最近の著書に『絵の教室』（中央公論新社）、『空想亭の苦労咄』（筑摩書房）、『繪本 三國志』（朝日新聞出版）、『旅の絵本Ⅶ〈中国編〉』（福音館書店）、『明日香村』（ＮＨＫ出版）などがある。

三國志逍遥

二〇一〇年三月二〇日　第一版第一刷印刷
二〇一〇年三月三〇日　第一版第一刷発行

著者　中村　愿
　　　安野光雅

発行者　野澤伸平
発行所　株式会社 山川出版社
東京都千代田区内神田一─一三─一三
〒一〇一─〇〇四七
振替〇〇一二〇─九─四三九九三
電話　〇三（三二九三）八一三一（営業）
　　　〇三（三二九三）一八〇二（編集）
企画・編集　山川図書出版株式会社
印刷所　岡村印刷工業株式会社
製本所　株式会社ブロケード

造本には十分注意しておりますが、万一、乱丁・落丁本などがございましたら、小社営業部宛にお送りください。送料小社負担にてお取り替えいたします。
定価はカバーに表示してあります。

ISBN 978-4-634-15005-8